울력 진석찬 문고 05

초등 도덕과 수업의 이해와 표현

송영민 지음

울력

울력에서 펴낸 지은이의 책
『상상력을 활용하는 교수법』(키런 이건, 2008): 번역서

초등 도덕과 수업의 이해와 표현 (울력 진석찬 문고 05)

지은이 | 송영민

펴낸이 | 강동호

펴낸곳 | 도서출판 울력

1판 1쇄 | 2010년 8월 20일

등록번호 | 제10-1949호(2000. 4. 10)

주소 | 152-889 서울시 구로구 오류1동 11-30

전화 | (02) 2614-4054

FAX | (02) 2614-4055

E-mail | ulyuck@hanmail.net

값 | 16,000원

ISBN 978-89-89485-81-0 93370

차례

머리말

　도덕과를 가르치는 교사는 더 좋은 도덕과 수업을 위해 노력한다. 한 차시의 도덕과 수업을 위해 무엇을 어떻게 가르쳐야 할지 고민한다. 무엇을 가르칠지를 결정하기 위해 교사는 먼저 교과용 도서를 살펴본다. 어떻게 가르칠지를 결정하기 위해 교과용 도서나 다른 교사의 수업을 살펴본다. 이 과정을 거쳐 한 차시의 도덕과 수업이 구체화된다. 그러나 이 자료들이 그대로 복제된다면, 그 수업을 좋은 수업이라고 할 수 있을까? 한 차시를 위한 가장 이상적인 수업이 있다고 가정해 보자. 그 수업을 복제하여 설정한 학습 목표에 효율적으로 도달했다고 해보자. 그 수업을 충분히 좋은 수업이라고 할 수 있는가? 비유적으로 한 과학자가 현상을 해명하는 새로운 이론을 주장했고, 다른 과학자가 그 이론을 그대로 전달했다고 해보자. 그 이론을 모두 잘 전달했다면, 두 과학자의 활동은 똑같이 좋은 것인가? 혹은 한 예술가가 어떤 작품을 창작했고, 다른 예술가는 그 작품을 그대로 모사했다고 가정해 보자. 그 작품이 감상자에게 공감적으로 수용된다면, 두 예술가의 활동은 똑같이 좋은 것인가? 선뜻 그렇다고 대답하기는 어렵다. 그 이유는 자신이 탐구한 이론, 자신이 창작한 작품이 아니기 때문이다. 비록 결과는 같다 하더라도 열정과 이해와 의미에는 차이가 있기 때문이다. 소리를 따라했다고 언어가 되지 않듯이, 복제된 수업만으로는 좋은 수업이 되기에는 충분하지 않다.

실제 도덕과 수업에서는 원본을 복제한 수업이 원본과 동일한 결과를 낳기도 어렵다. 수업안은 복사될 수는 있어도, 같은 수업으로 복제되기는 어렵기 때문이다. 원본과 상응하는 수업을 하기 위해서는 그 수업안을 자신의 수업으로 번역해야 한다. 이는 도덕과 수업에서 다루는 내용이 주로 도덕적 가치와 관련되기 때문이다. 추상적인 도덕적 가치는 같은 내용이라도 상이하게 표현된다. 같은 표현이라도 상이하게 수용된다. 같은 수용을 위해서는 상이하게 표현해야 한다. 그래서 도덕과 수업에서 교사의 저자성은 좋은 도덕과 수업을 위한 필요조건이다. 수업의 저자로서 교사는 해당 차시의 내용에 대한 이해와 도덕과 수업에서 경험한 문제들을 고려한다. 경험한 문제들을 고려하면서 해당 차시의 수업 내용에 대한 이해를 학생들에게 표현한다. 그리고 그 표현을 반성한다. 이 과정에서 교사는 표현할 내용을 이해하고, 이해한 의미를 표현하고, 표현된 현상을 다시 이해한다. 교사에게 도덕과 수업은 이해를 표현하고 표현을 이해하는 계속적인 순환 과정이다.

이 책에서는 도덕과 수업에 대한 이해를 표현하고, 표현된 수업을 이해하기 위해 참조할 수 있는 생각들을 제시한다. I부에서는 도덕과 수업을 이해하기 위해 필요한 내용들을 도덕과 수업의 구성 관점, 도덕성의 의미, 도덕과 교육 과정의 이해와 수업으로 구분하여 제시한다. II부에서는 교사가 이해한 의미를 표현하기 위해서 참조할 수 있는 도덕과 수업의 구성 논리 및 표현 양식과 관련된 주요 논의들을 제시한다. I부 3장과 II부에서 예시적으로 제안된 수업안은 비유적으로 말하면 '콘셉트 카 concept car'와도 같다. 이 수업안이 적용되기 위해서는 교사의 비판적 논의가 당연히 있어야 한다. 비판적 논의가 긍정적이라 하더라도, 시제안을 다시 재구성하는 단계는 필수적이다. III부에서는 수업이라는 표현을 이해하기 위해 참조할 수 있는 생각들을 제시한다. 이를 위해서 수업 현상을 이해하는 관점을 제안하고 이를 예시적으로 구체화한다. 구체화된 예시는 수업 현상을 비평적 글쓰기로 본 것이다.

이상의 내용은 그동안 쓴 글들을 책의 전체적 구성을 고려하여 수정 보완한 것이다. 1장의 일부는 「초등 도덕과 수업의 의미론접 접근」(『초등 도덕교육』 제27집, 2008), 2장의 일부는 「도덕과 교육에서 습관과 이성의 관계에 대한 체험주의적 해명」(『도덕교육학연구』 제5집, 2004), 3장의 일부는 「윤리적 탐구 중심의 초등 도덕과 환경수업」(『한국철학논집』 제28집, 2010), 4장은 「도덕적 개념 이해를 위한 '개념분석법'의 적용 방안」(『한국 철학논집』 제25집, 2009), 6장은 「북한이탈학생 지도교사의 역할인식 제고 방안」(『초등도덕교육』 제32집, 2010), 7장은 「은유적 이해에 근거한 도덕과 수업 방안」(『한국철학논집』 제19집, 2006), 8장은 「이건Egan의 이야기 형식 모형에 근거한 도덕과 수업 방안」(『초등도덕교육』 제29집, 2009), 10장의 일부와 11장은 「메타 서사로 도덕과 수업 읽기」(『초등도덕교육』 제20집, 2006), 「도덕과 수업비평: 의미론적 접근」(『초등도덕교육』 제23집, 2007), 「놀이 속의 미적 체험과 도덕과 수업의 관계」(『초등도덕교육』 제26집, 2008) 를 바탕으로 수정 보완한 것이다. 그리고 나머지 부분은 수정 보완된 글들 사이의 간극을 메우기 위해 필요한 내용을 첨가한 것이다. 하지만 필자 자신도 책의 전체적 구성과 내용에 비약이 있음을 알고 있다. 이나마도 가르침과 공부의 기회를 주신 은사님, 원고를 읽고 고쳐 주신 선후배님, 울력 출판사 강동호 사장님의 배려가 없었다면 책의 모습으로 엮어내기 어려웠을 것이다. 더불어 편찮으신 어머님의 기뻐하실 모습이 졸고의 부끄러움을 감당할 용기를 주었다.

송영민

Ⅰ

도덕과
수업의
이해

I. 도덕과 수업의 구성 관점

교사는 도덕과 수업을 어떻게 할지 고민한다. 이 고민에 답하기 위해 도덕과 수업을 왜 하는지를 묻는다. '어떻게' 라는 수업의 방법은 '왜' 라는 목적에 제약되기 때문이다. 그리고 '도덕과 수업을 왜 하는가' 라는 물음에 답하기 위해 '도덕과란 무엇인가' 를 묻는다. 왜라는 수업의 목적은 무엇이라는 의미에 제약되기 때문이다. 도덕과 수업에는 의미에 제약을 받는 목적이 반영되기 때문에, 도덕과의 의미에서부터 출발한다.

도덕과의 의미

도덕과 수업은 일차적으로 도덕·수업이기 때문에, 도덕의 의미가 도덕과의 의미를 결정한다. 다음의 예를 통해 먼저 도덕의 의미를 살펴보자.[1]

- 준영이는 봉사 활동에 빠지지 않는다: 봉사 활동에 빠지지 않는 행위는 사회의 도덕에 부합하는 평가적 내용을 충족한다. 그러나 봉사 활동의 참여가 강제되었거나, 점수 때문에 참여했거나, 다른 일을 생각하지 못해서 참여한 경우라면 충분히 도덕적이라고 하기 어렵다. 도덕적 영역에

서 요구되는 서술적 형식인 자발적 선택과 반성적 판단, 그리고 평가적
내용에 부합하는 동기가 부족하기 때문이다.

- 준우는 어려운 일을 당한 친구를 걱정한다: 어려운 일을 당한 친구를 걱정하는 동기는 사회의 도덕에 부합하는 평가적 내용을 충족한다. 그러나 걱정만 하는 것에 머물러, 친구를 위해 무엇을 해야 할지 생각하지 못하거나, 그 생각을 실천하지 않는 경우라면 충분히 도덕적이라고 하기 어렵다. 도덕적 영역에서 요구되는 서술적 형식인 반성적 판단, 그리고 평가적 내용에 부합하는 행동이 부족하기 때문이다.

- 지원이는 항상 옳은 일인지 생각한다: 항상 옳은 일인지 생각하는 반성적 사고는 도덕적 영역에서 개인에게 요구되는 서술적 형식을 충족한다. 그러나 옳은 일이라고 생각한 내용을 실천하려는 마음이 없거나 실천하지 않는 경우라면 충분히 도덕적이라고 하기는 어렵다. 사회에서 도덕적으로 평가된 내용에 부합하는 동기와 행동이 부족하기 때문이다.

- 지우는 해야 한다고 결정한 일을 마치기 전에는 쉬지 않는다: 해야 한다고 결정한 일을 마치기 전에 쉬지 않는 것은 사회의 도덕에 부합하는 평가적 내용, 그리고 도덕적 영역에서 요구되는 서술적 형식을 충족한다. 그러나 손톱 물들이기와 같이 무도덕적인 경우나 물건을 훔치기로 결정한 경우라면 충분히 도덕적이라고 하기는 어렵다. 도덕적 영역에서 요구되는 서술적 형식인 반성적 판단, 그리고 평가적 내용에 부합하는 동기와 행동이 부족하기 때문이다.

이상을 통해 도덕의 의미에는 사회에서 요구하는 평가적 도덕 및 개인에게 요구되는 서술적 도덕, 평가적 내용으로서의 도덕 및 서술적 형식으로서의 도덕, 내용이 결과로 나타난 도덕 및 형식이 과정에 반영된 도덕 등이 있음을 알 수 있다. 도덕의 의미는 '사회에서 도덕적으로 평가된 내용과 일치하는 결과로서의 도덕'과 '개인에게 요구되는 서술적 형식이 반영된 과정으로서의 도덕'으로 대별된다. 어느 측면의 도덕을 강조

하는가에 따라 도덕과의 의미도 상이하게 나타난다.

그러면 지배적으로 수용되고 있는 도덕과의 의미는 무엇일까? 이를 위해 도덕과 수업을 정의하는 예를 살펴보자.[2]

- 도덕과 수업은 예절을 익히도록 하는 일이다.
- 도덕과 수업은 가치를 전달하는 일이다.
- 도덕과 수업은 습관을 형성시키는 일이다.
- 도덕과 수업은 지배 집단의 이데올로기를 전하는 일이다.
- 도덕과 수업은 규범을 전달하는 일이다.
- 도덕과 수업은 사회의 전통을 익히도록 하는 일이다.

위에서 제시된 예는 주로 사회를 전제로 도덕적으로 평가된 내용을 강조하고 있다. 그렇다면 도덕과에서 다루는 도덕은 이에 한정되는가? 이 물음에 답하기 위해서 하나의 가상적 질문과 이에 대한 답을 살펴보자.[3]

- 질문: 모든 조건이 현재와 같다고 가정해 보자. 이 상황에서 세상에 처음부터 단 한 사람만이 살고 있었다면, 도덕은 있을까? 그리고 이에 비추어 당신이 도덕과 수업에서 지향하는 바는 무엇인가?

- 교사 A
결론부터 말하자면, 도덕은 없을 것 같다. 자연에 대한 윤리 의식을 도덕적 범주에 포함시킬 수도 있지만, 원론적으로 도덕을 말할 때에는 도덕이 부재할 것 같다. 도덕이란 여러 사람들이 더불어 살 때 대두되는 것이기 때문이다. 사람들이 함께 살아가기 위해 공통적으로 지켜야 하는 것들, 예컨대 공공질서나 예절 바른 태도와 같은 것이다. 그래서 수업에서는 행동적 측면, 즉 도덕이 행동으로 나타나도록 하는 것이 중요하다.

• 교사 B

있을 것이다. 내가 생각하는 도덕은 사람을 사람답게 유지시키는 근원이라 생각한다. 도덕이 없는 사람이 인간이 될 수 없는 것처럼, 도덕이란 인간 고유의 특성이라고 생각한다. 그때의 도덕은 사람들 사이의 도덕만이 아닌, 자신을 더 인간다운 모습으로 완성시키기 위한 도덕으로 존재할 것이다. 그래서 도덕과 수업에서는 아동들이 더 인간다운 특성에 도달하고자 생각하고 느끼도록 하는 것이 중요하다. 내면의 변화가 중요하다고 생각한다.

이 대답에는 도덕과에 대한 상이한 이해가 나타난다. 교사 B는 도덕이란 개인 간의 도덕만이 아닌, 자신을 더 인간다운 모습으로 완성시키기위한 것이라고 한다. 그래서 내면의 변화가 중요하다고 한다. 한편, 교사 A는 도덕이란 여러 사람들이 더불어 살 때 대두되는 것이라고 한다. 사회 속의 개인에 대한 요구로서 도덕을 강조한다. 그래서 도덕이 행동으로 나타나는 것이 중요하다고 한다. 사회에서 요구하는 평가적 내용이나 판단 기준을 효과적으로 전달하는 수업을 중요하게 생각하는 것이다. 소위 내용을 통한 행동의 교수, 혹은 형식을 통한 행동의 교수라는 관점으로 도덕과를 이해한다. 여기서 **사회 속의 개인**, 혹은 사회 속의 **개인**이라는 강조점은 다를 수 있다. 도덕적 내용이나 형식에 대한 강조의 정도는 다르지만, 도덕과에서 중요한 것은 그 내용이나 형식을 전달하는 것이다.

전달을 위한 도덕과 수업

사회 속의 개인이 전제되면 사회적으로 규정된 도덕의 전달이 수업에서 강조된다. 전달이 강조되는 도덕과 수업에서는 대개 구체적인 행동적 목표가 설정된다. 그래서 수업은 목표 도달을 위한 효과적 전달 통로가

된다. 수업을 효과적 전달 통로로 이해하는 수업관의 배경은 타일러Tyler에서 찾을 수 있다. 타일러는 '학교는 어떤 교육 목표를 달성하기 위해 노력해야 하는가?' '이러한 교육 목표를 달성하는 데 유용한 학습 경험은 어떻게 선정될 수 있는가?' '효과적인 수업을 위해서 학습 경험은 어떻게 조직될 수 있는가?' '이러한 교육 목표가 달성되었는가를 어떻게 평가하는가?'를 묻고 이에 답한다.[4] 먼저 목표는 학교 교육 프로그램을 통해 달성 가능한 학생의 변화 결과를 구체적이고 명확한 행동 유형으로 진술해야 한다. 학습 경험의 선정은 이 목표 산출의 가능성에 근거하며, 학습 경험의 조직은 목표 도달을 위한 효율성을 준거로 한다. 그리고 평가는 조직되어 제공된 학습 경험이 원하는 결과를 실제로 얼마나 산출했는가를 알아보는 과정이다. 이러한 이해에 터하여 학생에게 결과로서의 행동적 목표를 진술했다면, 그 수업은 목표에 도달하기 위한 과정을 설계해야 한다. 그 설계의 주안점은 효율적 목표 도달 이외의 길로 벗어나지 않도록 하는 것이다. 이 경우, 목표의 진술 형태는 학생 중심이지만, 실제 수업의 중심은 교사이다. 비유적으로 이 수업은 '신문 기사'와도 같다. 학생 중심의 목표 진술을 '신문 기사'에 비유한다면, 대안적 수업은 '문학 작품'에 비유할 수 있다. 신문 기사는 일차적으로 독자에게 사실을 동일하게 전달하고자 한다. 반면에 문학 작품은 작가가 표현하고자 하는 주제에 독자들이 공감하기를 바란다. 독자에게 동일한 사실을 전달하기 위해 텍스트가 구성되지는 않는다. 텍스트의 목적은 작가의 주제를 표현하는 것이다. 이 목적을 독자에게 강요하지 않는다. 그래서 저자 중심의 목표는 오히려 독자 중심의 목표가 될 수 있다. 소위 학생 중심의 행동적 목표 진술은 오히려 교사 중심의 수업을 위한 설정이다. 학생이 결과적으로 도달해야 할 목표를 설정했다면, 그 목표에 도달하기 위해 학생을 통제하는 효율적 프로그램을 설정해야 하기 때문이다.

하지만 수업은 교사가 설정한 프로그램에 따라 이루어지지 않는다. 수업에서 예상은 가능하지만, 통제는 불가능하다. 타일러의 관점에서 수업의 가치는 목표 도달을 공학적으로 관리하는 프로그램의 효율성에 있다. 수업의 효율성은 공학적 효율성과 유사하다. 공학적 효율성은 가까운 것, 짧은 것, 많은 것, 정확한 것을 지향한다. 여기서 '교육적 효율성'이 무엇인지를 생각해 보아야 한다. 예술에는 예술 영역의 효율성이 있다. 과학에는 과학 영역의 효율성이 있다. 문학에는 문학 영역의 효율성이 있다. 예를 들어, 문학의 효율성이 공학적 효율성과 같다면, 독자에게 주제를 짧고 분명하게 말하면 된다. 하지만 문학적 효율성에서는 적어도 결과뿐 아니라 작품을 즐기는 과정도 고려된다. 과정 자체를 즐기는 공학적 비효율성이 문학에서는 효율성이 될 수 있다. 이 효율성을 양적 지표로 환산하거나 투입 대비 산출 비율로 평가하기는 어렵다. 사실을 정확히 전달하기보다는 저자의 주제를 공감적으로 표현하는 것이 문학의 효율성이다. 다의적으로 읽을 수 있고, 다의적으로 읽히는 것이 효율적인 작품이다. 이 효율성은 공학적 효율성에 한정되지 않는다.

　도덕과 수업의 효율성 역시 설정한 행동적 목표에 경제적으로 도달하는 것에 한정되지 않는다. 목표 지향적 수업관에 근거한다면, 정해진 시간에 타당한 이유를 제시하는 수, 인사하는 빈도 등을 목표로 제시할 수 있다. 그리고 이 목표에 도달하기 위해서 행동 반응을 조작할 수도 있고, 규범 적용을 연습시킬 수도 있다. 그 정당성을 사회에서 요구하는 평가적 도덕에 부합되도록 통제하기 위해서라고 설명할 수도 있다. 하지만 '웃어른에 대한 존경하는 마음의 바른 표현'이 양적으로 확인될 수 있는가? 이에 가장 효과적인 내용 선정과 조직 체계를 객관적으로 제시할 수 있는가? 그리고 내용의 선정과 조직이 결과의 산출에 미친 영향을 인과적으로 평가할 수 있는가? 도덕과 수업에서 이는 불가능하다. 도덕과 수업에서 추구하는 궁극적인 효율성은 기계적 움직임이나 언어적 표현에 한정되지 않는다. 만약 목표 지향적 수업관에 근거하여 고정된 행동 변화를 목표로 설정하고, 이를 위해 내용을 전달하여 결과를 산출한다면, 이는 조작적 전달을 강조하는 것이다. 도덕과 수업에서 교사가 내용을

직접적으로 전달하더라도 그것이 수용된 것은 아니다. 도덕을 가르쳤지
만, 도덕을 배운 것은 아니다. 도덕과 수업의 목표는 직접적 전달을 통해
조작적으로 도달해야 할 대상이 아니라, 학생의 공감적 수용을 기대하는
수업의 주제일 뿐이다. 직접적 전달을 통한 목표 도달을 의도하는 수업
을 강조하면 할수록 작은 목표에는 가까워질지 몰라도 큰 도덕의 수용에
서는 멀어질 수 있다. 하지만 도덕과 수업에서 흔히 제기되는 난점들은
전달을 목표로 하는 수업관이 지배적이었음을 확인한다.

　흔히 도덕과 수업은 다른 교과보다 목표 도달이 어렵다고 한다. 목표
가 단위 시간 동안 도달 가능한 행동적 진술로 설정되더라도, 그 목표에
도달하기가 어렵다는 것이다. 체제적 교수 설계 이론에서 교수 목표는
교수 프로그램의 실행 결과로 학습자가 보여 줄 수 있는 행동을 구체적
으로 기술한 것이다.[5] 수업이 사전에 명시한 바람직한 행동 변화를 유도
하는 데 초점을 맞추는 것은 행동주의적 교수·학습관으로 볼 수 있다.
이때 교수·학습의 주도권은 교사에게 주어지며, 수업은 사전에 목표로
명시된 바람직한 행동 변화를 유도하는 데 초점을 맞춘다.[6] 교사가 설정
하고 의도한 목표에 부합하는 관찰 가능한 행동적 변화를 보인 경우에
목표가 성취되었다고 한다면, 이 수업은 전달로서의 도덕과 수업에 부합
한다. 전달로서의 도덕과 수업에서 수업 목표는 그 수업을 통해서 학생
들에게 기대하는 행동으로 파악된다. 만약 교사의 교수 과정을 완결된
내용으로 보고, 그것을 전달하여 행동으로 옮기게 하는 것을 수업 목표
로 설정한다면, 수업이 목표에 도달하는 경우는 드물 것이다. 학생들은
교수 과정 텍스트를 상이한 반응을 통해 상이한 도덕적 의미로 수용하고
구체화하기 때문이다.

　그리고 도덕과 수업에는 정의적 영역의 지도가 어렵다는 문제가 있
다.[7] 만약 전달을 강조한다면, 내용을 전달하고 이에 대한 정의적 지지를
유발하는 방법을 모색해야 한다. 이는 인간을 기계주의적 모형에 비유하
여 이해하는 것이다. 기계주의적 모형에서는 기계를 조작할 때 힘을 가

하여 연쇄 반응을 발생시키듯, 힘으로서의 원인에 따라 목표 산출이 가능한 것으로 간주한다.[8] 이에 근거하면, 도덕과 수업은 도덕적 인지에 정서를 부과하고, 그것을 행동으로 실천하려는 의지를 이끌어내는 문제로 파악된다. 인지에 정서를 부여하는 수업에서, 전달된 인지는 마치 명제적 법칙과 같은 성격을 띠게 된다. 하지만 명제적 법칙과 같은 도덕적 인지에 정서가 수반되기는 어렵다.

또한 도덕과 수업에서 전달을 강조하는 관점은 흥미 있는 도덕과 수업이 어렵다는 문제와도 관련된다. 이 문제를 인간의 행위에 비유하여 생각해 볼 수 있다. 인간은 왜 일어서려고 하며, 왜 걸으려고 하며, 왜 뛰려고 하며, 왜 날고 싶어 하며, 왜 도구를 만들려고 할까? 이 질문에 답하기 위한 하나의 단초는 관계 맺음에서 찾을 수 있다. 인간이 일어서는 것은 높은 것과의 관계 맺음이며, 인간이 뛰는 것은 먼 것과의 관계 맺음이며, 인간이 나는 것은 시간과의 관계 맺음이며, 인간이 도구를 만드는 것은 신체적 한계와의 관계 맺음이다. 이러한 관계 맺음은 단절을 연결하고 싶은 마음에서 비롯된다. 인간의 신체적 행위가 단절을 연결하려는 마음에서 비롯되듯이, 인간의 정신적 관계 맺음도 단절을 연결하고 싶은 마음에서 비롯된다. 관계 맺음으로 본다면, 수업에서 학생들의 흥미는 자발적으로 관계 맺음을 하고 싶어 하는 마음이다. 관계 맺음을 원하는 것이 흥미이며 학습 동기이다. 도덕과 수업에서 완결된 결과를 정확히 전달하기 위해 단절을 배제한다면, 관계 맺음의 여지는 사라진다.

이러한 난점들은 인간을 물리적 대상으로 전제하는 공학적 프로그램으로서의 도덕과 수업관이 지배적이었다는 해석을 가능케 한다. 이 경우, 도덕과 수업을 낳는 교사의 개인적 지식과 도덕과 수업을 통해 수용되는 학생의 개인적 지식은 무의미하게 처리될 수 있다.[9] 도덕과 수업을 하나의 고정된 목표 도달을 위한 효율적 프로그램에 한정하는 경우, 개인적 지식은 목표 도달과 무관한 요소로 간주되기 때문이다. 도덕과 수업에서 사회 속의 개인에게 요구되는 도덕의 전달만을 염두에 둔다면,

이러한 난점을 벗어나기는 어렵다.

수용을 위한 도덕과 수업

도덕과 수업에는 개인 속의 사회적 삶에 대한 교사의 도덕적 의미 표현과, 학생의 수용에 의한 의미 발생이라는 측면이 있다. 그래서 평가적 도덕을 그대로 전달하는 프로그램으로 도덕과 수업을 보는 관점이 주로 반영된다면, 도덕과 수업은 여러 난점에 직면하게 된다. 도덕과 수업에서는 인식 주체인 학생이 평가적 도덕을 서술적 도덕으로 전환하여 평가적 의미를 수용하는 측면이 고려되어야 한다. 이때 도덕과 수업은 도덕적 표상을 통해서 개인에게 도덕적 삶의 의미가 형성되는 것을 지향한다. 이 경우, 사회 속의 개인이 도덕과 수업의 직접적인 지향점은 아니며, 삶의 도덕적 의미라는 보다 포괄적인 도덕을 반영한다. 개인 속의 삶의 도덕적 의미를 강조하면, 도덕과 수업은 삶의 도덕적 의미를 구체화한 교수안이라는 텍스트와 그 텍스트에 대한 학생의 공감적 수용으로 이루어진다. 여기서 교수안은 교사에게는 완결된 작품이지만, 학생에게는 수용을 위한 텍스트이다. 작품은 독자의 반응을 통해서 완성되며, 그 전에는 하나의 텍스트일 뿐이다.[10] 텍스트는 기호의 무한한 놀이를 통해 의미를 산출하는 모든 담론을 가리키며, 텍스트성은 그 텍스트에 본래적으로 내재하는 속성이 아니라 생산하거나 분석한 사람이 부여한 자질이다.[11] 그래서 교사가 생산한 교수안은 고정된 의미를 담은 전달 대상이 아니라 학생의 의미의 수용을 위한 텍스트이다. 도덕과 수업은 평가적 도덕을 서술적으로 표현한 교사의 교수 텍스트를 통해서 학생이 평가적 의미를 수용하는 과정이다. 따라서 도덕과 수업은 교사가 이해한 도덕적 의미를 교수 텍스트로 제시하고, 이에 대해 학생이 정서가 수반된 인지적 반응을 통해 도덕적 의미로 수용하고 구체화하는 과정이다.

  도덕적 의미 수용과 구체화는 교수 텍스트의 구성 과정에서부터 고려
되어야 한다. 도덕과 교과용 도서 역시 교사에게는 텍스트의 지위를 갖
는다. 수업을 위해서는 도덕과 교과용 도서에 대한 교사의 의미 수용과
구체화 과정이 요구된다. 이 과정에서 교사가 도덕과 교육 과정의 의미
를 직접 구체화한다면, 교과용 도서 부분은 생략될 수 있다. 이 도덕과
교육 과정 역시 누군가에 의해 수용된 도덕의 의미를 구체화한 표현이
다. 따라서 교사가 도덕과 교육 과정, 도덕과 교과용 도서에 괄호를 친다
면, 그 교사의 수업은 도덕에 대한 해석과 직접 관련된다. 이렇게 생산한
교수라는 작품은 학생의 의미 수용과 구체화를 위한 텍스트로 전환된다.
이를 도식적으로 표현하면 다음과 같다.

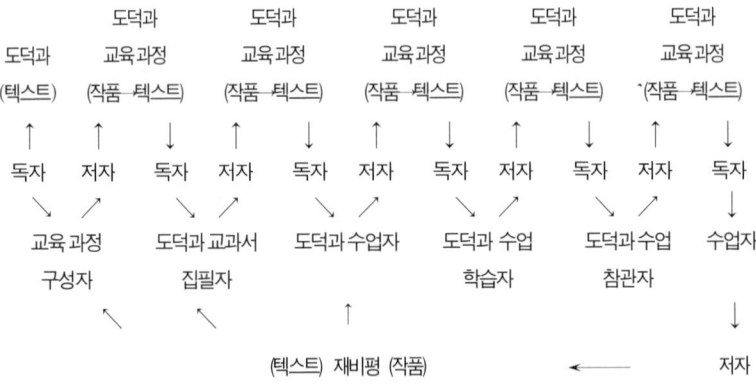

  이 도식에서 보면, 교사의 교수는 도덕과 교과용 도서나 교육 과정에
대한 의미의 수용과 구체화로 볼 수 있다. 나아가 도덕 자체에 대한 의미
의 해석과 구체화로 볼 수 있다. 교수는 교사의 의미 해석과 구체화를 일
관성 있게 구성한 텍스트이다. 따라서 수업은 저자인 교사에 의해서 생
산되었으나, 교사와 독립적으로 독해가 가능한 의미 산출의 연속체이
다.[12] 교사가 언어적·시각적 매체로 도덕적 의미를 표현한 교수 텍스트
는 학생의 인지 기제 및 기지旣知의 지식과 반응하여 의미를 낳는다. 교

사가 구성한 교수 텍스트의 구성 논리와 표현 양식이 학생의 인지 기제나 기지의 지식에 부합하지 않는다면, 의미가 수용되기는 어렵다. 이를 도식적으로 표현하면 다음과 같다.

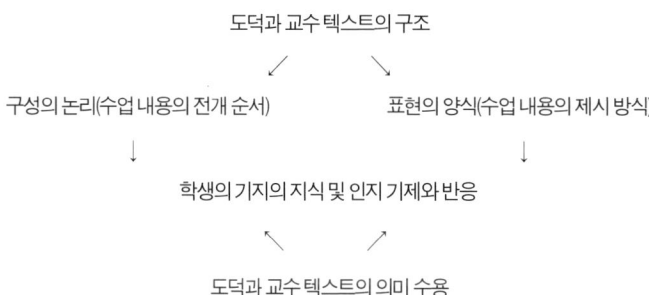

이러한 구조에 담긴 의미는 학생의 반응을 통해 공감적으로 수용된다. 그 수용의 정도는 양적으로 환산하기 어려우며, 공학적 효율성을 염두에 두고 직접적으로 전달하기도 어렵다. 단지 교사는 공감적 수용을 염두에 두면서 시간적 순서에 따라 표현할 뿐이다. 시간적 순서는 구체적 내용을 통해 제시되며, 제시된 내용은 학생이 공감할 수 있는 양식으로 표현된다. 그러므로 도덕과 수업의 내용에는 구성 논리와 표현 양식이 담겨 있다.

도덕과 수업에서 구성의 논리는 곧 표현의 순서이다. 이는 수업의 수만큼 다양하다. 교사가 자신의 이해를 가장 적절하게 표현하는 순서에 확정된 것은 없다. 자신이 가르치려는 내용, 그 내용에 대한 이해, 그리고 가르치는 학생 등에 따라 다양하게 표현될 수 있다. 자신의 이해를 표현할 때, 연역적으로 표현하기도 하고, 귀납적으로 표현하기도 하고, 역설적으로 표현하기도 하고, 심지어는 모순적으로 표현하기도 하는 것과 마찬가지이다. 그래서 표현 순서는 하나의 필요조건일 뿐이며, 이를 그대로 적용해야 하는 것은 아니다. 작품을 구성할 때 문법이나 창작 기법은 새로운 작품을 창조하기 위한 안내일 뿐이지 그대로 적용해야 할 대상은 아니다. 어떤 순서로 표현할 것인가는 교사가 자신의 이해를 가장 적절하게 표현하기 위해서 선택해야 할 문제이다. 다만 수업을 위한 기초로서 가장 상식적이고 일반적인 도덕과 수업의 표현 순서를 가정해 볼 수는 있다. 가장 일반적인 순서는 공부할 것을 알고, 그것을 자세히 공부하고, 공부한 것을 반영하는 과정이다. 따라서 도덕과 수업에서 표현 순서는 도덕적 내용을 인식하고, 인식한 내용을 심화하고, 심화한 내용을 반영하는 과정으로 표현될 수 있다.

이러한 표현 순서는 내용 속에 담기게 된다. 수업의 논리를 담고 있는 내용 선정의 현실적 자료는 도덕과 교육 과정이다. 교원으로서 교사는 도덕과 교육 과정을 해석하고 이해하여 표현한다. 교육 과정은 표현의 대상이자 동시에 제한이다.[13] 국가 수준에서 고시된 교육 과정은 학교 교육 과정 편성 및 운영의 기준이라는 성격을 가지기 때문이다. 국가 수준에서 전시展示된 교육 과정을 실현하기 위해서 교사는 교육 과정을 해석하여 수업으로 표현한다. 이때 관점 없는 해석, 해석 없는 이해, 이해 없는 표현은 불가능하다. 표현을 위해서 전시된 기준을 해석하고 이해하는 과정은 필수적이다. 교사는 자신의 수업에서 표현할 내용을 찾기 위해 교육 과정의 지도 요소에 대한 진술을 근거로 하면서, 스스로 제기한 질문과 답을 더하여 수업 내용을 도출한다. 예를 들어, '도덕 공부는 이렇게 해요' 라는 지도 요소를 교사가 다음과 같이 이해한다고 해보자.

도덕 공부는 인격을 갈고 닦는 출발점이며 기초이다. 도덕 공부를 위해서는 도덕 공부를 하는 방법을 알아야 한다. 이를 알고 실행하는 것은 성실한 사람, 자주적인 사람, 책임 있는 사람이 되도록 한다. 그래서 이 지도 요소를 가르치는 것이다. 도덕 공부 방법을 가르치기 위해서는 먼저, 도덕 공부의 대상이 무엇인지를 가르쳐야 한다. 예를 들어, 도덕적인 현상과 무도덕적인 현상의 예와 차이, 도덕적인 관점과 무도덕적인 관점의 예와 차이, 도덕적인 사람과 비도덕적인 사람의 예와 차이, 도덕적인 개념과 무도덕적인 개념의 예와 차이, 도덕적인 정서와 무도덕적인 정서의 예와 차이 등을 찾도록 해야 한다. 도덕 공부의 내용을 이해했다면, 그 내용을 어떻게 공부하는지를 가르쳐야 한다. 도덕적인 것을 공부하는 방법이란 결국 도덕적인 대상을 경험하는 방법이다. 도덕적인 대상을 경험하는 방법의 예를 들자면, 어른들의 가르침, 일상생활에서 선행에 대한 목격, 봉사 활동에 참여한 경험, 공동체 활동에 참여한 경험, 이야기를 통한 도덕적 감동, 모범적인 인물에 대한 경험, 친구들과의 일상적인 대화, 도덕적 갈등 사태에 대한 토론, 도덕적 개념에 대한 이해, 이상적인 사회나 삶에 대한 상상, 역사적 사건에 대한 반성, 자신과 타인의 행위에 대한 판단, 다른 사람의 입장이 되어 본 경험이나 생각, 일상생활에 대한 반성 등이 있을 수 있다. 도덕을 어떻게 공부하는지를 가르쳤다면, 열심히 공부하도록 해야 한다. 이를 위해 도덕 공부를 한 사람과 도덕 공부를 하지 않은 사람은 어떤 차이가 있는지, 도덕 공부를 바르게 한 사람과 그렇지 않은 사람은 어떤 차이가 있는지, 인간이 욕구하는 대로 행위했을 때 어떤 결과가 있을지, 도덕이 없다면 세상은 어떤 모습일지 등을 생각해 보도록 한다.

이와 같이 해당 지도 요소를 이해한 교사는 도덕 공부의 내용, 도덕 공부의 방법, 도덕 공부의 필요성 순으로 내용을 제시할 것이다. 이 교사는 '도덕 공부는 이렇게 해요'라는 지도 요소에서 '도덕이란 무엇이며, 그 것을 어떻게 공부하며, 그 공부를 왜 열심히 해야 하는가?'에 대한 이해를 표현한다.

이렇게 논리적 순서로 구성된 내용은 학생들이 공감적으로 수용할 수 있는 양식으로 표현된다. 의미 수용이 가능하도록 표현하기 위해서는 수용을 가능케 하는 양식을 고려해야 한다. 이를 위해 표현 의미에 대한 개방적 수용을 가능케 하는 단절을 설정한다.[14] 그 단절을 연결하기 위해 학생들은 인지 기제를 사용한다. 논리가 담긴 내용에 반응하는 인지 기제를 고려한 양식으로 표현된 도덕과 수업 텍스트는 학생의 수용으로 의미가 발생한다. 이러한 도덕과 교수 텍스트는 일종의 다양태적 서사 텍스트로 볼 수 있다. 다양한 표상 형식들이 한 텍스트 안에서 복합적으로 작용하므로 다양태적이며, 그 텍스트가 시간의 계열 속에서 전개되므로 서사적이다. 다양태적 서사 텍스트로서의 교수 텍스트의 의미는 해석체인 학생의 반응을 통해서 완성된다.

하지만 흔히 도덕과 수업에서 도덕적 의미는 규범의 적용에서 발생되는 것으로 가정되어 왔다. 규범이 개별 상황에 객관적으로 적용되기 위해서는 인식 주체보다는 대상과 논리를 강조해야 한다. 규범의 적용에서 도덕적 의미가 발생한다는 가정은 인식 주체를 필수적인 요소로 상정하지 않는다. 규범의 객관적 적용을 위해서는 인식 주체로부터 독립된 대상과 기호의 대응 규칙을 전제하기 때문이다. 인식 주체와 독립된 도덕적 상황의 속성과 명제적 정의의 고정된 대응 규칙을 전제하기 때문에, 인식 주체의 의미 수용 구조는 크게 개입되지 않는다. 이러한 관점은 객관적 대상에 직접적으로 사상되는 도덕규범의 규칙 지배적 조작을 가정한다는 점에서 객관주의적 의미 이론을 함축한다.[15] 객관주의적 의미론이 반영되면, 도덕과 수업은 객관적 대상과 논리의 관계를 정확히 기술하고 효율적으로 전달하는 일이 된다. 이때 도덕과 수업은 전달을 위한 일종의 행동주의적 프로그램의 성격을 지닌다. 행동주의를 바탕으로 한 접근은 텍스트를 읽어 찾아내야 할 내용과 의미가 정해져 있다고 보며, 학습자는 교사가 유도하는 대로 따라가면 내용과 의미에 도달하는 것으로 설명된다. 텍스트 이해 교육에 대한 행동주의의 영향 요소는 단위 활동 목표의 제시, 학습 내용의 세분화, 적절한 단계화, 교수 · 학습 과정 체계화 등이다.[16] 그래서 객관주의적 의미 이론이 전제된 도덕과 수업은 고정된 의미를 전달하기 위한 행동주의적 프로그램이 된다.

지금까지의 도덕과 교육은 몇 차례 이론적인 변화에 편승하여 그 접근 방식에서 차이를 보이기는 했지만, 기본적으로는 어떠한 가치나 덕들을 아동들에게 제시한 후, 모든 아동들이 그 가치나 덕들을 그대로 받아들여 내면화함으로써 행동으로 나타내기를 기대하는 접근 방식의 틀을 유지하여 왔다.[17] 이러한 지배적인 접근 방식의 틀은 같은 내용이 같은 반응을 불러일으키도록 전달되어야 한다는 점에서 객관주의적 의미론을 전제한다. 도덕과 수업에서 객관주의적 의미론을 가정하는 경우, 동일한 기술에 대해 동일한 전달이 이루어져야 한다. 만약 정직이라는 덕목을 전달해서 특정한 도덕적 상황에서 전달된 내용이 적용되기를 바란다면, 제시된 상황은 정직이라는 범주에 해당하는 것으로 분류되어야 한다. 주어진 상황에서 정직이라는 덕목으로 범주화될 수 있는 속성을 찾아야 한다. 그 속성이 정직이라는 덕목의 정의와 연결되어야 한다. 만약 정직이라는 덕목이 문자적으로 정의되지 않거나 그 대상의 속성이 인식 주체에 따라 상이하게 도출된다면, 그 상황은 객관적으로 범주화될 수 없다. 이 의미 발생의 효과 구조가 학생의 실제 반응 구조에 부합하지 않는다면, 이 경우 내용은 전달될 수 있어도 도덕적 의미가 수용되기는 어렵다. 도덕적 문제의 객관적 분석을 통해 속성을 추출하여 하나의 덕목으로 분류하고, 이에 근거하여 단 하나의 옳은 행동을 결정한다는 가정은 인지적 실제에 상응하는 효과 구조가 되기 어렵다. 그래서 도덕과 수업은 인지 후에 정서와 행동을 설득하고, 교화하고, 유발하려는 수업이 되었다. 이러한 수업의 문제점은 도덕적 의미 수용의 실제적 측면보다는 전달을 위해 요청되는 효과 구조를 가정하기 때문이다.

요컨대, 교사는 교수 텍스트의 생산자이다. 교수 텍스트는 도덕과 수업에 대한 교사의 의미가 담긴 표현이다. 교사가 도덕의 의미를 사회 속의 개인에 두는 경우와 개인 속의 사회적 삶에 두는 경우에 교수의 관점은 상이하다. 또한 교사가 수업 구성의 주된 관점을 전달에 두는 경우와 공감적 수용에 두는 경우에 도덕과 수업은 상이하게 구체화된다. 도덕과 수업은 사회 속의 개인에게 요구되는 고정된 형태를 효과적으로 전달하는 것만은 아니다. 도덕과 수업은 삶의 의미를 공감적으로 수용하고 구체화하는 일이다. 도덕과 수업에서는 교사의 도덕적 의미 표현에 학생들이 반응하고, 수용하고, 구체화하는 과정도 강조되어야 한다. 따라서 도덕과 교수 텍스트는 도덕적 삶의 의미를 학생이 공감적으로 반응하여 의미를 수용하고 구체화할 수 있도록 표현되어야 한다.

2. 도덕성의 의미

　도덕 교육에서는 이전 상황이나 가상적 상황을 도덕적 관점에서 인식하여, 이후 유사한 상황에서 그 인식이 반영되기를 기대한다. 이는 학교에서 이루어지는 공식적이고 체계적인 도덕과 수업에서도 마찬가지다. 교사는 학생들에게 도덕적 개념, 도덕적 상황, 도덕적 판단, 도덕적 기능, 도덕적 실천 등을 교수한다. 이 교수를 통해 이전의 도덕적 상황에 대한 인식이 이후의 도덕적 상황에서 행동으로 실현되기를 기대한다. 이를 기대하는 도덕과 수업은 도덕적 행동을 가능케 하는 도덕성의 함양을 실제적 목적으로 한다.[1] 도덕과 수업이 도덕성의 함양을 목적으로 한다면, 당연히 '도덕성이란 무엇인가' 라는 물음이 있어야 한다. 이 물음에 대한 답은 도덕의 본질과 행위자의 성향에 가중치를 두고 접근할 수 있다.[2] 도덕의 본질을 제시하면서 행위자에게 그 구현을 기대할 수도 있고, 도덕적 성향의 구현 과정을 설명하면서 그 본질을 도출할 수도 있다. 전자가 소위 도덕성에 관한 도덕 철학적 접근이라면, 후자는 도덕성에 관한 도덕 심리학적 접근이다. 도덕성에 관한 접근을 본질과 성향의 측면으로 구분하면서, 먼저 도덕의 본질로서 도덕성의 의미를 살펴본다.

사회 속의 개인에게 요구되는 습관화된 행위

초등학교 도덕과 수업과 관련된 도덕의 본질은 교육 과정에 반영된 도덕 철학에서 찾을 수 있다. 도덕과 교육 과정에는 덕 윤리적 접근이 반영되어 왔으며, 현행 초등 도덕과 교육 과정에서도 이 접근을 포괄적으로 수용하고 있다. 이 접근의 도덕 철학적 배경에는 아리스토텔레스의 도덕 이론이 있다.

아리스토텔레스의 세계에서 이념적 실재는 감각적 사물 중에 존재하고, 감각적 사물은 이념을 표상한다. 그는 이러한 감각적 존재와 이념적 존재, 개체와 보편, 사물과 실체의 관계를 형상과 질료라는 관계로 설명한다. 인간 역시 이러한 관계로 설명되는 자연계의 한 부분이다. 자연계나 인간을 불문하고 유기체적 세계에는 식물적 영혼, 감각적 영혼, 이성적 영혼이 있다. 식물은 동화 및 확충을 갖춘 식물적 영혼을, 동물은 식물적 영혼과 함께 욕망과 운동의 힘을 갖춘 감각적 영혼을, 인간은 이러한 두 영혼과 함께 이성적 영혼을 가지고 있다.[3] 이러한 목적론적 세계관과 인간에 관한 이해에 터하면, 이성적 영혼의 완성이 인간의 궁극적 목적이며, 목적은 실현해야 하는 것이며, 그 실현은 곧 선이다.

그래서 선은 모든 것이 목표로 삼는 것이다.[4] 그중 최고선은 그 자체를 위해 소망되는 것이며, 따라서 궁극성과 완전성을 갖춘 행복이 최고선이다. 인간에게 있어서 행복은 이성의 기능을 유감없이 잘 발휘하는 것이며, 이성을 항상 발휘하려는 습성이 곧 덕이다. 덕은 인생의 궁극적 목적인 행복을 위한 기본 조건이다.[5] 따라서 행복이라는 최고선을 실현하기 위해서는 인간의 고유한 기능을 잘 발휘해야 한다. 인간이 발휘해야 할 고유한 기능은 세 가지로 구별되며, 그 기능의 탁월성인 덕도 이에 따라 구별된다. 인간성은 이성의 지배를 받지 않는 불합리한 부분, 이성의 지배를 받는 불합리한 부분, 이성적인 부분을 가지고 있다. 이들 세 부분에 대응하는 세 종류의 탁월성이 있다. 이 중 이성의 지배를 받는 불합리한 부분에 대응하는 탁월성이 도덕적 덕 혹은 도덕적 탁월성이다. 충동이나 욕망에 있어서 가장 훌륭한 상태는 부족과 과도의 중용이므로, 도덕적 덕은 이 중용이 실현되는가에 따라 생겨난다.[6] 도덕적 덕이 이성의 지배를 받는 불합리한 부분에서 중용으로 실현되는 것이라면, 중용의 실현에는 이성의 기능이 관계된다.

이성의 기능은 다르게 있을 수 없는 필연적 법칙성을 인식하는 기능과, 다르게도 있을 수 있는 개연성을 사량하는 기능으로 구별된다.[7] 여기서 사량적 기능에 해당하는 프로네시스phronesis 혹은 실천지는 이렇게도 될 수 있고 저렇게도 될 수 있는 또는 전혀 되지 않을 수도 있는 개연성에 관계한다. 실천지는 개연적인 일에 관하여 신중하고 용의주도하게 생각하는 것을 말한다.[8] 인간 행동을 사량하는 이성 기능의 탁월성이 실천지이며, 이 실천지가 좋은 목적, 좋은 사람의 능력을 지향하기 위해서는 선한 사람이 되어야 한다.[9] 따라서 도덕적 덕은 올바른 도덕 판단을 내리기 위한 도덕 지식의 선행 조건이다. 이 점에서 덕과 지식은 등식화 관계가 아니다. 프로네시스로 명명한 실천지 개념은 단순한 이론적 지식이 아니라 덕을 전제로 한 도덕지이다.[10] 그러므로 실천지가 선한 목적에 적용되도록 하기 위해서는 선한 사람이어야 한다. 선한 사람의 행동을 규정하고 실천지를 제약하는 것이 덕이므로, 덕은 실천지의 필요조건이다. 그런데 도덕적 덕은 정열과 행동을 내용으로 하며, 여기에는 지나침과 미치지 못함 그리고 중용이 있을 수 있다. 중용은 하여야 하는 경우, 하여야 할 사람에게 준거하여 하여야 할 목적을 가지고, 하여야 하는 방식대로 하여야 할 때 행동하는 데서 성립하는 것이다.[11] 이 중용적 행동을 규정하는 것이 실천지이므로, 도덕적 덕은 좋은 행위를 권고하는 이성의 탁월성인 실천지의 지배를 받는다.

이처럼 도덕적 행위는 실천지에 의해서 가능하며, 실천지가 도덕적이기 위해서는 도덕적 덕을 필요조건으로 한다. 즉, 도덕적 덕이 실천지의 목적을 결정하고, 실천지가 도덕적 덕을 실현한다. 그 선후를 거칠게 따지자면 도덕적 덕이 실천지에 선행한다. 도덕적 덕의 목록은 아리스토텔레스가 활동하던 당시의 그리스 사회에 있어서 '탁월한 시민들이 규칙으로 삼는 것'을 반영한다. 덕을 설명함에 있어서 그리스 상류 계층의 삶을 기준으로 삼은 것이다.[12] 따라서 아리스토텔레스에게 있어서 도덕성은 본질적으로 사회적인 것이다. 사회를 떠나서는 도덕적인 것이 실현될 수 없기 때문이다. 인간은 그 본질에 있어서 사회적인 동물 혹은 정치적인 동물이기 때문에 사회 안에서만 그 잠재력을 발휘할 수 있다. 인간들이 제각기 국가 밖에서 고립된 상태에 있다면, 윤리적인 덕은 정상적인 발전을 할 수 없다. 윤리적인 덕의 완성은 사회적 환경 속에서만 달성될 수 있다.[13] 그래서 아리스토텔레스가 제시한 덕의 목록은 사회적 맥락과 그 맥락에서 선호하는 덕목들이다. 도덕적 덕으로 언급하는 습관화된 중용은 사회적 맥락에서 사회를 위해 요구되는 기준이다.

이상에서처럼 아리스토텔레스의 도덕 철학은 목적, 인간의 기능, 행복, 탁월성, 도덕적 덕, 실천지, 중용, 습관을 구성하여 이해할 수 있다. 인간의 궁극적 목적은 행복의 추구이며, 행복의 추구는 그 고유한 기능의 탁월성에 있으며, 이러한 탁월성의 상태가 덕이며, 중용이라는 도덕적 덕은 실천지와 습관의 상호 관계이지만 공동체 속에서의 습관이 우선된다. 따라서 아리스토텔레스의 도덕 교육 방법은 크게 보아 습관의 교육과 동기의 교육이다.[14] 이에 터하여 도덕과 수업을 한다면, 공동체 구성원에게 요구되는 덕목이 도덕과 수업의 주된 내용이 될 것이다. 특히 초등 도덕과 수업에 초점을 맞춘다면, 현 사회에서 요구되는 덕목을 내용으로 하면서, 그 덕목에 부합하는 습관을 우선적으로 형성시키려 할 것이다. 도덕과 수업의 목적은 덕의 함양으로, 도덕과 수업의 내용은 사회의 덕목으로, 도덕 교육의 방법은 습관 형성으로 설정된다. 이러한 수업에서는 시민에게 요구되는 평가적 행위 내용의 전달을 강조하게 된다. 즉, 사회 속의 개인에게 요구되는 행위 성향의 습득을 위한 전달을 강조한다.

사회 속의 *개인*에게 요구되는 합리적 이성

도덕과 교육 과정에서는 이성을 통한 합리적 도덕 판단도 중시한다. 그 철학적 배경에는 칸트의 도덕 이론이 크게 자리하고 있으며, 그의 이론을 통해 도덕 교육에서 강조하는 도덕성의 의미를 찾을 수 있다.

칸트에게 이성은 이성 그 자체에 의해 판단된다. 따라서 이성이 실천적 관심에 따라 입법할 경우, 이성적 존재는 자신의 이성을 통해 자신에게 법칙을 부여한다. 입법자와 입법의 대상은 동일하다.[15] 실천 이성은 자유로운 존재들에 대해 자기로부터 입법한다. 실천 이성에 의해 입법된 법칙은 모든 법칙성의 "전형"을 보여 준다. 즉, 어떤 예외도 인정하지 않으며, 이성적 주체들이 어떤 특권을 갖는 것도 허용하지 않는다.[16] 그래서 도덕 법칙은 모든 이성적 주체에게 동등하게 보편적이고 타당한 책임을 요구한다. 모든 이성적 존재는 동일한 윤리적 표준의 실현을 무조건적으로 요구받는다. 도덕적 행위는 무조건적 요구를 소중히 여기는 동기에서 수행된 행위요, 의무는 도덕 법칙에 대한 경외심에서 행동하지 않을 수 없게 하는 것이다.[17] 이에 터하여 칸트는 '세상 안에서뿐만 아니라 세상 밖에서조차도 제한 없이 선하다고 여길 수 있는 것은 오직 선의지뿐이라고 생각할 수밖에 없다'고 한다.[18] 선의지는 옳은 행동을 오로지 그것이 옳다는 이유에서 항상 택하는 의지이며, 객관적 실천 법칙을 순수한 동기에서 따르는 능력이다.

그런데 현실적인 인간의 의지는 주관적 동기의 세력 하에 있기 때문에 의지와 실천 법칙 사이에는 일종의 저항이 개재된다. 인간은 신체적 존재인 까닭에 인간의 주관은 자연적인 경향성이나 욕구 그리고 필요의 충동에 굴복한다. 인간은 자연 본성상 자기 자신의 실천 이성과 그것에 의해서 제시된 법칙에 거슬러 행위하려는 경향을 가진다. 인간의 주관성은 법칙과 자연적 경향 사이의 긴장 영역에 놓여 있다. 그래서 법칙은 우리에게 "어떻게"의 방식으로 주어지며, "해야만 한다"는 무조건적 책임성,

즉 의무로서 말을 건다.[19] 선의지가 의무로 다가온다면, 실천 법칙은 명법의 형태로 나타난다. 이 도덕 법칙의 명령은 주관적 행위 주체에게는 준칙으로 다가오므로, 칸트는 '의지를 결정할 수 있는 것으로 남아 있는 것은 객관적으로는 법칙뿐이고, 주관적으로는 이런 실천적 법칙에 대한 존경심, 따라서 나의 모든 경향성을 버리더라도 그 법칙을 따르겠다는 준칙뿐이다' 라고 한다.[20] 그래서 도덕적 행위는 실천 이성이 명령하는 도덕 법칙을 준칙으로 따르려는 의무에서 비롯된 행위이다.

그렇다면, 그 도덕 법칙은 어디에서 나오는가? 순수 실천 이성의 원칙인 실천 법칙의 발견의 토대는 도덕적 사실이다. 도덕 현상으로부터 경험적 요소를 사상捨象함으로써 순수한 도덕 법칙을 찾는 것이다. 후천적이며 경험적인 것은 보편성을 가질 수 없으므로, 실천 법칙의 발견을 위해서는 모든 경험적 요소의 사상이 요구된다. 그 다음에 남는 것은 선천적 입법의 형식뿐이다. 따라서 실천 이성의 근본 법칙은 주관적 의지의 규정 근거인 준칙과 구별되며, 또 오직 어떤 조건 아래서만 타당한 가언명법과도 구별되는 정언명법이며, 어떠한 내용도 언급하지 않는 오직 형식의 원리이다.[21] 이처럼 실천 법칙은 도덕 현상에서 경험적 요소를 제거함으로써 정언적 형식이라는 제약만을 가진다. 이 형식을 충족하는 도덕적 명령이 정언명법이다. 정언명법은 모든 상황에서 그 자체로서 목적적 존재인 인간에 대해서 구속력을 갖는 도덕적 명령이며, 특정하게 욕구된 어떤 목적을 추구하는 가정적인 조건에 좌우되지 않는 도덕적 명령이다.[22] 상황이나 결과와 무관하게 모든 이성적 존재에게 구속력을 가지는 선험적 입법의 형식에 따른 정언적 명령은 '그 준칙을 통해서 네가 그것을 동시에 보편적인 법칙으로 삼으려고 할 수 있는 그런 준칙에 따라서만 행위하라' 고 한다. 이 정언적 명령은 '네 인격 안의 인간성뿐만 아니라 모든 사람의 인격 안의 인간성까지 결코 단지 수단으로만 사용하지 말고, 언제나 (수단과) 동시에 목적으로도 사용하도록 그렇게 행위하라.' '모든 이성적 존재자는 그 준칙에 의하여 항상 보편적 목적의 왕국의 입법적 성원인 것같이 행위하라'로도 표현된다.[23] 이상의 정언적 명령은 도덕률의 보편성, 인간의 존엄성, 공동체에 대한 책무성의 측면에서 제시된 것이다.

이러한 칸트의 정언적 명령에 따른 행위를 위해서는 자유라는 조건이 전제되어야 한다. 이성의 명령을 따를 수 있는 자유를 가지지 않는 한 도덕적 명법대로 행동할 수 없다. 만일 사람들이 외부로부터 가해지는 인과적 세력에 의하여 결정된다면, 혹은 그들의 자연적 정감, 욕망, 성향에 의하여 결정된다면, 정언명법의 요구에 복종할 수 없다.[24] 오직 선의지만이 도덕적 가치의 조건이라면, 자유로운 사람만이 선의지의 사람일 수 있다. 따라서 자유로운 이성적 존재인 인간이 스스로를 정언적 명령에 따르도록 규제할 때 도덕은 가능하다.

매킨타이어에 의하면, 정언명법은 관련된 사건이나 필요성으로부터 분리됨으로써 그리고 사회적 환경으로부터 분리됨으로써 자유주의적인 개인주의 사회에서 받아들일 수 있는 도덕 규율의 형식을 가지게 된다.[25] 이 형식은 도덕적 보편성과 자율성을 강조하는 도덕 교육과 주로 연계된다. 구체적인 내용보다는 원리나 형식을 강조하는 도덕 교육이다. 이 도덕 교육에서는 이성적 숙고를 바탕으로 자기 결정에 의해 채택한 도덕률을 의무로서 존중하고 실천하는 자율적이고 합리적인 사람을 지향한다. 이에 터하여 도덕과 수업을 한다면, 도덕률을 적용하고 그 결정에 의무감을 갖도록 하는 일에 중점을 두게 된다. 여기서 의무감을 갖도록 하기 위해서는 도덕률을 적용한 합리적 결정에 주관적 동기나 경향성의 저항이 적게 해야 한다. 이를 위해서는 도덕률의 내용을 가르쳐 적용하도록 하면서, 욕구를 억제하는 연습을 강조해야 한다. 따라서 도덕과 수업의 일차적인 임무는 학생들에게 도덕률을 적용하여 경향성을 통제하고 실천하도록 하는 일이 된다. 초등 도덕과 수업을 염두에 둔다면, 사회 속의 개인에게 요구되는 통제력을 함양하기 위해 도덕률의 전달을 우선적으로 강조하게 된다.

외적 행동을 통한 통제

도덕 교육에 지배적인 영향을 미치는 도덕성의 의미에 터한다면, 도덕
과 수업에서는 행동의 습득을 강조할 수도 있고, 도덕률의 적용 능력을
강조할 수도 있다. 이러한 차이에도 불구하고 초등학교에서는 행동의 습
관화나 도덕률의 적용에 의해 사회적 요구에 부합하는 결과를 산출하기
위해 경향성의 통제에 초점을 맞춘다. 경향성에 대한 통제 근거를 도덕
철학이 제시했다면, 이를 구현하는 것은 도덕 심리학의 주된 관심이다.
일반적으로 경향성의 통제는 외적 환경을 통해 행위를 직접 산출하는 방
향과 내적 사고를 통해 행위를 간접적으로 산출하는 방향으로 대별된다.

이 중 외적 환경을 통해 경향성을 통제하려는 방향은 사회의 도덕적
행동에 부합하는 행위를 유발하고 유지하는 데 초점을 맞춘다. 외현적이
고 관찰 가능한 행동을 연구 대상으로 하며, 외적 환경을 통한 조건화로
학습을 설명하는 것이 행동주의 심리학이다. 이러한 행동주의적 전통은
파블로프Pavlov와 왓슨Watson의 연구에서 시작하여 스키너Skinner의 연구로
연결된다. 이후의 다양한 이론적 관점에도 불구하고, 그것은 공통적으로
도덕적 추론보다는 관찰 가능한 행동의 중요성을 강조한다.[26]

초기 행동주의 심리학이 학습을 설명하는 관점은 고전적 조건화였다.
고전적 조건화에 관한 연구는 학습에 관한 파블로프의 관심과 실험에서
시작되었다.[27] 이 실험에서 개는 불빛에 조건화되어 침을 흘리도록 학습
된다. 이 동물 실험을 인간에게 적용한 왓슨은 어린이에게 쥐를 무서워
하도록 조건화하는 실험을 수행하였다.[28] 그의 실험에서 공포라는 무조
건 반응을 낳는 무조건 자극인 날카로운 소리는 흰쥐라는 조건적 자극으
로 대치된다. 조건적 자극인 흰쥐를 반사회적인 도덕적 행위로 대치한다
면, 반사회적인 도덕적 행위에는 공포 반응이 수반될 수 있다. 따라서 사
회의 도덕에 반하는 행위는 무조건적인 혐오 반응을 수반하게 함으로써
통제할 수 있다.

그러나 고전적 조건 형성에서 조건 반응은 대개 무조건 자극에 대한 무조건 반응에 상응하므로, 새로운 것을 가르칠 때에는 고전적 조건 형성을 적용하기 어렵다. 새로운 학습을 위해서는 먼저 어떤 행동을 수행하고, 그 행동의 결과에 따라 반복하는 것이 가능해야 한다. 그래서 손다이크Thorndike는 조작적 조건 형성을 실험한다.[29] 이 실험에서 고양이는 문제 해결에 성공하기까지 여러 시도를 한다. 그중에서 성공적으로 문제를 해결한 반응만을 학습한다. 이는 시행착오에 의한 반응이다. 이 반응이 학습되도록 하기 위해서는 반응자가 선호하는 자극을 수반하도록 한다. 예를 들어, 학습자가 여러 가지 도덕적 반응을 보였다고 해보자. 이 경우에 특정 반응만을 강화하기 위해서 특정 행위에만 선호 자극으로 보상하면 그 행위를 선별적으로 강화할 수 있다. 여러 행위 중 특정 행위를 보상하면 사회적으로 인정된 도덕적 행위는 강화되고 비도덕적 행위는 통제된다.

이러한 행동주의적 관점은 행동 발생을 강화로 설명하는 스키너에 의해 정교화된다. 예를 들어, 갈증을 느낄 때 한 잔의 물은 정적 강화를 주며, 발을 죄는 구두를 벗을 때 압력의 감소는 부적 강화를 준다. 정적 강화는 그것을 생성하는 행동을 되풀이하게 하며, 부적 강화는 그것을 감소시키는 행동을 되풀이하게 한다. 이때 강화인은 생존 가치이다. 진화론의 견해에서 볼 때, 강화인은 생존 가치에 달려 있는 것이지 연관된 감정에 달려 있는 것이 아니다. 따라서 행동은 진화의 과정을 통해서 적당한 기제로 선택되었기 때문에 일어나는 것이며, 감정은 행동 조건의 부수적 산물에 불과하다. 감정은 행동을 생성하는 강화인의 부산물이며, 지적인 면도 마찬가지이다. 따라서 감정과 지적 측면은 강화와 관련된 인간 행동으로 해석될 수 있다. 이는 도덕적 행동에도 적용된다. 사람은 법칙의 결과 때문에 그것을 따르는 것이다. 법칙이 형성되기 이전부터 사람들은 서로를 벌하여 왔으며, 법칙의 도움 없이도 이러한 처벌 때문에 사회화된다.[30] 따라서 도덕은 생존 가치에 기여하는 사회의 도덕적 문화로 간주된다. 사회의 지배적인 도덕적 문화를 행동으로 실행하는 성향이 도덕성이다. 이 도덕성은 강화를 통해서 이루어진다. 강화는 개인의 내부에서 통제 기제를 찾는 것이 아니라, 사회의 도덕적 기준에서 통제 기제를 찾는 것이다.

외적 환경 변인이 도덕적 행동에 영향을 미치기 위해서는 자극과 반응 관계 형성을 위한 강화인을 교육 방법으로 고려해야 한다. 사회적으로 인정된 도덕적 행동을 모방하고 이를 강화하는 환경 조성이 교육 방법의 핵심이다. 도덕 교육에서 바람직한 행동을 고무하기 위한 정적 강화와 부적 강화의 대표적인 방법으로는 칭찬–무시 접근, 프리맥 원리, 조형, 행동 계약, 적극적 실습 등이 있다. 그리고 바람직하지 않은 행동에 대한 대처 방법으로는 부적 강화, 싫증나게 하기, 질책, 처벌 등이 있다.[31] 여기서 비도덕적인 행동은 벌과 연합되며, 도덕적인 행동은 보상과 연합된다. 이는 설정된 목표 행위에 도달하기 위해 효과적인 환경을 구체적으로 설계하는 방법이다. 따라서 행동주의에 터하여 도덕과 수업을 한다면, 습득시켜야 할 구체적인 행동적 목표를 설정하고, 그것을 달성하기 위한 구체적 계획을 설계한다.

행동주의자들은 구체적 계획을 수립하는 데 있어 이른바 행동적 목표들이 훨씬 더 유익하다고 주장한다. 행동적 목표는 수업을 받은 학생들이 그 결과로 무엇을 할 수 있는가를 정확히 기술한 것이다. 행동적 목표는 그 목표가 성취되었는지의 여부와, 어느 정도나 성취되었는지를 객관적 방법으로 결정할 수 있도록 관찰과 측정이 가능한 행동적 용어로 진술된다. 행동주의적 교사가 목표들을 설정하여 진술한 다음에 해야 할 과제는 교수 전략을 계획하는 것이다. 즉, 원하는 반응들이 학생들에게서 일어나게 할 수 있는 가장 효과적인 방법을 결정하는 것이다.[32] 그래서 행동주의에 터한 도덕과 수업에서는 행동 변화를 위한 프로그램으로서의 수업이 강조된다. 즉, 사회의 도덕적 행동을 습관화하도록 행동적 목표를 수립하고, 이를 효과적으로 달성하는 조건화 과정을 설계한다.

내적 인지를 통한 통제

도덕적 행위를 촉진하기 위해 행동주의는 외적 행동에 수반된 반응을 통해서 경향성을 통제하고자 한다. 반면에, 인지 발달에서는 내적 사고의 발달을 통해서 경향성을 통제하고자 한다. 도덕적 영역에서 대표적인 인지 발달론적 접근은 콜버그Kohlberg에서 찾을 수 있다.

콜버그는 도덕적 가치를 상대적으로 보는 견해를 비판하면서, 도덕 발달을 보편적이고 자연적인 경향으로 본다.[33] 이러한 입장은 인지 발달 단계의 일반적 특징에 근거한다. 그 특징은 첫째, 단계들은 상이한 연령의 아이들이 같은 문제를 사고하거나 해결하는 방식에서 특징적이거나 질적인 차이를 의미한다. 둘째, 이러한 상이한 사고의 방식은 불변의 계열, 순서, 혹은 개인적 발달의 연속을 형성한다. 셋째, 각각의 상이하고 계열적인 사고의 양식은 "구조화된 전체"를 형성한다. 넷째, 인지 단계들은 위계적으로 통합된다.[34] 이러한 인지 발달 단계에서 강조되는 바는 사고방식에 있어서의 질적 차이이다. 이 사고방식의 질적 차이는 도덕적 사고방식에서도 나타난다. 따라서 인지 발달 이론에 근거한 도덕 교육에서는 도덕 판단 수준의 촉진을 강조한다.

도덕 판단 수준을 촉진하기 위해서는 상위 단계로의 이동을 자극해야 하며, 이를 위해서는 각 단계의 위계적 특성이 먼저 제시되어야 한다.[35] 단계의 위계에서, 1단계에서는 권위자의 명령을 마땅히 따라야 할 것으로 받아들이며, 벌을 피하는 것이 옳은 행동을 하는 이유이다. 2단계에서는 자신의 욕구를 만족시켜 주는 것을 옳은 행위로 보며, 인간관계를 시장에서의 거래 관계로 본다. 3단계에서는 주위의 가까운 사람들로부터 인정받거나 다수에 의해 이루어진 행동을 선한 행동으로 본다. 4단계에서는 사회질서를 유지하기 위해 사회적 의무를 다하는 것을 옳은 행동으로 본다. 5단계에서는 공리주의적 관점 혹은 사회 전체의 유용성에 근거하여 도덕적 판단을 한다. 6단계에서는 자유, 평등, 그리고 가장 중요한 정의의 원리에 근거하여 판단한다. 따라서 I수준인 인습 이전 수준에 해당하는 1, 2 단계에서 도덕적 문제는 개인의 이익을 근거로, II수준인 인습 수준에 해당하는 3, 4단계에서는 사회 구성원이라는 관점을 근거로, III수준인 인습 이후 수준에 해당하는 5, 6단계에서는 가치와 권리를 근거로 도덕 문제를 판단한다. 이렇게 제시된 도덕 발달 단계를 촉진하기 위해서는 학생의 도덕성 발달 단계를 진단할 수 있어야 한다.[36] 그리고 수업에서는 그 진단에 터하여 인지 구조의 비평형 상태를 조성하여 상위 단계로의 발달을 촉진해야 한다.[37]

도덕적 인지 발달론에 따르면, 도덕성은 덕목이나 가치의 직접적 전달보다는 보편적인 판단 형식의 발달로 구현된다. 판단 형식은 내적 통제를 가능케 하는 인지 구조이며, 도덕 교육은 인지 구조의 변화를 의도적으로 촉진하는 일이다. 이를 위해 교실 수업에서는 주로 도덕적 갈등 사태를 제시하고 자극적인 발문을 통해 토론을 전개한다. 그리고 도덕적 갈등을 반성적으로 생각하여 상위 단계의 추론으로 이끄는 것을 목표로 한다. 단위 시간의 교실 수업에서 이 목표가 설정되면, 도덕과 수업은 상위 단계에 근거한 도덕적 추론이라는 결과의 산출을 의도하게 된다. 따라서 명시적인 수업 목표 도달을 위해서 도덕적 상황의 특성을 도출하여 도덕률을 객관적으로 적용하는 도덕적 추론과 그 근거 제시를 강조하게 된다. 도덕과 수업은 도덕률의 직접적이고 명시적인 전달과 형식 논리적 적용을 중심으로 전개된다.

행동과 인지의 관계: 이성의 영역 속에 있는 행위

도덕성의 의미는 습관의 형성과 이성적 판단에 가중치를 두고 이해될 수 있다. 피터스Peters는 「이성과 습관: 도덕 교육의 역설」에서 양자의 관계를 제기한다.[38] 도덕 교육은 한편에서는 습관, 전통, 올바른 양육을 강조하고, 다른 한편에서는 지적 훈련, 비판적 사고, 선택 능력의 계발을 강조한다. 합리적이고 지적이고 상당한 정도의 자발성을 가지고 행위하는 인간을 계발하는 것이 바람직하다. 하지만, 아동의 발달이 이루어지는 대부분의 시기에 이러한 형식의 삶은 불가능하다. 그리고 이 같은 삶의 형식을 전달하는 적절한 방식에도 둔감하다. 도덕 교육의 역설은 이성에 입문하기 위해서 사용할 수밖에 없는 습관이 추후 이성의 궁전에 입문하는 데 방해가 될 수 있다는 것에서 비롯된다. 일반적으로 습관은 적응성과 내재적 동기 부여에 방해가 될 수 있기 때문이다. 그래서 도덕 교육에서 습관과 이성은 역설로서 나타나게 된다. 피터스는 지성의 사용과 습관의 형성이 필연적인 모순이 아니라는 것을 밝힘으로써 도덕 교육의 역설을 해명하고자 한다. 그는 습관의 의미를 분석함으로써 이 문제에 접근한다.[39] '습관의 마당을 지나 이성의 궁전으로' 라는 말을 통해서 도덕적 준거의 반성적 적용을 위해서는 올바른 습관이 필요조건임을 밝히고, 양자 사이의 결합을 시도한다. 그는 절차적 규칙과 기본 규칙에 관한 습관을 통해 도덕 원리에 근거한 행동의 결정이 가능하게 됨을 말한다. 규칙에 따른 행동을 배우는 것은 규칙에 입각하여 행동하는 것을 배우기 위한 필요조건이다. 지성의 사용과 습관의 형성 사이에는 필연적인 모순이 있는 것이 아니라는 것을 밝힘으로써 도덕 교육의 역설을 해명하고, 나아가 습관은 이성을 위한 필요조건임을 말하고 있다.

피터스가 습관과 이성의 문제에 관한 역설을 해명하고, 그것이 필요조건임을 밝혔다고 하더라도, 그 문제가 해명되었다고 보기는 어렵다. 습관과 이성 사이의 경험적 해명이 결여된다면, 수업에서 습관과 이성은 연결되지 않고 여전히 분리되어 있기 때문이다. 도덕과 수업을 위해서는 좀 더 경험적인 설명에 근거하여 해명할 필요가 있다. 몸에 기록된 습관이 마음이라는 정신 구조에 어떻게 영향을 미치는지를 다루기 위해 다음의 일화를 살펴보자.

"아빠, 포트리스 딱지 10장 사 주세요."

"안 돼, 집에 있는 딱지로도 충분해."

"그래도, 사고 싶어요."

"그럼, 아빠랑 협상하자."

"그런데, 협상이 뭐예요."

"협상은…"

"혹시, 합체하는 것 아니에요?"

어느 봄날 아이와 산책하면서 나누었던 대화의 일부이다. 그때 아이는 초등학교 1학년에 다니고 있었다. 아이는 합체되는 조립용 로봇 완구에 많은 관심을 보이고 있었다. 아버지는 아들의 일방적인 주장을 막기 위해 '협상'이라는 용어를 사용하였고, 아이는 '협상'이라는 추상적인 용어를 '합체'라는 구체적인 경험에 근거하여 이해하고 있었다. 그 후, 아이가 초등학교 2학년이 되었을 때, '메이플 스토리' 딱지를 사달라고 하였다. 그때도 아버지는 지금 가지고 있는 딱지만으로 충분하다고 생각했다. 그러면서 아이의 일방적인 주장을 막기 위해 또 협상을 제안했다.

"준우야, 그럼 협상하자. 준우 생각과 아빠 생각을 합체해 보자."

"그런데, 아빠 합체하면 더 커지잖아요. 협상은 커지는 것이 아닌데. 협상은 중간 같아요."

아이는 합체되는 조립용 로봇에만 한정된 경험을 가지고 있는 것은 아니었다. 즉, 조립용 로봇 장난감을 합체하기 위해서, 부품을 '중간'에 맞추는 경험과 더불어 많은 다른 상황에서 '중간'을 경험했을 것이다. 아이는 학교에 다니면서 짝과 책상을 함께 사용하면서 '중간'을 경험했을 것이고, 체육 시간에 운동이나 달리기를 하면서 '중간'을 경험했을 것이고, 인라인스케이트를 타면서 '중간'으로 다리 모으기를 강조하는 아버지를 경험했을 것이다. 이 외에도 아이는 수많은 '중간'을 경험했을 것이고, 그 '중간'의 경험이 아이에게는 협상이라는 추상적인 단어를 이해하는 근거가 되었을 것이다. 즉, 아이는 협상을 '중간'의 관점에서 이해하고 있었다.

그 후 대형 할인점에 딸린 서점에 갔을 때였다. 아이는 '졸라맨' 만화책을 사달라고 했고, 물론 아버지는 다른 책을 권했다.

"아빠, 나 '졸라맨' 만화책 사고 싶어요."
"아빠는 준우가 『삼총사』를 샀으면 좋겠는데."
"그렇게 협상하면, 아빠 쪽으로 기우는 거잖아요."

아이는 협상을 '무게'나 '균형'의 관점에서 이해하고 있었다. 아이는 손에 잡히는 장난감 맞추기나 눈에 보이는 '중간'처럼 잡히거나 보이는 것에만 근거하여 협상을 이해하고 있는 것이 아니라, 느껴지는 무게나 균형과의 유사성에 근거하여 협상을 이해하고 있었다. 그 후에 다른 대화에서 아이는 협상을 '서로 양보하는 것'이라고 했고, 양보는 '자기가 하고 싶은 것을 미루는 것'이라고 했다. 양보라는 사고에는 '하고 싶은 것'이라는 대상과 '미룬다'라는 시간에 대한 신체적 경험에서 비롯된 흔적이 반영된다. 이러한 대화들은 추상적인 개념을 이해하는 과정을 살펴볼 수 있는 하나의 단초이다. 아이는 추상적인 개념을 구체적인 경험에 근거하여 이해하고 있었다.

이처럼 도덕적 결정과 이해에는 반복적인 행위나 자극에서 얻게 된 직접적이고 신체적인 경험이 포함된다. 예를 들어, 정직은 나무처럼 곧은 것이라고 생각하는 학생의 경우를 살펴보자. 이 학생은 나무라는 것에 근거해서 정직을 이해하고 있다. 이 학생은 구체적 경험을 통해서 곧은 나무가 좋은 나무라는 것을 인지했을 것이며, 이러한 '곧은 나무'는 '정직'을 이해하는 데 투사된다. 이때 곧은 나무에 대한 느낌이나 정서도 여기에 동반된다. 또 다른 예로서, 공경을 인사에 비유한 학생의 경우를 살펴보자. 이 학생은 어른들과 생활하면서 어떤 반복적인 행위를 했을 것이다. 예를 들어, 조부모님께 머리를 숙이는 행위를 반복하면서 인사하는 습관이 생겼을 것이다. 공경이라는 추상적 개념을 인사라는 습관으로 이해할 때, 나를 낮추고 상대방을 높이는 공간적인 행위 경험이 투사된다. 그리고 그 공간적인 행위 경험에 수반된 정서는 공경이라는 추상적인 개념 이해에 수반된다.

이 외에도 학생들이 '약속을 지킨다'와 '말씀을 따른다'라고 할 때, 약속과 말씀은 '지키거나 따랐던' 신체적 경험에 근거하여 이해된다. 일상적인 경험 속에는 '지키거나 따르는' 것은 무엇인가? 우리는 '소중한 물건을 지키고'(보물을 지키고, 교실을 지키고, 집을 지키고, 동생을 지키고, 자리를 지키고), '경로를 따라가는'(형을 따라가고, 줄을 따라가고, 앞사람을 따라가고, 율동을 따라하고, 친구를 따라하고, 태권도 품새를 따라하고) 경험을 한다. 즉, '친구와의 약속이나 어머니의 말씀을 지키거나 따르는 것'에는 '물건'이나 '경로'에 대한 신체적 경험이 투사된다. 이러한 신체적 경험들은 추상적인 도덕적 개념이나 상황의 이해에 반영된다. 추상적인 도덕적 개념에 관한 이해나 도덕적 문제에 관한 결정은 자신의 신체적 경험에 의해서 형성된 구체화된 마음에 근거하여 이해되고 구성된다. 결국 신체적 경험은 추상적 대상의 이해에 들어오며, 도덕적 이성에는 도덕적 습관이 포함된다. 이러한 신체적 경험과 추상적 대상 이해의 관계는 체험주의적 관점에서 접근한 것이다.[40] 체험주의에서 '마음은 본래적으로 신체화되어 있다,' '사고는 대부분 무의식적이다,' '추상적 개념들은 대체로 은유적이다'라는 관점이 핵심이다. 이러한 주장은 신체의 역할에 근거하여 이성적 이해에 대한 해명을 시도한다는 점에서 습관과 이성의 관계에 대한 단서를 제공한다.

레이코프Lakoff와 존슨Johnson에 의하면, 인지 과학은 대부분의 사고가 무의식적이라는 사실을 발견했다. 이 경우, 무의식은 의식이 접근할 수 없으며, 또 너무 빨리 작용하기 때문에 집중할 수 없는 방식으로 의식 층위 아래에서 작용한다는 것을 의미한다.[41] 마음속에서 진행되고 있는 것의 대부분은 의식을 할 수는 없지만, 거대하고 복합적인 구조를 가진 개념 체계를 이루어 지식을 형성한다. '인지적 무의식'에 근거하여 이성의 개념 체계에 습관이 무의식적으로 반영됨을 설명할 수 있다. 이러한 무의식적 개념 체계는 감각 운동 체계와 관련된다.[42] 지각이나 운동과 같은 신체 능력과 분리된, 그리고 신체 능력으로부터 완전히 독립적인 자율적 이성은 존재하지 않는다. 대신에 이성은 신체 능력을 사용하고, 그러한 신체 능력에서 발전한다. '신체화된 마음'에 근거하여 몸의 움직임에서 출발한 습관이 이성에 연결됨을 설명할 수 있다. 이러한 연결을 가능케 하는 인지 기제가 바로 개념적 은유이다. 추상적 개념은 구체적 경험이 다양한 방식으로 투사되어 은유적으로 이해된다.[43] 은유는 근원 영역을 대상 영역에 투사하여 이해하는 것이다. 이때 근원 영역은 신체적 경험에서 나온 구체적인 경험이며, 대상 영역은 추상적이고 비물리적이며 불명확한 경험이다. 따라서 습관이라는 익숙한 근원 영역은 낯선 이성의 대상 영역에 은유적으로 투사된다.

이러한 체험주의의 주장에 근거하여 습관과 이성의 관계를 경험적으로 해명할 수 있다. 이성과 관련되면, 습관이 가지고 있는 양태는 사라진다. 그러나 그것은 엄격한 의미에서 사라지기보다는 이성의 의식을 낳는 무의식적 바탕이 된다. 그리고 습관은 사회적 환경 속에서 반복적인 행위로 이루어진다. 이 반복적인 행위는 몸과 무관하지 않은 신체화된 이성에 반영된다. 이러한 신체화된 이성에서 몸의 경험과 추상적인 개념은 개념적 은유를 통해 연결된다. 따라서 반복적인 몸의 경험은 은유라는 기제를 통해서 이성에 무의식적으로 반영된다. 이렇게 습관과 이성의 문제를 해명할 때, 그 핵심은 몸과 마음의 관계에 있다. 몸이 마음에 있다면, 습관과 이성은 단절된 관계에서 연속적인 관계로 설정된다.

　요컨대, 습관과 이성의 관계가 단절되지 않은 연속적인 관계로 해명될 때, 도덕과 수업은 좀 더 명료하게 이해될 수 있다. 도덕과 수업을 통해서 교사는 학생들에게 많은 움직임을 요구한다. 교사들에게 그 움직임은 도덕적 행동에 가깝지만, 상대적으로 학생들에게는 신체적 움직임에 가깝다. 예를 들어, 처음에 머리 숙이기는 도덕적 행위보다는 몸의 움직임에 가깝다. 이후 도덕과 수업 시간에 예절이라는 도덕적 개념에 대해 공부하는 경우를 생각해 보자. 이때 학생들은 의식하지는 않지만, 이런 움직임을 통해서 예절을 이해하게 된다. 움직임의 도식화를 통해 도덕적 이해가 이루어질 때, 그 움직임은 도덕적 행동이 된다. 마침내 머리 숙이기라는 몸의 움직임은 예절 바른 행동이라는 도덕이 되는 것이다. 비로소 개인 속에 사회적 삶의 의미라는 도덕성이 수용된다.

3. 도덕과 교육 과정의 이해와 수업

 도덕과 수업에서 도덕을 평가적으로 인식하고 실천하는 주체는 학생이다. 인식과 실천의 주체로 학생이 상정되면, 평가적 도덕은 일단 서술적 도덕으로 전환된다. 교사가 생산한 교수안은 평가적 도덕을 표현한 텍스트이며, 이 텍스트에 반응하여 학생에게 평가적 도덕이 수용된다. 이 과정에서 교사가 전달하고자 한 평가적 도덕은 공유되거나 공감적으로 수용될 수는 있어도 그대로 전달되기는 어렵다. 비유적으로 예술가는 주제와 이에 수반된 정서를 '예술 작품을 통해서' '예술적으로' 표현한다. 예술가의 표현은 감상자에게는 일종의 텍스트이며 서술이다. 이 서술에 대한 감상자의 반응을 통해서 주제와 정서는 공감적으로 수용된다. 도덕과 수업도 유사하게 이해할 수 있다. 교사는 자신이 이해한 평가적 도덕을 수업으로 표현한다. 그러나 그 표현은 학생에게는 하나의 서술적 텍스트이며, 이를 공감적으로 수용할 때 평가적 도덕이 수용된다. 그렇다면 교사는 자신이 표현하고자 한 평가적 도덕을 어떤 '텍스트'에 근거하여 표현하는가? 가장 이상적인 텍스트는 '도덕' 그 자체이다. 그러나 현실적인 제약을 고려하면 도덕과 교육 과정에 대한 이해이다.

바른 생활과 교육 과정

바른 생활과 교육 과정은 성격, 목표, 내용, 교수·학습 방법, 평가로 구성되어 있다.[1] 각 구성부의 내용에서 강조되는 바를 이해할 때, 바른 생활과 교육 과정을 수업으로 구현할 수 있다.

○성격

바른 생활과의 성격에 관한 진술에는 교과의 의의, 내용, 방법이 들어 있다.

바른 생활과는 민주 시민으로서의 자질을 함양하는 통합 교과라는 의의를 가진다. 민주 시민으로서 개인 생활과 사회생활을 하기 위해서는 그 토대가 되는 기본 생활 습관, 예절, 규범을 알고 익혀야 한다. 기본 생활 습관, 예절, 규범은 바람직한 구성원으로서 생활하는 데 필요한 기본적 요구이기 때문이다. 사고가 미분화되어 있고 경험을 중시하는 초등학교 저학년의 특성을 고려하여, 학습 내용은 체험과 실천을 중심으로 통합적으로 접근한다.

바른 생활과의 학습 내용은 일상생활에서 지켜야 할 기본 생활 습관, 예절, 규범을 학생의 생활 경험과 관련하여 선정한다. 선정된 내용은 대주제로 체계화되며, 대주제는 학생의 발달 수준과 생활 경험을 고려하여 활동 주제로 구체화된다. 대주제를 구체화한 활동 주제에는 환경 교육, 경제 교육, 인권 교육, 정보 통신 윤리 교육, 통일 교육, 생명 존중 교육, 교통안전 교육, 진로 교육 등의 내용도 포함된다.

바른 생활과의 교수·학습 방법은 초등학교 저학년의 발달 특성을 고려하여 구체적인 체험과 실천을 강조한다. 기본 생활 습관, 예절, 규범을 익히기 위해서는 구체적이고 활동적인 학습이 중요하다. 바른 생활 태도가 내면화되기 위해서는 반복적이고 누적적으로 지도되어야 한다. 그래서 바른 생활과의 학습에서는 체험과 실천을 강조한다. 이때 체험과 실천은 행동적 접근에 한정되지 않는 인지적, 정의적, 행동적 측면을 통합하는 접근이다. 그리고 체험과 실천에서는 학생의 발달 단계와 흥미가 고려되어야 하므로 다양한 학습 방법 및 활동의 통합적 운영이 요구된다. 또한 체험과 실천은 타 교과, 학급, 학교, 가정, 지역 사회 등에서도 이루어져야 한다. 따라서 바른 생활과는 도덕성의 제 측면에 대한 통합, 학습 활동에 있어서의 통합, 학습의 장면에 있어서의 통합을 강조한다.

이처럼 바른 생활과의 성격에서는 민주 시민의 자질을 함양하는 통합 교과라는 의의, 기본적인 생활 습관과 예절, 규범에 근거하여 선정된 내용, 체험과 실천을 위한 통합적 접근 방법이 강조된다. 더불어 개인 생활에 대한 요구, 주제를 중심으로 한 통합 교과의 측면, 사회적 변화의 반영도 부각되어 있다.

○ 목표

바른 생활과의 목표는 성격에서 제시된 의의를 상세화하여 총괄 목표와 하위 목표로 제시된다. 총괄 목표에서는 민주 시민의 자질 형성이 바른 생활과의 포괄적 목표임을 밝힌다. 그리고 기본 생활 습관, 예절, 규범을 알고 꾸준히 실천하는 인지 · 정의 · 행동의 통합적인 접근을 강조한다. 이는 하위 목표에서 다시 구체화된다.

하위 목표에서는 인지적 측면, 정의적 측면, 행동적 측면의 목표를 부각시켜 제시한다. 인지적 측면에서는 기본 생활 습관, 예절, 규범의 의미와 중요성 이해를 강조함으로써 실천의 습관화가 행동적 접근에 한정되지 않음을 강조한다. 나아가 초보적인 가치 판단을 제시함으로써 합리적이고 자율적인 도덕성의 토대를 마련하고자 한다. 정의적 측면에서는 기본 생활 습관, 예절, 규범의 실천을 위한 정서적 경험과 실천 의지를 강조한다. 행동적 측면에서는 꾸준한 실천을 위한 행동 방식, 기능과 능력,

습관의 함양을 강조한다.

바른 생활과의 목표에서는 민주 시민의 자질 함양이 궁극적인 목표임을 제시한다. 그리고 인지적 · 정의적 · 행동적 측면을 염두에 둔 하위 목표를 제시한다. 더불어 인지적 측면에서 초보적인 가치 판단 능력을 제시함으로써 지식의 이해와 판단을 지속적 실천과 함께 강조하는 것으로 볼 수 있다.

○ 내용

바른 생활과의 내용 체계는 대표적인 행위 명칭을 대주제로 사용하면서, 전후 학년과의 연계성을 고려하여 조직된다. 그리고 활동 주제는 통합 교과라는 측면과 민주 시민의 행동에 초점을 맞추어 선정된다. 이렇게 대주제와 활동 주제로 체계화된 내용 조직의 틀은 주제를 중심으로 한 통합 교과로서의 성격을 부각시키려는 것이다. 그리고 내용 적정화를 위하여 활동 주제의 수를 축소하여 제시하고 있지만, 그 범위는 더 확대되고 심화된 것으로 볼 수 있다.

○ 교수 · 학습 방법

바른 생활과의 교수 · 학습 방법에서는 성격에서 제시된 '체험과 실천,' '반복적이고 지속적인 지도'를 계획, 방법, 자료로 구분하여 구체화한다.

먼저 계획에서는 바른 생활과의 성격과 목표, 학생의 수준과 흥미, 경험과 학습 상황을 고려한 교수 · 학습 계획을 강조한다. 구체적으로 학생의 발달 수준 · 흥미 · 일상생활의 관련을 고려한 교수 · 학습의 계획, 교과의 성격을 반영하며 교육 과정 목표와 일관성을 유지하는 학습 목표의 설정, 학교나 지역 사회의 특성 및 학교나 국가의 행사를 고려한 교수 · 학습 계획, 활동 주제 · 학교 및 지역의 특성 · 학생의 흥미를 고려한 융통성 있는 수업 시간의 운영을 강조한다.

방법에서는 바른 생활 습관이 형성되고 실천되도록 지속적, 반복적, 통합적 지도를 교수 · 학습 방법으로 강조한다. 구체적으로 다양한 방법의 적용, 구체적인 행동 지침이나 절차의 예시, 개방적인 대화의 기회 마련, 체험과 실천을 통한 반복적이고 지속적인 지도, 담임교사의 모범, 적절한 극화 자료 및 멀티미디어 자료의 활용, 간접 경험의 기회 제공, 실생활에서 해야 할 일의 제시와 확인, 가정생활과 연계한 협동적 지도 등을 강조한다.

자료에서는 학교의 특성, 학습 상황, 활동 주제에 적절한 다양한 자료의 활용을 강조한다. 구체적으로 학교 · 사회의 특성이나 행사를 고려한 자료의 수집과 활용, 활동 주제에 따른 적절한 자료의 활용, 발달 단계에 어울리는 다양한 활동 자료의 활용을 강조한다.

바른 생활과의 교수 · 학습 방법에서는 학생의 특성을 고려하여 지속적이고 통합적인 계획과 방법과 자료의 활용을 강조한다. 더불어 '의무 및 타인 배려에 초점을 맞춘다,' '도덕과 및 여러 교과의 관련 영역과 연계되도록 한다' 라는 이전 교육 과정의 진술을 삭제함으로써, 통합 교과로서의 성격을 부각시키려고 한다.

○ 평가

바른 생활과의 평가에서는 수업의 과정으로서 평가, 다양한 평가 방법의 활용, 그리고 도덕적 성장과 수업의 개선을 위한 평가를 강조한다. 구체적으로 발달 특성과 흥미를 고려한 평가, 수행 과정과 결과에 대한 종합적인 평가, 평가 자체를 과정과 활동으로 실시하면서 다양한 방법을 활용하는 평가, 수업의 개선과 인격적 성장을 위한 자료로 활용하고 그 결과를 가정과 공유하는 평가를 강조한다.

바른 생활과의 평가 부분에서 특히 강조되는 것은 과정으로서의 평가이다. 바른 생활과의 평가는 인격적 성장을 위한 것이며, 이를 위해서는 결과뿐 아니라 과정 중에 나타나는 학생의 인격의 제 측면에 대한 평가가 이루어져야 한다. 그래서 평가 자체가 수업의 한 과정임을 강조한다.

전체적으로 바른 생활과 교육 과정에서 제시된 교과의 의의는 개인 생활과 사회생활을 하는 데 필요한 자질을 함양하는 데 있다. 바른 생활과의 목표는 궁극적으로 민주 시민의 자질을 형성하는 것이며, 이를 위해 학습 내용의 의미와 중요성을 이해하고, 초보적인 가치 판단 능력, 태도, 실천 능력을 함양하는 데 있다. 바른 생활과의 내용은 기본적인 생활 습관, 예절, 규범을 중심으로 학생들의 일상생활과의 관련성을 고려하여 선정한다. 바른 생활과의 교수·학습 방법에서는 일상생활과의 관련, 교육 과정의 목표, 학교와 지역 사회의 특성 및 학교 및 국가의 행사 고려, 수업 시간의 탄력적 운영, 다양한 학습 방법 적용, 예시나 모범 행동 강화, 개방적인 대화의 기회, 반복과 지속, 교사의 모범, 적절한 자료의 활용, 간접 경험의 기회 제공, 실생활의 실천 확인, 가정생활과의 연계를 강조한다. 바른 생활과의 평가에서는 과정과 분리되지 않은 평가, 다양한 평가 방법 활용, 자아에 대한 긍정적 기여, 종합적인 평가, 인격적 성장을 위한 평가, 평가 결과의 활용과 공유, 과정으로서의 평가를 강조한다. 이러한 강조점은 통합 교과로서의 성격, 초보적인 가치 판단 능력 함양, 내용의 적정화, 과정으로서의 평가를 강조한 것으로 볼 수 있다. 이러한 강조점을 고려하여 바른 생활과의 수업 텍스트를 생산한다면, 바른 생활과 교육 과정의 지향점이 반영될 수 있다. 특히 바른 생활과는 소위 '바른 생활'을 위한 것임에 초점을 맞춰야 한다. 이는 도덕적 관점과 직결된다는 점에서, 방법적으로 통합적 접근을 지향하면서도 궁극적으로는 도덕적 관점이 유지되어야 한다.

바른 생활과 교육 과정의 이해와 수업: 다른 사람 생각하기

특정 교과 단원의 수업에는 교과의 특성, 주제의 특성, 그리고 학습 도구의 특성이 반영된다. 예를 들어, 바른 생활과에서 "다른 사람 생각하기"의 교실 수업은 '바른 생활과'라는 교과의 특성, "다른 사람 생각하기"라는 대주제의 특성, 이 주제를 학습하는 학습 도구의 특성에 따라서 그 방향이 모색될 수 있다. 바른 생활과의 대주제인 "다른 사람 생각하기"의 교실 수업 방향에는 먼저 교과의 성격이 고려되어야 한다. 이를 반영하기 위해서는 다른 통합 교과와 차별되는 바른 생활과의 성격을 살펴볼 필요가 있다. 다음으로, "다른 사람 생각하기"라는 대주제의 특성이 고려되어야 한다. 이를 위해서는 이 대주제가 바른 생활과의 다른 대주제들과 차별되는 측면을 살펴볼 필요가 있다. 끝으로, 바른 생활과에서 이 대주제를 학습하는 학습 도구의 특성이 반영되어야 한다.

○ 교과의 특성 이해

바른 생활과의 특성은 다른 통합 교과의 성격과 비교하여 찾아볼 수 있다. 슬기로운 생활과의 성격은 '자신과 주위의 구체적인 사회 현상 및 자연 현상을 서로 관련지어 이해하고, 일상생활에서 부딪히는 문제를 여러 가지 방법으로 해결하도록 하는 탐구 활동 중심의 통합 교과이다.' 즐거운 생활과의 성격은 '건강한 몸과 마음을 기르며 창의적인 표현 능력과 감상 능력, 심미적인 태도를 함양하기 위해 다양하고 즐거운 놀이와 활동 중심으로 구성된 통합 교과이다.' 바른 생활과의 성격은 '개인생활과 사회생활을 하는 데 필요한 기본 생활 습관, 예절, 규범을 알고 익히도록 하는 체험과 실천을 중심으로 구성된 통합 교과이다.[2] 이러한 통합 교과의 성격에 대한 교육 과정 상의 진술에 근거할 때, 슬기로운 생활과는 사회 현상과 자연 현상을 내용으로 하며, 탐구 활동을 중심 방법으로 한다. 사회 현상이나 자연 현상이라는 사실을 인과적으로 이해하기 위해서 논리적이고 과학적인 탐구 활동을 중시한다. 즐거운 생활과는 신체 활동과 표현 활동을 내용으로 하며, 놀이와 활동을 중심 방법으로 한다. 신체 활동과 표현 활동의 능력과 태도를 습득하기 위해서 놀이와 활동에의 참여를 중시한다. 바른 생활과는 기본 생활 습관, 예절, 규범을 내용으로 하며, 실천과 체험을 중심 방법으로 한다. 생활 습관, 예절, 규범이라는 가치와 관련된 내용을 내면화하기 위해서 체험과 실천을 중시한다.

바른 생활과에서 기본 생활 습관, 예절, 규범을 내용으로 한다면, 이것은 일종의 사회적 현상으로도 볼 수 있다. 예를 들어, '우리는 손으로 음식을 먹지 않는다' 라는 현상을 가정해 보자. 이 현상은 손으로 음식을 먹지 않는 습관이 언제부터 시작되었으며, 왜 손으로 먹지 않으며, 손으로 먹을 때 어떤 영향을 미칠지에 초점을 맞춰 탐구될 수 있다. 바른 생활과에서 이 문제를 다룰 때에는 탐구를 통한 현상의 이해 이상을 요구한다. 바른 생활과에서 '우리는 손으로 음식을 먹지 않는다' 는 현상을 아는 것은 '손으로 음식을 먹는다' 는 현상이 고쳐져야 함을 아는 것이다. 바른 생활과에서 '알고 익힌다' 는 것은, '우리가 손으로 음식을 먹는 현상' 이 발견되었다면, 그 현상이 앎에 맞추어 수정되어야 한다는 것이다. 밀리칸Millikan에 의하면, 세상이 표상에 부합해야 하는 것으로 가정되는 것을 지시적이라고 하고, 표상이 세계에 부합해야 하는 것을 서술적이라고 한다.[3] 따라서 바른 생활과에서 내용을 안다는 것은 서술적 이해 이상의 지시적 의미로 아는 것이다. 바른 생활과에서의 앎은 자신을 포함한 세상이 그 이해에 맞추어 변경되어야 하며, 그것을 위해서 노력해야 하는 앎이다. 바른 생활과의 특성 중 하나는 기본 생활 습관, 예절, 규범을 지시적 의미로 아는 것이다.

바른 생활과에서는 실천과 체험을 중심으로 한다. 바른 생활과에서의 실천과 체험 역시 일종의 신체 활동이나 표현 활동과 관련된다. 예를 들어, '우리는 허리를 굽히는 몸동작' 을 한다. 동일한 신체적 움직임이지만, 어느 경우에는 허리 운동이 되고, 어느 경우에는 인사가 된다. 바르게 인사하는 움직임이나 공놀이를 하는 움직임이나 모두 몸짓이다. 그러나 절하기라는 몸의 움직임을 실천하고 체험하는 것과 앉았다 일어서기라는 놀이와 활동을 하는 것은 다르다. 유사한 몸짓이 수행되더라도 그것은 다른 몸짓이어야 한다. 이것을 다른 몸짓으로 만드는 것은 그 움직임의 의미이다. 허리를 굽히는 움직임이 인사가 되도록 하는 것은 지시적 의미를 체험하고 실천하는 것이기 때문이다. 실천과 체험은 그 움직임의 초점이 당위에 있기 때문이다. 그래서 바른 생활과의 체험과 실천에는 다른 사람에 대한 의무 및 배려가 담겨 있어야 한다. 교실 수업에서 반복과 실천을 통한 습관 익히기가 몸의 움직임에 머물지 않고 체험과 실천이 되도록 하기 위해서는 그 몸짓의 전후 맥락이 의무와 배려라는 지시적 의미와 연관되어야 한다.

바른 생활과는 체험과 실천을 중심으로 기본적인 생활 습관, 예절, 규범을 알고 익히도록 하는 교과이다. 여기서 생활 습관, 예절, 규범을 알고 익히는 것은 그 내용이 개인 생활과 사회생활에 지시하는 의미를 아는 것이다. 이때 안다는 것은 사회 현상이나 자연 현상을 인과적으로 설명하는 논리 과학적 이해에 한정되지 않는다. 신체적 움직임이 상황 및 다른 사람 등의 요소와 하나의 관계로 구성된 이야기 속에서 그 의미를 감식하는 앎이다. 나의 움직임, 의도, 상황, 상호 작용, 다른 사람이라는 요소를 관련지어 지시적 의미로 구성하는 것이다. 논리-과학적 사고보다는 서사적 사고로 구성하는 것이다.[4] 그리고 체험과 실천을 중심으로 구성된다는 것은 그 구성 속에서 몸짓의 지시적 의미를 체험하고 실천하는 것이다. 신체적 움직임으로 지시적 의미를 경험하고, 경험한 의미를 몸으로 표현하는 것이다. 따라서 바른 생활과는 몸의 움직임이 삶의 이야기에서 갖는 지시적 의미를 알고 표현하는 일이다.

○주제의 특성 이해

바른 생활과의 대주제는 내 일 스스로 하기, 예절 지키기, 다른 사람 생각하기, 질서 지키기, 나라 사랑하기로 구성된다.[5] 이 대주제를 이름에 따라 대별하면, 그것은 내 일, 예절, 다른 사람, 질서, 나라라는 대상과 관련된 기본 생활 습관, 예절, 규범을 다룬다. 각각의 대주제에는 이 대상과 관련된 하위 활동 주제가 포함된다.

대주제 "내 일 스스로 하기"에는 몸 깨끗이 하기, 자세 바르게 하기, 스스로 준비하기, 몸차림 단정히 하기, 물건을 아끼고 정리 정돈하기, 자기 일을 스스로 계획하고 실천하기가 활동 주제로 포함된다. 이 대주제에는 몸, 자세, 준비물, 몸차림, 자기 일이라는 대상이 포함된다. 이 대상과 관련된 '자신에게 좋은 습관' 이 주로 고려된다. 내 몸이 더럽거나, 자세가 바르지 않거나, 스스로 준비하지 않거나, 몸차림이 단정치 않거나, 물건을 정리하지 않거나, 자기 일을 계획적으로 실천하지 않더라도 다른 사람의 이익을 직접적으로 침해하는 것은 아니다. 그래서 이 주제는 자신의 좋음을 위해서 요구되는 습관을 주된 내용으로 한다.

대주제 "예절 지키기"에는 바르게 인사하기, 바르게 식사하기, 바르고 고운 말 쓰기, 가족끼리 서로 돕고 화목하게 지내기가 활동 주제로 포함된다. 이 대주제는 인사, 식사, 말, 가족이라는 대상과 관련된 예절을 주로 다룬다. 이 대주제는 주로 '사회적 관습 지키기' 와 관련된 것으로 볼 수 있다. 인사하는 관습, 식사하는 관습, 말을 쓰는 관습, 가족 사이의 행위 관습 등은 일종의 사회적 기술로 정해져 있다. 이 관습적 기술을 벗어나는 것은 정해진 사회적 기술을 어기는 것이다. 그래서 이 주제는 관습적인 사회적 기술의 바른 준수를 주된 내용으로 한다.

대주제 "질서 지키기"에는 차례 지키기, 규칙 지키기, 교통질서와 규칙 지키기, 공공장소에서 질서 지키기가 활동 주제로 포함된다. 이 대주제는 줄서기, 학교 규칙, 교통 규칙, 공공질서와 관련된다. 이 대주제는 주로 '사회적 규범의 준수'와 관련된 것으로 볼 수 있다. 줄을 서지 않거나, 학교 규칙을 지키지 않거나, 교통 규칙을 지키지 않거나, 공공장소에서 질서를 지키지 않으면, 그것은 다른 사람의 이익을 침해할 수 있다. 그러한 행위는 이를 방지하기 위해 설정된 사회적 규범을 벗어나는 것이다. 그래서 이 주제는 합리적인 사회적 규칙의 바른 준수를 주된 내용으로 한다.

대주제 "나라 사랑하기"에는 우리나라를 나타내는 것을 알고 사랑하기, 우리나라의 자랑거리 소중히 하기, 통일에 대하여 관심 가지기가 활동 주제로 포함된다. 이 대주제는 국가의 상징, 국가의 자랑, 국가의 상황을 대상으로 한다. 이 대주제는 주로 국가라는 '공동체에 대한 관계'와 관련되는 것으로 볼 수 있다. 나라의 상징을 사랑하지 않거나, 나라를 자랑스럽게 생각하지 않거나, 통일에 대해서 관심이 없더라도 대부분은 다른 사람의 이익을 직접적으로 침해하지 않는다. 그러나 공동체에 대한 태도가 다른 사람의 이익을 침해하는 경우를 고려하여 이 대상과 관련된 규범이 정해져 있기도 하다. 그래서 이 대주제는 공동체와의 좋은 관계 맺기를 주된 내용으로 하면서, 규범의 바른 준수도 포함한다.

한편, 대주제 "다른 사람 생각하기"는 친구와 사이좋게 지내기, 여럿이 함께 쓰는 물건 소중히 다루기, 환경을 보호하기, 다른 사람을 배려하고 약속 지키기, 이웃과 다정하게 지내기, 생명을 보호하기이다. 이 대주제는 친구, 공공 물건, 환경, 배려와 약속, 이웃, 생명을 대상으로 한다. 이 대주제는 '사람들과의 좋은 관계'를 주로 다룬다. 이 주제는 사람들을 대하는 규칙의 바른 준수보다는 그 규칙의 근거가 되는 좋은 관계 맺기를 주된 내용으로 한다.

바른 생활과의 대주제는 '자신의 좋음 – 관습의 바른 준수 – 타인의 좋음 – 규칙의 바른 준수 – 공동체의 좋음'을 중심 내용으로 하여 전개된다. 이러한 전개 속에서, 내 일 스스로 하기에서는 자신과의 관계 맺기가 강조된다. 예절 지키기, 질서 지키기, 나라 사랑하기에서는 비인격적 대상과의 관계 맺기가 강조된다. 그리고 내 일 스스로 하기에서는 자기 이익을 위한 좋음이 주로 고려되며, 예절 지키기에서는 타인에 대한 인습적인 사회적 기술의 바른 준수가 주로 고려되며, 질서 지키기에서는 사회적 영역에서 규칙의 바른 준수가 주로 고려되며, 나라 사랑하기에서는 공동체에 대한 좋음이 주로 고려된다. 대주제인 다른 사람 생각하기는 자신보다는 타인을 주로 고려한다는 측면에서 내 일 스스로 하기와 차이가 있다. 예절, 규칙, 나라가 아닌 타인이라는 인격적 대상을 고려한다는 측면에서 예절 지키기, 질서 지키기, 나라 사랑하기와 차별된다. 그리고 정해진 규칙의 바른 준수보다는 좋은 관계의 형성을 고려한다는 측면에서 예절 지키기, 질서 지키기와 차별된다. 따라서 다른 사람 생각하기라는 대주제의 수업은 다른 사람에게 좋음을 주는 관계를 맺어야 한다는 지시적 의미를 몸짓으로 체험하고 표현하는 일이라 할 수 있다.

○ 학습 도구의 특성 이해

바른 생활과에서 대주제 "다른 사람 생각하기"의 특성은 '친구, 물건, 환경, 약속, 이웃, 생명'이라는 대상과 좋은 관계를 맺는 몸짓의 의미를 체험적으로 알고 이를 표현하는 일이다. 이 특성을 수업에 반영하기 위해서는 몸과 의미를 연결하는 데 활용할 수 있는 학습 도구를 찾아야 한다. 그런데 분명히 몸짓과 지시적 의미는 차원이 다른 영역이다. 이 상이한 차원을 연결하는 현저한 학습 도구가 은유이다. 은유는 두 개의 다른 영역 사이의 관계이다. 은유는 어떤 대상을 다른 대상의 관점에서 보는 능력이나 인지 도구로서 초등학교 저학년에 해당하는 시기에 활용되는 학습 도구이다.[6] 예를 들어, 우리는 기분이 좋을 때는 "오늘은 왠지 날아갈 것 같다"라고 말한다. 그리고 의지가 강할 때는 "나는 흔들리지 않아"라고 말한다. 또한 실패를 딛고 성공했을 때는 "그는 다시 일어섰다"라고 은유적으로 말한다. 여기서 구속받지 않는 신체적 움직임과 좋아함의 연결, 힘을 가진 신체적 움직임과 의지의 연결, 넘어졌다 일어서는 신체적 움직임과 성공의 연결을 가능케 하는 도구가 은유이다. 따라서 은유는 몸과 의미라는 다른 영역을 연결하는 현저한 학습 도구가 될 수 있다.

대상과 표상, 표상과 의미를 은유적으로 연결하는 과정에서 특정 측면은 부각되고, 특정 측면은 은폐된다. 특정 측면의 부각과 은폐는 일종의 인지적 활성화로 볼 수 있다. 클라크Clark에 의하면, 입력으로 선택된 측면과 그 입력에 대한 가중치에 따라 출력을 낳는 인지의 활성화에는 차이가 있다.[7] 은유적 연결 과정에서 교사는 이 부분에 개입할 수 있다. 수업에서 교사의 이해에 부합하는 학생의 수용을 위해서 교사는 몸짓에서 특정한 입력을 선택하고 부각시킬 수 있다. 이 입력과 가중치에 대한 교사의 개입이 학생들의 몸짓을 의미로 만드는 과정을 안내한다. 예를 들어, 어려운 사람에게 돈을 주는 몸짓과 가게에서 돈을 지불하는 몸짓은 유사하다. 그것을 기부와 거래의 의미로 표상하는 것은 어떤 입력을 선택하고 그 입력에 어느 정도의 값을 부여하는가의 차이에서 비롯된다. 교사는 돈을 주는 몸짓을 기부라는 의미가 되도록 하기 위해서 특정 부분을 부각시키고 그것을 하나의 의미를 담은 이야기로 구성하도록 안내할 수 있다.

"다른 사람 생각하기"라는 활동 주제를 바른 생활과의 성격을 염두에 두면서 수업하기 위해서 은유라는 학습 도구를 활용할 수 있다. 이 수업을 위해서는 먼저 다른 사람과 관계 맺는 상황을 몸짓으로 체험하는 것이 필요하다. 대부분의 수업에서 이러한 체험은 주로 가상 체험의 형식으로 이루어진다. 그러나 가능하다면 학생들 자신의 몸짓이 다른 사람에게 영향을 미칠 수 있는 상황을 직접 체험하는 것이 필요하다. 그리고 그 체험에서 특정 측면이 부각되어 도식적으로 표상되도록 한다. 이러한 체험은 우선 시각적으로 표상되기 때문이다. 그래서 그 몸짓을 의미와 연관 짓기 위해서 먼저 도식적으로 표상해 보도록 한다. 이어서 그 부각된 측면들을 전체로 구성할 때 나타나는 의미에 이름을 붙여서 추상화되도록 한다. 도식적 표상을 추상화하기 위해서 그 행위를 명명하는 것이 필요하기 때문이다. 이렇게 명명된 행위의 이름에는 의미가 담기게 된다. 끝으로 그 지시적 의미를 다시 몸으로 표현하는 과정을 설정한다. 의미 있는 이름을 몸으로 표현하는 것이 바로 행위 능력을 습득하는 것이며, 이때 그 행위는 단순한 몸짓을 넘어선 실천이 된다. 실천 역시 가능하면 가상적 상황보다는 실제 도덕적 상황에서 표현할 수 있도록 하는 것이 중요하다. 요컨대, '체험하기 – 공통적인 모습 찾기 – 공통적인 모습에 이름 짓기 – 이름의 뜻을 실천하기'의 과정으로 수업을 전개한다.

다른 사람을 생각하는 것은 다른 사람과 좋은 관계를 맺는 것이다. 내가 가진 좋은 것을 나누어 주고, 다른 사람의 부족함을 보충해 줄 것을 헤아려 보는 것이다. 따라서 다른 사람을 생각하는 것의 전형적인 관계를 배려라고 할 수 있다. 따라서 다른 사람 생각하기라는 주제를 가장 잘 반영하는 '다른 사람 배려하기'를 예시로 교실 수업 방향을 제안한다(61-68쪽 수업안 참조).

제시된 수업안(61-68쪽)은 다른 사람과 좋은 관계를 맺는 몸짓과 의미를 연결해 보려는 시도이다. 이 연결을 위해서 그림을 그릴 수도 있고, 이야기를 읽어 볼 수도 있고, 카드를 만들어 볼 수도 있고, 연극을 해볼 수도 있고, 사회적 현상을 탐구할 수도 있다. 이러한 방법은 궁극적으로 몸짓과 지시적 의미를 연결하기 위한 방법이다. 이 다양한 방법에서 몸짓을 통해 바르고 좋은 의미를 체험하고 체험된 의미를 실천해야 한다는 당위는 일관되게 유지된다. 이 일관성이 곧 바른 생활과의 특성이다. "다른 사람 생각하기"라는 대주제는 이 특성을 유지하면서 사람들과의 좋은 관계 맺기를 강조하는 방향으로 수업이 전개되어야 한다. 이를 통해 사람들과의 관계에서 나타나는 몸짓을 좋음과 관련된 의미로 표상하고, 그 표상의 의미를 다시 몸짓으로 실천하도록 해야 한다. 따라서 몸짓과 좋은 관계라는 의미의 상호 순환과 연결을 가능케 하는 학습 도구가

○ 수업안

♠ 체험하기

* 여기 교탁 위에 색종이가 100장 정도 있습니다. 이 색종이로 예쁜 카드 만들기를 하려고 합니다. 선생님의 설명을 들은 후에 만들려고 합니다. 먼저, 자기가 필요한 만큼 색종이를 가져가세요.

* 다음 단어를 사용해서 지금 우리 반에서 생긴 일을 쓰고 친구들과 서로 이야기해 보세요.

· 색종이 가져가기, 예쁜 카드 100장

♠ 공통적인 모습 찾기

* 만약 교탁 위에 색종이가 남았거나 작은 소리로 이야기했다면, 우리의 행동과 닮은 점이 나타나도록 그림을 그려 보세요. 만약 색종이가 남지 않았거나 큰 소리로 이야기했다면, 우리의 행동과 다른 점이 나타나도록 그림을 그려 보세요.

버스의 노약자용 좌석	시각장애인을 위한 보도블록	장애인용 리프트가 설치된 지하철 계단	장애인 전용 주차장

*이 그림의 공통점을 가장 간단한 기호(아주 간단한 그림)로 나타내고 무엇을 뜻하는지 설명해 보세요.

〈예〉

〈아주 간단한 그림의 뜻〉

* 내가 그린 간단한 그림이 들어 있는 행동에는 어떤 것이 있나요?

〈간단한 그림이 들어 있는 행동〉

* 나와 닮은 간단한 그림을 그렸거나 행동을 찾은 친구를 찾아보세요. 나와 그 친구의 공통점은 무엇인가요?

· 닮은 그림이나 행동을 찾은 친구:

· 나와 친구가 그린 그림이나 찾은 행동의 공통점:

♠ 공통적인 모습에 이름 짓기

* 다음 이야기에서 나와 친구와의 공통점이 표현된 행동을 생각해 보세요.

〈따뜻한 콜라〉

어느 더운 여름날 땀을 뻘뻘 흘리며 불안한 마음으로 앉아 있을 때 선생님이 말을 거셨다. "종민이는 왜 그렇게 땀을 흘리니? 얼굴도 빨개졌고. 어디 아프니?" 종민이는 고개를 숙인 채 아무 말도 하지 않았다. 선생님은 다시 교탁으로 돌아가 탁자 위의 콜라를 한 모금 마셨다. 학생들은 수업 전에 늘 선생님을 위한 음료수를 올려놓곤 했지만 선생님께서 그것을 마시는 경우는 처음이었다. 선생님은 다음 지문을 읽으며 종민이 쪽을 향해 걸어갔다. 다 왔을 때 선생님이 그만 손에 들고 있던 콜라를 종민이의 바지에 쏟고 말았다. "이거 미안해서 어쩌지? 바지가 다 젖었네." 당황해서 어쩔 줄 모르며 선생님은 종민이의 바지를 닦아 주었다. 잠시 후 수업이 끝나는 종소리가 울렸다. 콜라로 얼룩진 바지를 입고 종민이는 뒷문으로 빠져나가다 선생님을 바라보았다. 선생님은 엷은 미소를 보내주었고, 종민이도 선생님을 향해 수줍게 웃었다. 종민이는 빈뇨증을 앓고 있었다. 급하게 소변이 마려우면 걷지 못할 때도 있었다. 더군다나 숫기가 없는 그가 수업시간에 많은 여학생들을 지나쳐 화장실에 간다는 것은 상상도 못할 일이었다. 그러다가 자신도 모르게 조금씩 소변을 보고 말았다. 그 자리에서 어쩔 줄 몰라 하는 종민이를 보고 선생님은 눈치 챈 것이다. 그래서 종민이의 바지에 콜라를 가득 엎질러 버린 것이었다.[8]

이 이야기에서 나와 친구가 찾은 그림이나 행동이 담겨 있는 내용은 무엇인가요?

〈밀레와 루소〉

몸소 농사를 지으면서 농민 생활의 모습과 주변의 자연풍경을 그려온 밀레. '이삭줍기'나 '만종' 같은 걸작을 남긴 유명한 화가이면서도 그의 젊은 시절은 몹시 가난했다. 맨흙바닥의 좁은 화실에는 겨울에도 온기 한

점이 없었고, 부인과 어린 자식들은 늘 배고픔과 추위에 떨어야 했다. 그림이 통 팔리지 않았기 때문이다.

하루는 친구이자 작가인 루소가 가난한 이 그림쟁이를 찾아왔다. 손발이 시리도록 냉랭한 화실 안을 둘러보던 루소가 어떤 그림 앞에 다가서며 말했다. "정말 걸작이로군. 내 친구 하나가 그림을 꼭 한 장 갖고 싶어 하는데, 이것을 그에게 줄 수 없겠나?" 그것은 밀레가 이제 막 그리기를 마친 '접목하는 사나이' 라는 그림이었다. 밀레는 절친한 친구의 이 부탁을 쾌히 승낙하고 그림을 내주었다. "고맙네. 그런데 이건 그 친구가 내게 그림을 사달라고 맡긴 돈이라네. 부족하더라도 날 봐서 그냥 받아 주었으면 좋겠네." 루소가 봉투 하나를 내밀자 밀레는 뒤통수를 긁적이며 마지못한 듯이 그것을 받아 넣었다. 친구가 돌아간 후 밀레는 부인과 아이들을 부른 가운데 봉투를 뜯었다. 놀랍게도 거기서는 5백 프랑이라는 많은 돈이 나왔다. 밀레의 가족은 오랜만에 따뜻하고 즐거운 날을 보낼 수 있었다.

몇 년 뒤, 루소의 집을 방문한 밀레는 이야기 도중 응접실 벽에 걸린 그림을 발견하고 깜짝 놀랐다. 그것은 바로 자신의 '접목하는 사나이' 라는 그림이 아닌가. 다른 사람의 이름으로 가난한 벗을 도운 루소의 우정에 밀레는 그만 눈시울을 붉히고 말았다.[9]

이 이야기에서 나와 친구가 찾은 그림이나 행동이 담겨 있는 내용은 무엇인가요?

〈눈물은 왜 짠가〉

지난 여름이었습니다. 가세가 기울어 갈 곳이 없어진 어머니를 고향 이모 님 댁에 모셔다 드릴 때의 일입니다. 어머니는 차시간도 있고 하니까 요기를 하고 가자시며 고깃국을 먹자고 하셨습니다. 어머니는 한평생 중이

염을 앓아 고기만 드시면 귀에서 고름이 나오곤 했습니다. 그런 어머니가 나를 위해 고깃국을 먹으러 가자고 하시는 마음을 읽자 어머니 이마의 주름살이 더 깊게 보였습니다. 설렁탕집에 들어가 물수건으로 이마에 흐르는 땀을 닦았습니다.

"더울 때일수록 고기를 먹어야 더위를 안 먹는다. 고기를 먹어야 하는데… 고깃국물이라도 되게 먹어둬라."

설렁탕에 다대기를 풀어 한 댓 숟가락 국물을 떠먹었을 때였습니다. 어머니가 주인 아저씨를 불렀습니다. 주인 아저씨는 뭐 잘못된 게 있나 싶었던지 고개를 앞으로 빼고 의아해하며 다가왔습니다. 어머니는 설렁탕에 소금을 너무 많이 풀어 짜서 그런다며 국물을 더 달라고 했습니다. 주인 아저씨는 흔쾌히 국물을 더 갖다 주었습니다. 어머니는 주인 아저씨가 안 보고 있다 싶어지자 내 투가리에 국물을 부어주셨습니다. 나는 당황하며 주인 아저씨를 홀금거리며 국물을 더 받았습니다. 주인 아저씨는 넌지시 우리 모자의 행동을 보고 애써 시선을 외면해주는 게 역력했습니다. 나는 국물을 그만 따르시라고 내 투가리로 어머니 투가리를 툭, 부딪쳤습니다. 순간 투가리가 부딪히며 내는 소리가 왜 그렇게 서럽게 들리던지 나는 울컥 치받치는 감정을 억제하려고 설렁탕에 만 밥과 깍두기를 마구 섭어댔습니다. 그러나 주인 아저씨는 우리 모자가 미안한 마음 안 느끼게 조심, 다가와 성냥갑만한 깍두기 한 접시를 놓고 돌아서는 거였습니다. 일순, 나는 참고 있던 눈물을 찔끔 흘리고 말았습니다. 나는 얼른 이마에 흐른 땀을 훔쳐내려 눈물을 땀인 양 만들어 놓고 나서, 아주 천천히 물수건으로 눈동자에서 난 땀을 씻어냈습니다. 그러면서 속으로 중얼거렸습니다. 눈물은 왜 짠가.[10]

> 이 이야기에서 나와 친구가 찾은 그림이나 행동이 담겨 있는 내용은 무엇인가요?

〈소년과 자전거〉

자전거 경매가 곧 벌어질 미국 어느 경매장 맨 앞줄에 열 살 남짓한 소년
이 앉아 있었다. 경매가 시작되고, 첫 번째 자전거가 나오자 소년은 소리
쳤다.

"5달러."

그러자 좌우에서 쏟아진 더 큰 목소리들이 소년의 음성을 냉큼 삼켜 버
렸다.

"10달러."

"20달러."

값은 점점 올라가서, 자전거는 마침내 가장 높은 액수를 부른 사람에게
돌아갔다. 몇 대의 자전거가 선보여졌으나 그때마다 소년은 "5달러"를
부르곤 더 이상 말이 없었다. 잠시 후 휴식 시간에 경매인은 "왜 5달러만
불러서 좋은 자전거를 매번 놓치느냐."고 소년에게 물었다. 맑은 눈동자
를 빛내며 소년은 대답했다.

"가진 돈이 5달러뿐인 걸요."

그리고 시간이 흘러서 파장이 다가왔다. 이제 단 한 대 남은 자전거가
사람들 앞에 나타났다. 얼른 보아도 그것은 매우 멋있고 날씬한 최신형
자전거가 분명했다.

"자, 마지막으로 나온 이 훌륭한 자전거는 어느 분이 가져가시겠습니
까?"

이때도 소년은 변함없이 "5달러"를 외쳤다. 그러자 경매인은 입을 다
물어 버렸고, 더 이상 경매를 진행시킬 뜻이 없는 듯 가만히 서 있기만 했
다. 경매장 안은 물을 끼얹은 듯 조용해졌다. 손을 들거나 값을 더 부르는
사람도 없었다. 이윽고 경매인이 입을 열었다.

"자전거는 저 어린 신사 분에게 5달러에 팔렸습니다."

순간 경매장을 가득 메운 사람들은 커다란 박수로 소년을 축하했다.[11]

이 이야기에서 나와 친구가 찾은 그림이나 행동이 담겨 있는 내용은 무엇인가요?

* 공통점이 담긴 행동들에 이름을 붙인다면, 무엇이라고 할까요?

> 나와 친구가 찾은 공통점이 포함된 행동들
>
> ....
>
> 그 행동에 붙인 이름:
>
> ....

♠이름의 뜻을 실천하기

* 내가 붙인 이름을 친구들이 알 수 있도록 몸짓으로 표현하고 맞추기를
해보세요. 친구들이 더 잘 맞추기 위해서 어떤 몸짓을 더 해야 할까요?

> 내가 표현하려는 몸짓:
>
> ....
>
> 처음의 몸짓에 더해야 할 몸짓:
>
> ....

* 미국에서 활동 중인 디자이너 백주연 씨는 '공손한 우산'이라고 부르
는 특별한 손잡이가 달린 우산을 만들었습니다. 손잡이에 달린 줄은 당
기면 넓게 펼쳐진 우산이 반 정도로 줄어들어 복잡한 거리에서 우산이
서로 부딪히지 않도록 하려는 아이디어에서 나왔습니다. 이처럼 다른
사람에게 불편을 주지 않을 수 있는 물건이나 행동에 관해 여러분이 생
각해 낸 아이디어는 무엇인가요?

> 다른 사람에게 불편을 주지 않을 수 있는 아이디어

> * 여러분이 공부를 열심히 해서 선생님이 사탕을 주려고 합니다. 여기 선
> 생님의 책상 위에 사탕이 100개 정도 있습니다. 오늘 공부한 것을 생각
> 하면서 번호 순으로 나와서 사탕을 가져가세요. 사탕을 먹으면서 우리
> 반 친구들 모두가 예쁜 카드를 만들어 봅시다.

수업에 반영되어야 한다. 좋은 관계 맺기를 중심으로 체험과 실천이라는
몸짓을 연결하기 위해서 은유라는 학습 도구가 수업의 방향에서 강조될
수 있다.

도덕과 교육 과정의 이해

도덕과 교육 과정은 성격, 목표, 내용, 교수 · 학습 방법, 평가로 구성
된다.[12] 각 구성부의 내용에서 강조하는 바를 이해할 때, 도덕과 수업의
문제를 완화하면서 사회 변화와 학문적 동향을 반영하는 교육 과정을 수
업으로 구현할 수 있다.

○성격

도덕과 교육 과정의 성격에서는 도덕과의 의의와 목적, 필요성과 중심
과제, 내용적 특성, 방법적 특성, 계열을 제시한다.
도덕과는 자신의 삶을 바람직하게 영위하며, 나아가 우리 사회와 세계
의 발전에 기여할 수 있도록 도와주는 교과라는 의의가 있다. 사회와 국
가 발전에 기여하기 위해서는 우선적으로 자신의 삶을 바람직하게 영위
해야 하며, 자신의 삶을 바람직하게 영위하기 위해서는 일상의 삶에서
직면하는 도덕 문제를 해결할 수 있는 능력을 길러야 한다. 도덕 문제 해

결을 위해서는 도덕규범과 예절을 익히고, 도덕 문제를 주체적으로 성찰하고, 도덕적 판단을 내려 실천할 수 있어야 한다. 따라서 도덕과는 도덕 규범과 예절을 실천하는 습관 및 도덕 문제를 합리적으로 해결할 수 있는 능력의 함양을 목적으로 한다.

이러한 의의와 목적을 실현하기 위해서는 도덕적·정신적 발전이 필요하다. 도덕적·정신적 발전이 사회의 발전에 상응하지 못하면, 개인은 가치의 혼란을 경험하고, 사회는 분열 양상을 나타내기 때문이다. 따라서 도덕과는 개인의 가치 혼란을 해소하기 위한 가치관의 통합, 사회의 분열 양상을 해소하기 위한 공통의 가치 기반을 확대해야 한다. 개인의 가치관의 통합을 위해서는 다양한 규범과 지식, 가치, 태도를 통합해야 한다. 공통의 가치 기반을 확대하기 위해서는 사회 구성원의 연대성과 유대감 형성에 노력해야 한다. 도덕과는 개인의 가치관 확립과 사회의 가치 기반 공고화를 실현하기 위해 가치관의 통합과 유대감의 형성을 중심 과제로 삼는다.

이 과제를 실현하기 위해 도덕과의 내용에서는 삶에서 발생하는 도덕 문제를 직접적이고 체계적으로 다룬다. 도덕 문제를 직접적이고 체계적으로 다룬다는 것은 규범과 가치 판단을 위주로 다룬다는 것을 의미한다. 이를 위해 도덕과의 내용을 가치 관계가 확장되는 모습으로 추출하고 설정한다. 즉, 도덕적 가치 공간을 도덕적 주체인 자기 자신과의 관계, 우리·타인·사회와의 관계, 국가·민족·지구 공동체와의 관계, 자연·초월적 존재와의 관계로 분류하여 이 관계들에서 발생할 수 있는 주요한 도덕 문제를 체계적으로 다룬다.

도덕 문제를 직접적이고 체계적으로 다루기 위해 윤리학적 접근을 중심으로 하면서, 연관 학문의 접근 방법을 활용한다. 당위의 문제를 다루기 위해 윤리학적 접근을 중심으로 해야 한다. 이와 더불어 도덕적 문제가 학교의 다른 교과나 활동 등에서도 다루어진다면 도덕적 사고력과 판단력, 도덕적 실천이 일상생활에서 함양되고 촉진될 수 있다. 따라서 도덕과 교육에서는 연계된 지도 방법도 강조한다.

도덕과 교육 과정의 성격에서 강조하는 바는 우리 사회와 세계 발전에 기여하는 데 도움을 주는 교과, 도덕적 행동 습관의 형성과 도덕적 문제 해결을 위한 능력을 길러주는 교과, 도덕성의 인지적·정의적·행동적 측면의 통합적 형성을 위한 교과, 바른 생활과와 중등 도덕 및 관련 교과를 연계하는 교과라는 점이다. 이와 더불어 도덕과의 성격 부분에서 도덕과의 의의가 우선적으로 자신의 삶을 영위하고 이를 바탕으로 사회와 세계 발전에 기여하는 측면에 있음을 강조한다. 이를 위해서 사회적 변화에 대한 개인의 가치관을 전제하고, 개인의 가치관은 도덕적 문제를 체계적으로 다루는 윤리학적 탐구를 통해 확립되어야 함을 강조한다. 이는 도덕과의 정체성을 고려하면서 사회적 요구에 기여하려는 것이다.

○ **목표**

도덕과 교육 과정의 목표에서는 도덕과의 의의와 목적에 근거하여 교과 목표와 학교 급별 목표를 상세화한다. 여기서 교과 목표는 도덕과를 통해 이루고자 하는 총괄 목표이다. 도덕과의 목표를 총괄하는 교과 목표에서는 가치 관계의 이해를 바탕으로 규범과 예절 익히기, 도덕적 사고력과 판단력, 실천 동기 및 능력 함양을 통한 자율적이고 통합적인 인격 형성을 명시하고 있다. 이는 도덕과의 목표가 자율적이고 통합적인 인격 형성에 있으며, 그 출발은 도덕적 탐구에 근거한 통합적 접근임을 밝힌 것이다. 이러한 교과 목표 아래에 영역별 목표를 제시한다. 영역별 목표에서는 자율적이고 통합적인 인격을 형성하기 위해 각 영역별로 인지적, 정의적, 행동적 요소가 통합된 성취 행동을 제시한다. 교과 목표와 더불어 제시된 학교 급별 목표는 초·중·고등학교 단계별로 도덕과 교육을 통해 실현하고자 하는 목표이다. 이 중 초등학교 도덕과의 목표는 도덕규범과 기본 생활 예절을 습득하고 도덕적 판단력과 실천 능력을 함

양하여 공동체 속에서 조화롭게 살아갈 수 있는 도덕적 능력과 태도를
지니는 것이다.

○내용

도덕과의 내용은 가치 관계의 확대를 기준으로 하여 도덕적 주체로서
의 나, 우리 · 타인 · 사회와의 관계, 국가 · 민족 · 지구 공동체와의 관
계, 자연 · 초월적 존재와의 관계 영역으로 조직된다. 그리고 학교 도덕
과 교육을 통해서 학생들이 함양해야 할 가치 · 덕목을 설정한다. 그리고
각 지도 요소를 한 단계 더 구체화하여 학년별 내용 요소로 상세화한다.
이 내용 요소는 학습 과정을 고려하여 성취 기준형으로 제시된다. 예를
들어, "공정한 행동"이라는 지도 요소는 다음과 같이 상세화된다.

공정한 행동
다른 사람과의 갈등을 줄이고 조화롭게 살아가기 위해 공정하게 행동하
는 것이 중요함을 인식하고, 공정하게 행동하는 태도를 지닌다. 이를 위
해 불공정하다고 느낀 자신의 경험을 분석하여 공정의 의미를 설명하고,
자신이 공정한 사람이 되기 위해 실천해야 할 일을 찾아본다.
① 불공정한 일을 당했을 때의 느낌
② 불공정한 행동이 가져오는 결과
③ 공정한 사람이 되기 위해 실천해야 할 일

여기서 "공정한 행동"은 지도 요소이며, 그 이하는 내용 요소이다. 여
기서 "다른 사람과의 갈등을 줄이고 조화롭게 살아가기 위해 공정하게
행동하는 것이 중요함을 인식하고, 공정하게 행동하는 태도를 지닌다"
는 함양해야 할 도덕적 능력과 태도, 성향을 나타낸다. 그리고 "이를 위
해 불공정하다고 느낀 자신의 경험을 분석하여 공정의 의미를 설명하고,

자신이 공정한 사람이 되기 위해 실천해야 할 일을 찾아본다"는 앞의 진술을 성취하는 과정에서 요구되는 도덕적 사고, 정서, 실천 기술을 나타낸다. 그리고 ①, ②, ③은 이 과정에서 다루어야 할 지식, 사고, 실천과 관련된 내용을 진술한다.

　도덕과의 내용에서 강조되는 바는 도덕적 덕목을 근간으로 한 내용의 선정과 조직, 체계성을 고려한 내용 조직, 지도 요소를 상세화한 성취 기준형 내용 요소의 제시이다. 더불어 도덕적 주체를 중심으로 가치 관계 확장에 따라 영역을 구분하고, 내용 영역별 주요 가치 덕목을 구분하지 않음으로써 가치 덕목이 영역과 관계없이 확장될 수 있음을 나타낸다.

○교수 · 학습 방법

　도덕과 교육 과정의 교수 · 학습 방법에서 강조되는 바는 도덕성의 인지적 · 정의적 · 행동적 영역의 통합적 지도, 목표와 내용에 부합되는 다양한 교수 · 학습 방법의 활용, 도덕적 문제를 자기 주도적으로 학습하는 경험 중심적 접근, 교수 · 학습 자료의 다양성과 비편향성 고려, 교사의 도덕적 모범, 타 교과 및 가정 · 사회와의 연계 지도, 학교의 적절한 교육 여건의 구비 등이다. 현행 교육 과정에서는 다양한 교수 · 학습 방법을 구체적으로 제시하여 강조한다. 이는 도덕과 교수 · 학습 방법에서, 학년과 내용, 도덕성의 제 측면에 따라 다양한 방법의 활용을 강조한 것으로 볼 수 있다. 또한 특정 집단의 이념이나 종교적 지향 등에 편향되지 않은 자료의 구성과 활용도 강조하고 있다.

○평가

　도덕과에서는 평가의 본질을 학생의 도덕성 발달과 인격 함양을 촉진하는 데 둔다. 따라서 도덕과의 평가는 도덕과 교육을 통해 변화된 학생들의 도덕적 특성을 포괄적으로 측정하고, 자료를 수집하고 결과를 해석하여, 평가 자료를 학생들의 도덕적 성장을 위한 근거로 활용하려고 한다. 이를 위해 도덕과의 평가는 인지적·정의적·행동적 영역을 통합적으로 평가한다. 인지적 측면에서는 도덕적 가치·규범의 의미에 대한 이해, 도덕적 사고력과 판단력, 가치 판단의 합리성 등을 평가한다. 정의적 측면에서는 도덕적 민감성과 열정성, 도덕적 가치·규범의 내면화 등을 평가한다. 행동적 측면에서는 도덕적 가치·규범의 실천과 습관화 정도를 평가한다. 이를 위한 실질적인 평가 기준으로 성취 기준형으로 제시된 내용 요소를 활용하는 것이 바람직하다. 상호 주관성을 확보하기 위해서도 성취 기준형으로 제시된 학년별 교육 내용을 기준으로 활용할 필요가 있다. 설정된 기준에 따라 도덕과의 평가의 절차와 방법은 개별 평가 도구가 가진 특성을 고려하여 활용할 필요가 있다. 이렇게 평가된 결과는 교육 과정 및 수업 운영에 대해 평가하고, 그 결과를 수업 개선을 위한 자료로 활용한다.

도덕과의 평가에서 강조하는 것은, 도덕성의 인지적·정의적·행동적 측면에 대한 통합적 평가, 도덕성의 제 측면의 평가 목표에 맞는 다양한 평가 방법의 활용, 학생의 도덕적 성장과 도덕과 수업의 개선을 위한 자료로 활용되는 평가, 학습의 과정과 결과에 대한 평가이다. 특히 도덕과의 평가에서 도덕성의 통합적 평가를 계속 강조하는 것은 도덕과의 평가의 난점과 관련된다. 도덕과에서는 정확한 성취도를 진단하기 위해서 성취 기준 및 평가 기준을 설정한다.[13] 그런데 이 기준을 객관적으로 설정하여 신뢰할 수 있는 평가 결과를 얻기 어렵다는 측면이 있다. 이로 인해 도덕과의 평가에서는 환원주의, 인지주의, 객관주의의 문제가 발생한다.[14] 이러한 도덕과의 평가의 문제를 완화하기 위해서는 정확한 성취도 진단이 가능한 평가 도구의 개발 및 활용에 중점을 두어야 한다.

도덕과의 평가에서 정확한 성취도 진단이 가능한 평가 도구는 우선 좋은 평가 도구의 일반적 조건을 갖추어야 한다. 좋은 평가 도구의 조건은 타당도, 신뢰도, 객관도, 실용도의 충족 여부에 달려 있다. 도덕과의 평가 도구는 도덕과의 학습 지도를 통해 가르치려고 했던 내용이나 교육 목표를 충실히 측정하는 타당도를 충족해야 한다. 평가 요소 측정에 적합한 평가 기법과 도구를 적용하여 신뢰도를 충족해야 한다. 평가자내 그리고 평가자간 편차를 적게 하여 객관도를 제고해야 한다. 그리고 평가 시간, 절차, 용이성 등의 실용도 역시 제고해야 한다.[15] 이처럼 정확한 성취도 평가를 위해서는 '무엇을 평가해야 하는가'와 관련된 평가의 타당성과, '어떻게 평가해야 하는가'와 관련된 신뢰성, '어느 정도로 일관되게 평가하는가'와 관련된 객관성, '얼마나 적용 가능한 평가인가'와 관련된 실용도를 충족하는 평가 도구가 활용되어야 한다.

이와 더불어, 도덕과의 평가에서 무엇보다 중요한 것은 평가의 의미를 회복하는 것이다. 도덕과의 평가는 학생들의 도덕적 성장과 교사의 교수·학습의 개선에 도움을 주기 위해 자료를 수집하고 해석하여, 의사 결정을 내리는 과정이 되어야 한다. 진정한 의미의 도덕과의 평가는 판정과 분류를 목적으로 하기보다는 학생들의 도덕적 성장과 이를 위한 교사의 수업 개선을 목적으로 할 때 그 참된 의의와 기능을 되찾을 수 있다. 이를 위해서 도덕과의 평가는 학생이 자신의 도덕적 지식, 정서, 그리고 행동 경향을 진솔하게 표현하도록 하고, 교사는 그 자료를 해석하여 학생의 도덕적 성장을 도울 수 있도록 이루어져야 한다.

전체적으로 도덕과 교육 과정은 도덕과 교육의 정체성 확립, 사회 변화에 부응하는 새로운 도덕적 가치와 쟁점 강조, 도덕적 탐구의 강화, 도덕과 교육의 학교 급별 차별성을 강조하고 있다. 성격에서는 윤리학적 접근을 강조함으로써 교과의 정체성 혼란을 줄이고자 한다. 목표에서는 교과 목표와 학교 급별 목표를 구분함으로써 도덕과 교육을 통해서 학교 급별 지향점을 명확히 한다. 내용에서는 도덕적 주체를 중심으로 가치 관계의 확장에 따라 영역을 구분하면서 내용 영역별 주요 가치 덕목을 구분하지 않음으로써, 한 영역에서 여러 가치 덕목을 다룰 수 있도록 한다. 교수·학습에서는 도덕성의 제 측면에 따라 다양한 교수·학습 방법의 활용을 권장하고 있다. 평가에서는 성취 기준형 내용 진술을 평가 기준으로 활용할 것을 권장함으로써 평가의 주관성을 완화하고자 하고 있다. 이를 통해 도덕과의 정체성을 확립하면서 사회적 변화를 반영하는 도덕과 수업을 강조하고 있다.

도덕과 교육 과정의 이해와 수업: 환경

도덕과 교육 과정에서는 도덕과의 정체성 확립과 사회적 변화 반영을 강조한다. 이 강조점을 이해하고 수용한 교사는 이를 수업으로 구체화한다. 그 구체화의 모습을 환경 수업을 통해 예시적으로 살펴보자.

도덕과에서 환경 수업을 하는 교사는 먼저 도덕과에서 환경 수업이 필요한 이유를 찾고자 할 것이다. 만약 인간이 현재와 같은 지구 환경에서 살면서 자신에게 유해한 오염 물질을 배출하지 않았다고 해보자. 혹은 인간이 초래한 환경 변화가 인간에게 유해한 영향으로 돌아오지 않았다고 해보자. 이 경우에 환경 교육의 필요성은 크지 않다. 환경 교육은 인간에게 환경 문제가 심각하기 때문에 대두된 것이다. 환경 문제를 해소하는 것이 환경 교육의 일차적 과제이다. 이 과제에 접근하기 위해서는 여러 학문의 지식을 통해 통합적으로 접근해야 한다.[16] 환경 교육이 통합적 특성을 가진다고 하더라도 사실적 지식으로만 접근할 수 있다고 해보자. 그러면 도덕과 교육에서 환경 교육의 필요성은 크지 않다. 환경 문제는 사실적 이해와 처방을 중심으로 개선하면 되기 때문이다. 이러한 환경 교육은 사실적 이해를 배경 학문으로 하는 교과에서 다루면 된다. 그러나 환경 문제는 사실적 이해에 대한 성급한 확신에서 비롯된 측면이 크다. 더불어 현재 인간은 환경 문제를 초래하지 않을 수 있는 사실적 이해와 처방의 수준에도 있지 않다. 환경 문제를 방지하기 위해서는 인간의 과거 행위에 대한 반성이 있어야 한다. 그리고 현재의 기술로는 환경 문제의 발생이 불가피하기 때문에 그 수혜자와 피해자의 이익 사이에서 선택해야 한다. 이러한 반성과 선택에는 규범적 근거가 필요하며, 사실적 지식만으로는 그 근거를 제시할 수 없다.

한편, 사실적 지식이 고도로 발달하여 환경 문제를 발생시키지 않고 자연 환경이 인간에게 제공하는 동일한 효과를 인공적으로 산출할 수 있다고 해보자. 이 경우, 자연 환경이 사라지더라도 자연 환경의 도구적 효용성은 인공적으로 대치될 수 있다. 그 대치가 인간에게 유해한 것이 아니라면, 사실적 지식 중심의 환경 교육을 해야 할 이유는 없다. 하지만 이 경우에도 자연 환경의 가치가 도구적 효용성에 한정되는지를 결정해야 한다. 우리의 실제 인식은 자연 환경의 가치를 인간 종에 대한 도구적 효용성에 한정하지 않는다. 인격체로서 인간은 자연 환경에 대해 도구적 효용성 이상의 가치를 느끼고 주장하고 결정한다. 이는 인간의 도덕적 지위와 자연 환경의 도덕적 지위에 대한 규범적 인식이다. 따라서 사실적 지식이 극단적으로 발달하여 사실적 지식 중심의 환경 교육이 불필요하게 되더라도 환경 교육에서 윤리적 접근의 필요성은 여전히 남아 있다. 환경 교육에는 인간이 직면한 환경 문제를 넘어 인간 이외의 대상에 대한 규범적 문제가 상정된다. 이 문제를 다룰 수 있는 교과는 도덕과이다. 도덕과에서만 가능한 환경 교육이 있다면, 그 환경 교육에는 도덕 교과의 성격이 반영되어야 한다.

○ 도덕과 환경 교육의 특성 이해

환경 교육의 일반적 성격은 환경의 개념에 제약된다. 환경의 개념은 다양하다. 일반적으로 환경은 주체인 인간을 둘러싸고 인간 생활에 영향을 미치는 유형·무형의 객체로 정의할 수 있으며, 여기에는 환경의 본질적인 속성이 내포되어 있다. 즉, 환경의 개념은 절대 불변하는 것이 아니라 시간과 장소에 따라 변화되는 상대적인 개념이며, 그 범위와 구성 요소가 대단히 광범위하고 복합적이다.[17] 이처럼 환경에 대한 정의가 상대적이고 복합적이라면, 환경 교육의 정의도 다양할 수밖에 없다. 환경 교육의 정의가 다양하다면, 환경 교육의 관심 역시 다양하다는 것을 함의한다. 하트Hart에 의하면, 환경 교육은 기술적 관리 수단의 제공보다는 새로운 세계관을 위한 윤리적 전환에 관심을 두어야 한다.[18] 디싱거 Disinger에 의하면, 모든 환경적 세계관은 극단적인 개발론자의 견해와 그리고 정반대인 극단적인 보전론자의 견해 사이의 연속적인 범위 어디에 위치한다. 극단적인 개발론자의 견해는, 자연 세계는 효과적으로 자연 자원을 무제한 공급할 수 있으며 실질적 피해를 겪지 않고 무한한 양의 폐기물을 기능적으로 흡수할 수 있다는, 조작적 가정에 근거하여 환경을 제한 없이 사용할 수 있다는 것이다. 이와는 정반대로 극단적인 보전론자의 견해는, 자연 세계는 자연 법칙에 따라 기능하도록 그 자체로 남겨두어야 한다는 것이다.[19] 이 연속적 범위에서 학교 환경 교육이 한 극단을 의도한다면 그것은 편향된 접근이다. 학교 교육은 비편향성을 전제로 하므로, 학교에서의 환경 교육은 극단적인 특정 환경관을 목적으로 할 수는 없다.

비편향적인 학교 환경 교육을 이해하기 위해서는 가능한 공식적으로 환경 교육의 정의와 목적을 명시한 자료를 검토할 필요가 있다. 국가 수준에서 환경 교육을 정의한 환경교육진흥법에서는 "환경교육이란 국가와 지역사회의 지속가능한 발전을 목표로 국민이 환경을 보전하고 개선하는데 필요한 지식·기능·태도·가치관 등을 배양하고 이를 실천하도록 하는 교육"으로 규정하고 있다.[20] 이를 반영한 「환경교육 발전계획(안)」에서는 "환경교육은 환경에 대한 올바른 가치관 및 태도를 기르고, 환경과 인간, 문화 간의 상호관련성을 이해하게 하며, 환경문제의 탐구 및 예방활동에 참여하게 하는 교육"으로 정의한다. 그리고 환경 교육의 포괄적 필요성은 "사회 발전 패러다임의 전환 유도 및 환경문제의 근본적 해결에 기여"하기 위해서이다. 구체적으로는 "개발중심사회에서 개발과 보전의 균형을 지향하는 사회로 나아가기 위해서 사회 가치체계의 전환 유도, 환경문제의 근본적 해결과, 환경정책의 효과 극대화"를 위해서이다.[21] 이러한 정의와 필요성을 반영한 『국가 환경교육 표준 지침 연구』에서는 학습자의 친환경적 행동이라는 목표를 지식, 기능, 가치 및 태도로 구분하여 제시한다.[22] 이상에 터한 환경 교육에는 '환경을 보전하고 개선하는 데 필요한 가치관,' '환경에 대한 올바른 가치관,' '사회 가치체계의 전환 유도'와 같은 환경에 대한 가치문제가 명시되어 있다. 일반적으로 인정되는 환경 교육에는 환경에 대한 가치관 교육이 포함되어 있으며, 환경 가치관은 도덕과를 통해서 접근되어야 하는 교육이다.

초등학교 도덕과에서 강조하는 환경 가치관을 구체화하기 위해서 직접적으로 자연 환경을 대상으로 하는 내용 요소에 제한하여 살펴볼 필요가 있다. 초등학교 도덕과 지도 요소에서 자연 환경과 직접적으로 관련된 지도 요소는 '생명의 소중함'과 '올바른 자연관과 환경 보호'이다. 교육 과정에서 환경 교육과 직접적으로 관련된 내용에 근거한다면,[23] 사회과는 개발과 보전에 대한 균형적인 합리적 의사 결정을 중심으로 환경 교육에 접근한다. 과학과는 생태계에서 환경오염이 생물에 미치는 영향을 중심으로 환경 교육에 접근한다. 실과는 쾌적한 환경 관리를 중심으로 환경 교육에 접근한다. 즉, 사회과는 합리적 의사 결정을, 과학과는 환경 영향의 이해를, 실과는 환경의 관리를 중심으로 한다. 이들 교과의 배경 학문 지식을 고려하면 대체로 사실적 이해와 처방이라는 측면이 부각된다. 반면에 도덕과는 동식물의 생명을 소중히 여겨야 하는 이유와 자연과의 관계에 대한 인식을 중심으로 환경 교육에 접근한다. 인간 이외의 존재인 동식물의 생명과 자연에 대한 규범적 근거와 정당성을 탐구하는 것이 도덕과의 환경 교육의 특성이다. 이 특성을 표현하기 위해서는 생명과 자연에 대한 윤리적 탐구를 필요로 한다. 자연 환경에 대한 자신의 행위가 타인에게 미치는 영향을 어떻게 인식해야 하는지, 인간과 자연 환경의 지위를 어떻게 인식해야 하는지, 자연 환경에 대한 인간의 책임을 어떻게 설정해야 하는지는 사실적 이해와 처방을 넘어선 것이다. 이는 윤리적 기준과 그 기준에 대한 반성을 요구하는 부분이다. 이 부분이 도덕과의 환경 교육에서 다루어야 하는 영역이며, 도덕과에서만 체계적으로 다룰 수 있는 영역이다. 환경 교육에서 도덕적 접근이 필수적이라면, 사실적 이해를 중심으로 하는 교과와는 차별되는 접근법이 강조되어야 한다.

○ 자연 환경에 대한 윤리적 탐구의 의미

도덕과 교육 과정에서는 도덕과 교육의 정체성 확립, 도덕적 탐구의 강화를 강조하고 있다. 그리고 이를 위해 윤리학적 탐구를 중심으로 하되, 연관된 여러 학문의 접근 방법을 활용한다. 도덕과 교육 과정에서 도덕적 문제에 대한 윤리학적 탐구를 강조한다면, 도덕과 수업에서의 환경 교육은 윤리적 탐구를 중심으로 환경에 접근해야 한다.

윤리적 탐구가 '어떻게 행위하는 사람이 되어야 하는가'에 답하고 실천하기 위한 것이라면, 환경의 윤리적 탐구는 '자연 환경에 대해 어떻게 행위하는 사람이 되어야 하는가'에 답하고 실천하기 위한 것이다. 따라서 환경의 윤리적 탐구는 자연의 비도구적 가치를 승인하여 도덕적으로 고려하는 결정에 이르는 과정이다. 인간사에서 행위에 대한 탐구가 윤리적이기 위한 필요조건은 다른 사람의 도덕적 지위를 탐구하고 인정하고 고려하는 것이다. 만약 다른 사람의 도덕적 지위를 상정하지 않는다면, 영리한 계산은 될 수 있어도 윤리적 탐구가 되기는 어렵다. 마찬가지로 인간 종의 이익만을 고려한다면, 타산적이지만 윤리적이라고 하기는 어렵다. 이를 정식으로 표현하면, '자연과 관련된 X는 모든 A에 의해 도덕적으로 고려되어야 한다'이다.[24] 여기서 상수 A는 인간이므로, 환경에 대한 탐구가 윤리적이기 위한 필요조건은 인간 이외의 대상에 대한 도덕적 지위를 탐구하는 것이다.

도덕적 지위를 탐구한다는 것은 전적으로 인간 종만을 위하는 이기적 이유와 전적으로 인간 이외의 대상을 위하는 이타적 이유 사이에서 결정하는 것이다. 스터바Sterba에 의하면, 도덕성은 이기적인 이유와 이타적인 이유의 합리적 절충이다. 이 절충은 이기적 관점과 이타적 관점 각각에 부여된 이기적 이유와 이타적 이유의 순위를 존중하는 것이다. 그 이유들 사이의 합리적 절충은 최상위를 점유하는 이유에 우선성을 부여하는 것이다. 다른 조건이 같다면, 최고 순위의 이타적 이유나 이기적 이유에 우선성을 부여하는 것이다.[25] 이러한 도덕성의 의미에 근거한다면, 인간 종에게 상위 순위를 점유하는 이기적 이유보다 하위에 있는 이타적 이유에 근거하여 자연 환경을 고려할 필요는 없다. 인간과 동물의 생명이 각각 최상위를 점유한다면, 인간의 생명을 위협하는 맹수나 해충을 위해 나의 생명을 희생하는 것이 학교에서 이루어지는 도덕적 탐구의 목적은 아니다. 반면에, 인간 종에게 하위 순위를 점유하는 이기적 이유보다 더 상위에 있는 이타적 이유에 근거하여 자연 환경을 고려할 필요가 있다. 예를 들어, 인간의 재미가 하위 순위이고 동물의 생명이 상위 순위라면, 재미로 동물의 생명을 빼앗는 것은 도덕적이지 못한 행위가 된다. 이 경우에도 인간 종 이외의 대상에게 도덕적 지위가 부여된다. 학교에서 이루어지는 환경에 대한 윤리적 탐구는 이 대상의 도덕적 지위를 탐구하는 것이다.

도덕과에서 자연 환경의 도덕적 지위에 대한 체계적인 윤리적 탐구를 위해서 자연 환경에 도덕적 지위를 부여하는 환경 윤리학의 전개에 근거하여 수업의 논리를 구성할 수 있다. 일반적으로 환경 윤리학은 인간 존재와 인간이 속한 자연 환경 사이의 도덕적 관계에 관하여 체계적이고 포괄적인 설명을 제시하고 지지하는 것이다. 환경 윤리학은 자연 세계에 대한 인간의 행위가 도덕적 기준에 의해서 통제될 수 있고 통제된다는 것을 가정한다.[26] 도덕적 기준과 책임은 역사적으로 인간과 인간의 관계에서 비롯되었기 때문에, 환경 윤리의 출발은 인간의 도덕적 기준을 환경 문제에 응용한 것이며, 응용의 한계를 반성하고 이를 해명하는 대안적 기준을 도출하여, 이해의 확장과 의식의 변화를 산출하는 과정으로 전개된다. 따라서 환경 윤리학을 수업 구성의 논리로 수용하는 도덕과의 윤리적 탐구는 인간사의 도덕적 기준을 활용하여 자연 환경을 윤리적으로 탐구하고, 그 윤리적 근거의 한계를 발견하여, 새로운 윤리적 근거를 탐색하고 인식하는 과정이다. 이 과정에서 자연 환경의 도덕적 지위를 정당화하고, 자연 환경에 대한 도덕적 의식을 형성하게 된다.

○도덕과 환경 수업의 구성 논리: 개별 생명에서 전체 자연으로

도덕과 자연·초월적 존재와의 관계 영역에는 생명의 소중함이 지도 요소로 설정되어 있다. 이 지도 요소의 내용 요소에는 동식물의 생명도 소중히 여겨야 하는 이유가 포함되어 있다. 이 내용 요소는 인간 생명의 소중함에서 출발하여 동식물의 생명까지도 소중히 여겨야 하는 이유를 탐구하는 것이다. 이 중에서 동식물의 생명을 소중히 여겨야 하는 이유를 탐구하기 위해서, 인간의 이익만을 고려하지 않는 윤리 이론에 근거하여 수업을 구성할 수 있다.

환경 윤리학의 설명은 인간 중심적 윤리, 동물 중심적 윤리, 생명 중심적 윤리, 생태적 전체주의로 구별된다. 인간 중심적 윤리에서는 인간의 이익만이 고려된다. 동물 중심적 윤리에서는 모든 동물이 도덕적으로 고려될 수 있는 것으로 간주된다. 생명 중심적 윤리에서는 살아 있는 모든 것이 도덕적으로 고려된다. 생태적 전체주의에서는 개체뿐 아니라 생물권과 그것이 포함된 생태계를 도덕적으로 고려한다.[27] 인간 중심주의자들은 인간 이외의 존재들이란 인간을 위한 수단적 가치만을 가질 뿐, 그 이상의 어떠한 도덕적 지위나 권리 또는 법적 권리도 지닐 수 없다고 본

다. 인간 중심주의자들이 자연물에 가치를 부여하는 것은 자연물이 인간에게 이로울 때, 즉 그 자연물을 인간의 생존이나 복지를 위한 도구로서 이용할 수 있을 때이다. 인간 중심주의 입장에 따르면, 인간 이외의 존재들은 인간의 목적을 위한 수단으로서의 도구적 가치밖에 지니지 않는다.[28] 소위 인간 중심적 윤리에서는 인간만을 도덕적으로 가치 있는 존재로 간주한다. 이러한 구분에서 인간의 이익만을 고려하는 그러한 인간 중심적 윤리는 다른 인간에 대한 도덕적 책임을 설명할 수 있지만, 동식물과 같은 자연물에 대한 도덕적 책임을 설명하는 데는 제한이 있다. 이 문제를 해소하기 위해서 동물과 식물과 같은 자연물에도 도덕적 지위를 부여하는 탈인간 중심적 관점에서 탐구되어야 한다. 만약 인간에게만 도덕적 지위가 부여된다면, 동식물에게 도덕적 지위를 부여해야 하는 이유를 설명하기는 어렵다. 인간을 위한 효율성이라는 도구적 가치에서 벗어나 탐구할 때, 동식물의 생명의 소중함과 보전을 정당화할 수 있다.

　동식물의 생명이 지닌 도덕적 지위를 인식하기 위해서, 먼저 인간과 유사성이 높은 동물의 생명에서 출발할 수 있다. 싱어Singer에 의하면, 이익 평등 고려라는 도덕 원칙을 인간 종에 속하는 다른 개체들과의 관계를 위한 타당한 도덕적 근거로 받아들인다면, 그것을 인간이 아닌 동물들과의 관계를 위한 타당한 도덕적 근거로도 받아들여야 한다. 이 원칙은 종족이 우리와 다르다는 이유로 다른 종족들을 당연한 듯이 착취하거나, 지능이 우리보다 못한 동물들의 이익을 무시해서는 안 된다는 점을 내포하고 있다. 그런데 고통이나 기쁨을 느끼는 능력은 이익 일반을 가지기 위한 전제이다.[29] 따라서 유정성을 가진 동물에게는 평등의 원칙이 적용될 수 있다. 동물이 고통을 받는다면, 그 고통을 고려하는 것이 도덕적이다. 따라서 동물의 생명이 지닌 도덕적 지위는 개인 간의 이익을 동등하게 고려하는 윤리적 판단에 근거하여 탐구할 수 있다. 인간에게 적용되는 도덕적 원칙에 따라 인종주의가 도덕적일 수 없듯이, 다른 동물들에 대한 인간의 종족주의도 도덕적일 수 없다. 도덕적 기준으로 인간을 상정한다면, 인간과 유사한 동물도 도덕적 지위를 갖게 된다. 동물의 도덕적 지위는 인간의 특징으로부터 도출되는 것이며, 인간을 충분히 닮은 생명체는 도덕적 지위를 제공받는다.

그러나 교육 과정에서 요구하는 식물의 생명에 대한 존중의 근거는 인간과의 유사성에 대한 이익 고려만으로는 부족하다. 데자르뎅DesJardins에 의하면, 싱어는 단지 고등 동물에게만 도덕적 지위를 부여한다. 나머지 존재들은 도덕적 고려 대상에서 제외된다. 많은 환경론자들은 이러한 위계질서가 잘못된 것이라고 생각한다. 이러한 윤리적 확대주의는 개체주의를 고수한다. 그것은 개별 동물에게는 도덕적 지위를 보장하지만, 식물, 종, 서식지, 관계에 대해서는 독자적인 도덕적 지위를 보장하지 않는다.[30] 따라서 식물의 생명을 도덕적으로 고려하기 위해서는 동물의 도덕적 지위를 해명하는 환경 윤리 이후의 대안적 논의에 근거하여 수업을 구성해야 한다.

식물의 생명에 대한 도덕적 고려는 유정성을 갖지 않는 생명체의 도덕적 지위를 정당화하는 설명에 근거해야 한다. 애트필드Attfield에 의하면, 도덕적 지위를 갖는 것으로 널리 인정되는 것들과 식물 사이에는 모종의 유비가 있다. 그러므로 성장, 호흡, 자기 보존, 재생 능력은 식물과 유정적 유기체에 공통된 것이다. 그러므로 모든 유기체는 도덕적 지위를 가질 수 있을 뿐만 아니라 실제로 가진다고 주장할 만한 유비 논증이 가능하다. 자신의 종의 유전적 선을 실현하기 위한 잠재력을 가지고 있는 것은 이익 관심을 가지며, 가치 있는 것이다.[31] 식물의 도덕적 지위는 유정적 유기체와의 유비로 설명될 수 있다.[32] 유정적 유기체가 도덕적 지위를 갖는다면, 그와 유사성을 가지는 식물의 생명도 도덕적 지위를 가질 수 있다. 나아가 이 유사성의 인식에서 비도구적 가치로 식물의 가치를 설명할 수 있다. 식물이 살아 있다는 것, 아름다움이 있다는 것, 경이로움이 있다는 것 자체를 식물의 생명의 가치로 인식하는 것이다. 이를 포함한 비도구적 가치로 식물의 생명의 가치를 인정하면, 식물의 생명의 도덕적 지위를 해명할 수 있다. 식물의 생명 자체가 가치를 가진다면, 그것을 훼손하는 것보다는 보전하는 것이 도덕적이다. 이때 식물의 생명은 도덕적 지위를 가진 것으로 고려된다. 따라서 식물의 생명에 대한 윤리적 탐구는 탈인간 중심적인 개체론적 관점으로 접근할 수 있다.

한편, 도덕과 자연·초월적 존재와의 관계 영역에는 올바른 자연관과 환경 보호가 지도 요소로 설정되어 있다. 이 지도 요소에는 자연과 나의 올바른 관계, 우리 주변의 환경 문제, 내가 할 수 있는 환경 보호 활동이 포함되어 있다. 여기서 동식물의 생명이라는 개체적 대상은 자연이라는 전체로 확장된다. 이는 더 포괄적인 자연물과 자연 자체에 대한 인식과 실천으로 전개된다. 개체주의적 접근보다는 더 확장된 윤리적 탐구가 요구된다. 이를 위해서 동식물과 같은 생명체뿐만 아니라, 자연을 구성하는 비생명체에도 도덕적 지위를 부여해야 한다.

개체론과 달리 전체론적 환경 윤리는 생태계와 종, 생물군, 그리고 자연의 비도구적 가치를 승인함으로써 직접적으로 그 자체에 대한 존중을 꾀한다.[33] 데자르뎅에 의하면, 생태 윤리는 자연물들 간의 '관계,' 무생물, 그리고 종과 생태계 등과 같은 생태적 '전체'에도 직접적인 도덕적 지위를 부여한다는 점에서 '전체주의적holistic'이다. 생태계에서 중요한 것은 개별 유기체가 아니라 상호 의존성이다. 생태 윤리는 개별 유기체에 관심을 갖기보다는 상호 의존성에 기반한 생태 공동체에 관심을 갖는다. 그래서 개체주의 윤리라기보다는 전체주의 윤리이다.[34] 자연에 도덕적 지위를 부여하고 인간에게 윤리적 책임을 부여하는 탈인간 중심적 이론의 관점은 전체주의적인 생태 중심 윤리로 구체화된다. 여기서 자연은 생물 요소와 무생물 요소의 독립적이고 고립적인 부분의 집합으로 환원되지 않는 전체로 인식된다. 이러한 관점을 반영할 때, 전체 자연에 대한 도덕적 가치를 정당하게 촉구할 수 있게 된다. 따라서 도덕과에서 환경 문제에 대한 윤리적 탐구는 자연 환경에 대한 인간 행위를 윤리적으로 정당화하고, 정당성에 전제된 윤리적 기준을 도출하고, 그 기준의 한계를 반성하고 대안을 발견하는 순환적 과정이다. 초등학교 도덕과에서 이 과정은 동물의 생명의 도덕적 지위에 대한 윤리적 탐구, 식물의 생명의 도덕적 지위에 대한 윤리적 탐구, 전체 자연계의 도덕적 지위에 대한 윤리적 탐구의 순으로 전개된다. 이를 위해서는 개체주의적인 윤리적 확대주의에 근거한 동물의 생명의 도덕적 지위에 관한 탐구, 개체주의적 탈인간 중심 윤리에 근거한 식물의 생명의 도덕적 지위에 관한 탐구, 전체주의적 탈인간 중심 윤리에 근거한 전체 자연의 도덕적 지위에 관한 탐구의 순으로 수업의 논리를 전개할 수 있다. 이러한 이해에 터하여 자연환경을 윤리적으로 탐구하기 위한 도덕과 수업안을 예시하고자 한다. 이 수업안의 구성 논리는 인간과의 유사성 확인을 통한 동물의 생명의 도덕적 지위 탐구, 비도구적 가치를 가지는 식물의 생명의 도덕적 지위 탐구, 생명체와 비생명체 전체 관계의 도덕적 지위의 탐구 순으로 구성된다 (87-93쪽 수업안 참조).

- 사람과 동물의 공통점 찾기: 인간과 동물은 유정성이라는 특성을 공유한다는 것을 인식하기 위한 활동이다. 이를 위해서 태아, 동물, 식물, 기계에 해당하는 예를 제시하고 인간과의 유사성 정도에 따라 제시된 예들을 분류한다. 그리고 자신이 분류한 자료를 근거로 상위 순위와 하위 순위에 내포된 유사성을 확인한다.
- 공통점을 대하는 모습: 인간과 동물의 유사성을 확인한 후 이 사실을 규범적으로 연결하기 위한 활동이다. 유사성이 있다는 사실로부터 규범적 인식이 직접 도출되기는 어렵기 때문에, 유사성을 고려하는 차별적인 모습을 제시한다. 차별되는 모습에 대한 이해를 바탕으로 현재 자신의 모습이 극단적인 규범적 모습의 어디쯤에 위치하는지 확인하도록 한다.
- 공통점을 대하는 모습이 다른 이유 생각해 보기: 사람들이 동물과 인간의 유사성을 대하는 모습에서 차이가 나는 것은 어떤 판단과 결

정에 근거하였기 때문인지를 생각해 보도록 한다. 이 활동을 통해
자신이 동물의 생명에 도덕적 지위를 부여한다면, 그 판단의 윤리적
근거를 인식하도록 한다. 그리고 동물의 생명에 도덕적 지위를 부여
한 근거로는 식물의 생명을 존중해야 하는 이유를 설명하는 데 한계
가 있음을 인식하도록 한다. 이를 통하여 또 다른 윤리적 탐구의 필
요성을 찾도록 한다.

- 식물의 생명이 가지고 있는 것: 식물의 생명의 도덕적 지위를 동물
  의 생명과의 유사성에 근거하여 인식하도록 한다. 그리고 식물이 동
  물과 갖는 유사성에서 유정성이라는 측면을 배제할 때, 식물의 생명
  의 가치를 탐구해 보도록 한다. 이를 위해 식물의 생명의 도구적 가
  치에서 시작하여 비도구적 가치를 인식할 수 있는 활동을 한다.
- 식물이 죽으면 사라지는 것: 식물이 가지는 비도구적 가치는 식물의
  생명이 있음으로 인해 가능함을 인식하도록 한다. 이를 바탕으로 식
  물의 비도구적 가치의 근거가 바로 식물의 생명이며, 이 가치를 가
  지는 식물의 생명은 도덕적 지위를 가질 수 있음을 탐구한다. 더불
  어 이를 근거로 무생물의 도덕적 지위를 설명하기에는 한계가 있음
  을 인식한다.
- 비생명체의 가치 이해하기: 생명체와 무생물의 관계가 하나의 전체
  로 구성되어 있으며, 그 관계를 구성하는 모든 요소들의 관계가 가
  치가 있음을 인식한다. 이를 위해서 그 관계가 변했을 때 발생하는
  일들을 상상해 보도록 한다. 이를 통해 생명체와 비생명체는 전체적
  관계로 구성되어 있으며, 그 자연 환경의 관계를 인간의 이익과 무
  관하게 고려해야 하는 이유를 탐구한다. 윤리적 탐구를 위해서는 탈
  인간 중심의 전체론적 관점을 수업에 반영해야 한다.

요컨대, 초등 도덕과에서의 환경 수업은 환경에 대한 윤리적 탐구를

○수업안

♠사람과 동물의 공통점 찾기

* 다음의 예들 중에서 '사람'과 가장 비슷하다고 생각하는 순서를 정해 보세요.

· 엄마의 뱃속에서 발길질 하는 태아

· 소리 내는 컴퓨터

· 자기 별로 돌아가고 싶다고 우는 외계 생물

· 새끼를 지키기 위해 사자를 막아 선 고릴라

· 말을 따라하는 앵무새

· 음악을 틀어주면 더 잘 크는 벼

· 소리로 무리에게 위험을 알리는 돌고래

· 꽃의 위치를 전하기 위해 춤추는 꿀벌

1	
2	
3	
4	
5	
6	
7	
8	

* 내가 정한 순서에서 같은 점과 다른 점을 찾아보세요.

대상	같은점	다른점
순서1( )과 순서2( )		
순서1( )과 순서4( )		
순서1( )과 순서8( )		

♠공통점을 대하는 모습

* 다음의 사람들의 모습에 어떤 차이가 있을까요?

	동물과 사람의 같은 점을 대하는 태도
'고릴라의 수호천사 다이안 포시'	
생태 다리를 생각한 사람	
애완 고양이를 컵에 넣는 사람	
천연기념물 산양을 밀렵한 사람	

* 그림 속의 사람들과 비교할 때, 나의 생각은 어디쯤에 있나요?

```
|-------|-------|-------|-------|-------|
·그림①의 사람              ·나              ·그림④의 사람
```

♠공통점을 대하는 모습이 다른 이유 생각해 보기

* 다음의 사람들은 어떤 결정을 할까요?

	㉠사람과 동물 사이의 같은 점을 같게 대해야 한다.		㉡사람과 동물 사이의 같은 점을 다르게 대해야 한다.	
①사람 사이의 같은 점을 같게 대해야 한다.	사람①		사람②	
②사람 사이의 같은 점을 다르게 대해야 한다.	사람③		사람④	

사례	사람①		사람②		사람③		사람④	
	찬	반	찬	반	찬	반	찬	반
내가 고통을 느끼는 것이 나쁘다면, 다른 사람에게 고통을 주는 것도 나쁘다.								
다른 사람에게 고통을 주는 것이 나쁘다면, 다른 동물에게 고통을 주는 것도 나쁘다.								

나의 생명이 소중하다면, 다른 사람의 생명도 소중하다.							
다른 사람의 생명이 소중하다면, 다른 동물의 생명도 소중하다.							
멸종 위기의 동물을 살리기 위해 수가 많은 동물을 사냥한다.							

＊ 위의 ★, ●, ◆, ■의 생각 중에서 자신이 옳다고 생각하는 것은 무엇인가요?

· 그 생각을 가지고 사람의 생명을 소중히 해야 하는 이유를 설명해 보세요.

· 그 생각을 가지고 동물의 생명을 소중히 해야 하는 이유를 설명해 보세요.

· 그 생각을 가지고 식물의 생명을 소중히 해야 하는 이유를 설명해 보세요.

♠식물의 생명이 가지고 있는 것

＊ 다음 동식물의 공통점과 차이점은 무엇인가요?

	공통점	차이점
고릴라		
꿀벌		
끈끈이주걱		
소나무		

＊ 다음 이야기에서 나무가 주는 것은 무엇인가요?

〈자료 ①〉

아테네는 아티카 숲에서 생산된 선박으로 힘을 얻어 부상했다. 그러나 의존했던 목재 자원이 펠로폰네소스 전쟁 동안 스파르타인에 의해 파괴되어 쇠락했다. 로마 제국은 더 이상 북동 지역에서 지원을 받을 수 없어 붕괴했다. 그들은 스페인의 은 광산에 크게 의지했다. 로마인의 용광로는 5

억 그루의 나무를 소비했고, 비옥한 숲 7천 평방 마일을 황폐화시켰다.[35]

〈자료②〉

지오노는 젊은 시절 프랑스 남부 지역의 황량한 지역을 걷다가, 어느 날 물과 음식 부족을 걱정해야 하는 상황에 있었는데, 그때 한 양치기를 만났다고 한다. 그날 밤 양치기는 12그루의 상수리나무를 조심스럽게 고르고, 다음날 그것을 심었다. 지오노가 머문 며칠 동안, 매일 양치기는 더 많은 상수리나무를 심었다. 부피어란 이름의 그 양치기 이야기는 40년간 알려지지 않았다. 전쟁, 결혼, 가정생활로 중단되긴 했지만, 지오노는 종종 그 양치기를 다시 찾곤 했다. 나무를 심은 그 기간 동안, 나무는 번식하고 성장하고 결국 무성한 숲이 되었다. 그 나무는 물을 함유하고, 그래서 이전에 오랫동안 마른 바닥을 드러냈던 시내를 다시 흐르게 했다. 그리고 사람들은 그 황량한 마을로 돌아와 재건을 시작했다. 매일 천천히 심은 나무에 의해, 부피어는 바위투성이의 황무지에 다시 생명이 모이도록 했다.[36]

〈자료③〉

화초 가꾸며 고운심성 기른다. 포항시농기센터 원예치료실 '인기'
포항시농업기술센터가 운영하는 원예치료실이 시민들로부터 큰 호응을 얻고 있다.

농업기술센터는 시민들의 정서적 안정과 감성 순화에 도움을 주기 위해 우리 지역에서 잘 볼 수 없는 수련 31종, 수생식물 37종을 비롯해 선인장 등 기능성 식물들과 직접 만든 작품을 키우는 전시실 등 원예치료실을 마련, 테마 있는 휴식 공간과 산 교육장으로 운영에 들어갔다. 특히 원예치료실은 다양한 기능성 식물과 접촉하면서 인간의 오감을 통해 테크노 스트레스를 경감시키고 뇌파의 알파파를 증가시키는 등 마음의 병을 자연에서 치료하는 대체 의학의 한 분야로 포항시농업기술센터를 방문하는

시민, 농업인들이 쌓인 피로를 풀고 심리적 안정을 찾는 휴식공간으로 자리매김하고 있다.[37]

* 이런 나무가 있을까요?

· 키가 30층 아파트보다 큰 나무가 (있다, 없다)

· 1년에 교실 길이보다 더 자라는 나무가 (있다, 없다)

· 2000년 이상 산 나무가 (있다, 없다)

· 100명이 손을 잡아야 둘러쌀 수 있는 나무가 (있다, 없다)

· 우리 학교 높이보다 더 긴 잎이 (있다, 없다)

* '최고로 신기하고 놀라운 나무' 카드를 만들어 보세요.

· 나무 그림		
· 신기하고 놀라운 점		

♠식물이 죽으면 사라지는 것

* 다음 두 사람의 생각에 찬성하거나 반대한다면 그 이유를 생각해 보세요.

	찬성하는 이유	반대하는 이유
사람들은 나무를 보고 아름답다고 하지만, 동물들은 나무를 보고 아름답다고 느끼지 못하는 것 같다. 그래서 사람이 없으면 나무는 아름다운 것이 아니다.		
어떤 과학자가 생명은 없지만 나무와 똑같은 효과를 내면서 모양도 똑같은 인공나무를 만들었다. 그래서 살아 있는 나무를 심는 대신 그 인공나무를 세우자고 했다.		

* 식물의 생명이 없어지면 어떻게 될까요?
· 식물의 생명이 사라지면 함께 사라지는 것은 무엇인가요?
· 우리에게 아무런 필요도 없는 식물의 생명을 보호한다면, 왜 그래야 하
  는가?
· 그 생각을 가지고 습지를 보호해야 하는 이유를 설명해 보세요.

♠비생명체의 가치 이해하기

* 다음과 같은 상황이 발생한다면, 자연 환경에 어떤 변화가 생길지 상상
  해 보세요.
· 만약에 태양 빛이 줄어든다면…
· 만약에 죽은 동식물이 썩지 않는다면…
· 만약에 꽃이 피지 않는다면…
· 만약에 바람이 불지 않는다면…
· 만약에 갯벌이 모두 모래사장으로 바뀐다면…
· 만약에 여름만 있다면…
· 만약에 강물이 바닷물로 바뀐다면…
· 만약에 모든 식물이 흰색으로 바뀐다면…
· 만약에 동물이 이산화탄소로 호흡을 한다면…
· 만약에 햇빛이 깊은 바다 속까지 전달된다면…

* 사람들이 하고 싶은 것을 참으면서, 다음과 같은 일들을 하는 이유는
  무엇인지 설명해 보세요.
· 국립공원에 자연 안식년제를 실시한다.
· 우이령 계곡에 입장하는 등산객 수를 제한한다.
· 식용외래종이 자연 환경에 들어오지 못하도록 한다.

> *사람에게 주는 이로움을 생각하지 말고 동물을 보전해야 하는 이유, 나무를 보전해야 하는 이유, 습지를 보전해야 하는 이유를 설명해 보세요.

통해 바람직한 환경 의식을 함양하는 교육이다. 도덕과에서의 환경 수업은 자연 환경의 도덕적 지위를 탐구하는 과정에서 인간의 지위를 낮추어 다른 존재들을 동등하게 고려하려는 것은 아니다. 다른 존재의 도덕적 지위를 탐구하는 과정에서 다른 존재의 도덕적 지위도 의식하도록 하려는 것이다. 이를 가능케 하는 접근이 도덕과의 윤리적 탐구이다. 윤리적 탐구를 위한 도덕과 환경 수업의 논리는 환경 윤리의 역사적 전개 과정을 체험하는 순서로 구성될 수 있다. 물론 이러한 도덕과의 환경 수업이 아무런 처방을 낳지 못할 수도 있다. 전혀 실천되지 않을 수도 있다. 현실의 개선을 전혀 가져오지 못할 수도 있다. 그러나 지금까지 어떻게 환경을 고려해 왔고, 지금 환경을 고려하는 것에 내재된 가치는 무엇이고, 장차 지향해야 할 가치를 모른다면, 아무리 많은 사실적 이해도 맹목적일 뿐이다. 이상의 수업안은 도덕과 교육 과정의 이해에 터하여 환경 속에서 맹목적이지 않은 인간 종으로 존재하기 위한 공부를 시도한 것이다.

II

도덕과 수업
이해의 표현

4. 개념 분석에 근거한 수업

일반적으로 도덕과 수업의 논리적 순서는 공부할 것을 알고, 그것을 자세히 공부하고, 공부한 것을 반성하는 과정이다. 곧 도덕과 수업의 논리적 순서는 내용의 이해, 이해의 적용, 적용의 반성으로 전개된다. 따라서 적용과 반성을 위해서는 내용의 이해가 전제된다. 이해의 대상인 내용은 주로 추상적인 도덕적 개념이다. 이 도덕적 개념은 의사 결정의 도구로서 사용되며, 도덕적 개념의 의미나 함의를 더 많이 이해할수록 의사 결정을 더 잘할 수 있다.[1] 그런데 추상적인 도덕적 개념은 인식 주체에 따라서 상이하게 구체화될 수 있다. 개념의 이해 자체가 상이한 경우에는 적용과 반성이 공유되기 어렵다. 그리고 개념의 이해가 실제적 용법과 무관한 경우에는 유의미한 적용과 반성도 어렵다. 따라서 유의미하게 공유된 적용과 반성을 위해서는 도덕적 개념에 대한 이해가 선행되어야 한다.

개념 분석의 이해

유의미하게 공유된 도덕적 개념의 이해를 위해서 도덕적 개념의 실제적 의미에 초점을 맞추어야 한다. 말의 의미는 일상생활에서 실제로 교환되는 용법에서 드러난다.[2] 일상 언어에서 실제로 사용되는 개념을 명료화하기 위한 것이 개념의 분석이다.[3] 일상 언어의 분석을 통해 실제로 사용되는 개념을 명료화하는 사고의 기술이 '개념 분석법'이다. 이 개념 분석법은 사고의 기술이면서 동시에 도덕 교육의 방법이다. 개념 분석법은 도덕적 의사 결정의 도구로 사용되는 추상적인 도덕적 개념의 이해라는 목적에 직접적으로 적용될 수 있다는 점에서 도덕 교육의 방법이다. 그리고 개념 분석법은 '도덕성 요소moral components'[4] 중 의사소통 방법 알기에 활용될 수 있다는 점에서도 도덕 교육의 방법이 될 수 있다. 일상 용법에서 도덕적 개념의 실제적 의미를 탐구하는 방법은 도덕과의 주요 교수 · 학습 모형인 개념 분석 수업 모형으로 제시된다.[5] 이 모형과 직접적으로 관련된 이론이 윌슨Wilson의 '개념 분석법analysis of concept'이다.

윌슨은 단어에 고유한 의미가 있는 것이 아니라 용법에 따라 특정한 의미를 가진다는 점에서 개념을 의미의 범위로 본다.[6] 그의 개념 분석법은 복합적인 질문에서 개념적인 질문을 구분하고, 그 개념을 분석하여 의미의 범위를 설정하고자 하는 사고의 기술이다. 이 사고의 기술은 개념적 문제에 답하는 경우에 적용될 수 있다. 대부분의 문제는 복합적이며, 복합적인 문제는 개념의 문제, 사실의 문제, 가치의 판단으로 구별된다. 예를 들어, 개념에 관한 문제는 '고래는 물고기인가?' '비행정은 배인가 비행기인가?' '심리학은 과학인가?' '진실이란 무엇인가?' 등이다. 그래서 개념에 관한 문제는 범주, 의미, 관점, 상황과 관련된 문제로서 사실이나 가치의 문제와는 구별된다. 개념에 관한 문제는 개념의 기준이나 원칙을 문제 삼는다.[7] 이러한 개념의 문제를 우선적으로 처리하지 않는다면 복합적 문제에 일관성 있게 답할 수 없기 때문에 개념의 문제를 우선적으로 다루어야 한다.

개념의 문제를 다루기 위해 윌슨이 제시하는 개념 분석을 위한 사고의 기술은 다음과 같다.[8]

① 개념적 질문 분리하기Isolating questions of concept: 대부분의 문제는 복합적인 질문으로 이루어져 있다. 복합적인 질문을 다룰 때에는 개념적 질문을 분리해서 우선적으로 해결해야 한다. 예를 들어, '정신 병원에 수용된 사람들을 처벌할 수 있는가?'는 벌에 관한 개념의 문제와 병원에 실제로 수용되었던 사람에 대한 사실적 문제와 처벌에 관한 가치의 문제로 이루어진다. 복합적인 문제인 경우, 이 문제에 답하기 위해서는 먼저 개념적 질문을 분리하는 것이 필요하다.

② 정답 찾기Right answers: 보다 핵심적인 개념을 찾기 위해서는 그 개념에 해당하는 필수적인 조건이나 일차적인 개념에 근거하는 감각이 필요하다. 예를 들어, 물고기의 개념을 찾기 위해서는 '고래, 문어, 불가사리, 바닷가재, 굴'보다는 '고등어, 가자미, 송어'에 근거할 때 보다 핵심적이고 필수적인 개념을 찾을 수 있다. 또한 그 개념이 사용되는 타당한 상황과 일차적인 사용에서 핵심적인 의미를 찾을 수 있는 감각이 필요하다.

③ 전형적 사례 찾기Model cases: 문제의 단어가 쓰이는 가장 전형적인 사례를 검토하는 것이다. 예를 들어, '처벌'의 개념에 해당되는 전형적인 사례를 검토하는 경우, '한 학생이 고의로 학교 규칙을 어겨서 학교 당국으로부터 처벌을 받은 경우,' '남의 물건을 훔치고서 법정에서 판사로부터 처벌 판결을 받은 경우' 등이 해당된다. 여기서 공통적인 요소가 있다면 그 개념의 필수적인 요소로, 그렇지 않다면 부수적인 요소로 판단한다.

④ 반대 사례 찾기Contrary cases: 전형적 사례 찾기와 정반대되는 방법으로서, 부당한 사례의 예를 드는 방법이다. 예를 들어, '공정성'이라는 개념의 문제를 다루고자 한다면, 명백하게 부당하게 취급된 사례를 제시하는 것이다. '죄가 없는 사람에게 사형선고가 내려진 경우,' '같은 상황에서 같은 범죄를 저지른 두 사람에게 상이한 벌이 내려지는 경우,' '다른 상황에서 같은 벌이 내려지는 경우' 등을 찾을 수 있다.

⑤ 관련 사례 찾기Related cases: 한 단어의 기본적인 개념을 파악하려고

할 때, 그 단어와 관련이 있거나 유사성을 지니고 있는 다른 개념을 검토
하는 것이다. 이것은 마치 기계의 한 부품에 대한 이해를 위해서 그 부품
과 결합된 다른 부품과의 관계나 작동법에 대한 전체적인 이해가 수반되
어야 하는 것과 마찬가지이다. 예를 들어, 처벌의 개념을 분석하기 위해
서는 정당성과 당연성의 개념에 대한 검토가 필요하다.

⑥ 경계 사례 찾기Borderline cases: 판단 기준이 모호한 사례들을 다루어
보는 것이다. 이 사례들은 전형적인 사례가 지니는 특징도 있지만, 전형
적인 사례로 볼 수 없는 특징도 있는 경우이다. 모호한 사례들이 왜 이상
하거나 의심쩍은지를 파악함으로써, 그 개념을 규정하는 핵심적 기준들
을 파악하는 것이다. 예를 들어, '벌'의 개념을 분석할 때, '전깃줄을 만
지면 위험하다는 말을 들은 적이 있는 아이가 그것을 만지작거리다가 감
전을 당한 경우'를 들 수 있다.

⑦ 가상 사례 찾기Invented cases: 일상적인 경험의 범주를 벗어난 상황을
설정해 보는 것이다. 이는 어떤 개념을 명백하게 밝혀 줄 수 있는 다양한
사례들을 일상적 경험 속에서 충분히 끌어낼 수 없다는 사실에서 비롯된
다. 예를 들어, '인간'의 개념을 분석할 때, '수백 마일의 지하세계에서 외
형이 인간과 같고, 지능은 있으되, 예술이나 농담에 대한 감각을 전혀 지
니지 못한 생명체를 발견한 경우' 등을 검토해 보는 것이다.

⑧ 사회적 맥락 검토하기Social context: 일상생활 속의 사고와 대화는 특
정 상황이 가하는 압력을 받으면서 행해진다. 그러므로 개념의 이해에는
상황의 본질에 대한 파악이 중요하다. 모든 진술은 누가, 왜, 언제 등과
같은 요소에 역점을 두어 고려해 볼 필요가 있다. 예를 들어, '사람은 자
신의 행위에 책임을 져야 하는가?'에서 책임의 개념을 분석한다고 해보
자. 여기서 책임의 개념을 이해하기 위해서는 누가 어떤 의도로 책임이
라는 말을 사용하는지 물어보는 것이 필요하다.

⑨ 이면의 불안감 검토하기Underlying anxiety: 개념적이거나 철학적인 질
문은 잠재적 불안감에서 제기되는 경우가 많다. 그래서 화자의 기분이나

감정을 고려하는 것 역시 중요하다. 예를 들어, '우리는 정말 자유로운 가?' 라는 문제에 답한다고 해보자. 이것은 현대 심리학이 인간 행동에 대해 많은 사실들을 밝혀냄으로써 모든 행동이 심리적 요인에 의해 결정되는 것이 아닐까 하는 불안감에서 비롯된다. 자유라는 개념을 이해하기 위해서는 그 기저에 깔려 있는 불안감에 대해서도 주목해야 한다.

⑩ 현실적 결과 검토하기Practical results: 개념적 질문에 대한 이유나 목적을 정확하게 알아내는 방법으로는, 질문에 대해 '그렇다'고 답을 하거나 '그렇지 않다'고 답을 하는 경우에 일상생활에서 현실적으로 어떠한 결과를 초래하게 될지 따져 보는 것이다. 질문에 대해 '그렇다'거나 '그렇지 않다'고 대답했을 경우에 초래될 현실적인 결과를 합리적이고도 현실적으로 생각해 보면, 질문자가 실제로는 어떤 개념에 대해 우려하고 있는 바를 파악할 수 있다.

⑪ 언어적 결과 검토하기Results in language: 단어의 의미를 결정한다든지 개념의 범주를 설정하는 데 있어서 '언어적 결과'를 고려하여 유용한 판단 기준을 선택한다. 예를 들어, 민주주의를 '국민이 정부에 대해 충분히 통제를 가할 수 있는 나라'라고 한다면 지나치게 제한적 의미가 되어 어떤 정치 체제에도 '민주주의'라는 단어를 쓸 수 없게 된다. 단어의 의미를 선택하여 결정한다든가 개념의 범주를 설정하는 데 있어 언어 차원의 결과를 예측하여 가장 유용한 기준을 선택해야 한다.

이상에서 제시된 개념 분석법의 기술들에서 ①은 복합적 질문에서 분석할 개념을 식별하는 것이다. 그리고 ②~⑦은 다양한 사례를 통해 개념을 이해하는 것이다. 그리고 ⑧~⑩은 개념적 질문이 제기되는 사회적, 심리적, 현실적 맥락을 검토하는 것이다. 그리고 ⑪은 개념의 범위가 타당한지를 검토하는 것이다. 따라서 개념 분석의 기술을 크게 구분하면, 분석할 개념 찾기(①), 사례를 통한 개념의 이해(②, ③, ④, ⑤, ⑥, ⑦), 개념 사용과 관련된 맥락 고려(⑧, ⑨, ⑩), 설정된 개념의 타당성 검토

(⑪)로 구분할 수 있다. 이렇게 구분하여 보면, 개념 분석의 기술은 주로 사례를 통한 개념의 분석 방법이 중심이 된다. 김봉주에 의하면, 개념은 다양한 사물에서 그 공통된 성질에 의하여 하나의 통일된 생각으로 결합시킨 관념, 즉 개별적 표상에서 공통된 속성을 추상하여 집합시킨 하나의 심적 통일체이다. 하나의 개념에는 대상들과 속성들이 있다. 전자를 개념의 외연이라 하고, 후자를 개념의 내포라고 한다. 그래서 개념의 분석에는 외연의 분석과 내포의 분석이 있다. 개념의 외연 분석은 대상물들이 무엇이며, 얼마나 되는가, 그 한계는 어디까지인가를 알아보는 것이다. 개념의 내포 분석은 어떤 개념이 가지는 내포의 징표가 어떠한 것들이며, 얼마나 되는가, 그 성질은 어떤가 등을 알아보는 것이다.[9] 이러한 설명에 근거할 때, 개념 분석법은 주로 사례를 중심으로 이루어진다는 점에서 외연의 분석을 통한 접근으로 볼 수 있다. 도덕과 수업에서 이를 적용한다면, 추상적인 도덕적 개념을 사례 중심으로 분석하여 의미, 범주, 관점 등을 찾도록 하는 것이다.

개념 분석의 적용: '정직'

초등학교 도덕과 수업에서 이 방법을 적용하기 위해서는 해결해야 할 문제가 있다. 수업의 전략으로 활용되는 절차를 지시하는 이름을 직접적으로 언급하기 어렵다는 점이다. 만약 개념 분석법을 중등학교 이상의 학생을 대상으로 한다면, 개념 분석의 기술을 지칭하는 이름을 그대로 제시하여 사용할 수 있다. 그러나 초등학생의 경우에는 그 이름을 직접적으로 언급한다면, 용어의 난해함으로 인하여 수행해야 할 활동이 전달되지 않을 수도 있다. 따라서 초등학생을 가르치는 교사는 용어를 쉽게 번역하여 초등학생 수준에 맞게 적용해야 한다. 예를 들어, 개념 분석법을 적용할 때, "자, 그러면 우리는 이 개념적 문제와 관련된 이면의 불안감을 검토해 봅시다"라고 한다면, 학생들은 무엇을 해야 할지조차 이해하지 못할 수 있다. 따라서 개념 분석법을 수업에 적용하기 위해서는 각각의 분석의 기술을 초등학생에게 적합한 용어로 번역하여 적용해야 한다. 도덕과 수업에서 개념 분석법을 적용한다면, '분석할 개념 찾기,' '개념 이해를 위한 사례 찾기,' '개념 사용의 맥락 검토,' '설정된 개념의 타당성 검토'의 단계로 적용할 수 있다. 초등학생을 대상으로 한 도덕과 수업을 염두에 둔다면, 이 단계를 '무엇을 알아야 하는가?' '어떤 사례들이 있는가?' '왜 문제가 되었는가?' '알아낸 것이 적절한가?' 라는 용어로 바꿀 수 있다. 그리고 적용의 각 단계에 해당하는 각각의 분석의 기술은 다음과 같은 용어로 바꿀 수 있다.

- 무엇을 알아야 하는가? (분석할 개념 찾기)
  - 먼저 무엇을 알아야 할까요? (개념적 질문 분리하기)
- 어떤 사례들이 있는가? (개념 이해를 위한 사례 찾기)
  - 어디서 찾는 것이 좋을까요? (정답 찾기)
  - 가장 가까운 예들은 무엇일까요? (전형적 사례 찾기)
  - 가장 먼 예들은 무엇일까요? (반대 사례 찾기)
  - 무엇을 더 알아야 할까요? (관련 사례 찾기)
  - 결정하기 어려운 예들은 무엇일까요? (경계 사례 찾기)
  - 실제로 일어나기 힘든 예는 무엇일까요? (가상 사례 찾기)
- 왜 문제가 되었는가? (개념 사용의 맥락 검토)
  - 누가, 언제, 왜 사용하나요? (사회적 맥락 검토하기)
  - 어떤 감정을 가지고 사용할까요? (불안감 검토하기)
  - 그렇게 답하면 무엇이 달라지나요? (현실적 결과 검토하기)
- 알아낸 것은 적절한가? (설정된 개념의 타당성 검토)
  - 그 뜻이 너무 넓거나 좁지 않나요? (언어적 결과 검토하기)

개념 분석의 기술을 초등학교 학생의 수준으로 명명하고, 이를 '정직'과 관련된 수업에 적용하는 방안을 살펴보자.[10] 정직의 개념은 '도덕적 주체로서의 나' 영역의 지도 요소인 '정직한 삶'에서 다루어진다.[11] 이 지도 요소를 수업하기 위해서는 정직의 개념 구조에 대한 교사의 이해가 선행되어야 한다. 플래너건Flanagan에 의하면, 정직(진실을 말하는 것)과 관련하여 1) 진실을 말하는 것이란 무엇인가, 2) 진실을 말해야 하는 상황, 3) 진실을 말하는 방법을 학습할 필요가 있다. 그러나 여러 상황에서 진실 말하기가 요구되는 상황을 구별하는 것도 중요하다. 예를 들어, 1) 직접적으로 진실 말하기를 요청하는 상황, 2) 재치를 요구하는 상황, 3) 허언/선의의 거짓말을 요구하는 상황, 4) 누가 묻는가에 따라서 거짓말/틀린 정보를 요청하는 상황이 있다.[12] 이러한 상황들이 명백한 거짓이 되지 않는 것은 정직의 개념 구조에서 비롯된다. 거짓말 개념의 비결정성을 정리한 존슨을 참조할 때, 정직은 1) 화자가 그 진술이 참이라는 것을 믿으며, 2) 화자는 청자를 속이려고 의도하지 않고, 3) 그 진실이 사실적으로 참이며, 4) 솔직한 정보를 공유함으로써 청자를 도우려 의도하는 것이라고 할 수 있다.[13] 도덕과 수업에서 정직에 대한 개념 분석은 학생들이 최소한 이러한 개념의 특성을 탐구하도록 하기 위한 것이다. 초등학교에서 개념 분석을 적용한 수업안은 다음과 같은 절차로 구안하였다(관련 수업안은 107-112쪽 참조).

- 먼저 무엇을 알아야 할까요?: 학생들이 제시된 도덕적 문제를 결정하기 위해서 분석해야 할 개념을 찾도록 한다. 학습 흥미를 높이기 위하여 도덕적 상황에서 의사 결정을 위해 분석해야 할 개념을 직접 언급하기보다는 판단에 필요한 개념을 스스로 탐구하도록 한다.
- 어디서 찾는 것이 좋을까요?: 정직의 핵심 개념을 찾을 수 있는 좋은 사례, 타당한 상황, 일차적인 사용이 무엇인지 생각해 볼 수 있는 예들을 제시한다. 제시된 예들을 서열화하는 과정에서 정직의 핵심 개념을

찾을 수 있는 감각을 익히도록 한다.

- 가장 가까운 예들은 무엇일까요?: 정직의 개념에 해당하는 전형적인 사례를 예시하고, 이를 바탕으로 다른 전형적 사례들을 찾아보도록 한다. 교사는 자신이 이해한 정직의 개념이 모두 포함되는 사례를 제시하여 학생들이 정직의 개념의 속성을 탐구할 수 있는 기회를 제공한다.

- 가장 먼 예들은 무엇일까요?: 가능한 정직의 개념을 모두 충족하지 못하는 반대 사례를 제시하여 학생들이 정직의 개념을 이해하도록 한다. 이를 위하여 전형적인 거짓말에 해당하는 사례를 선정하고, 이를 통해 정직의 개념을 탐구하도록 한다.

- 무엇을 더 알아야 할까요?: 정직과 관련된 개념이나 예를 검토함으로써 정직의 개념을 탐구하도록 한다. 교사가 정직의 개념과 밀접하게 관련된 개념(진실, 용기, 희생, 배려, 합리적 결정 등)을 염두에 두면서 이를 포함하는 사례를 선정한다.

- 결정하기 어려운 예들은 무엇인가요?: 정직의 개념 구조의 일부만을 충족하는 모호한 사례를 제시하여 정직의 개념을 학생들이 탐구하도록 한다. 이를 위하여 선의의 거짓말, 사회적인 거짓말, 공적인 거짓말, 고자질 등을 염두에 두면서 사례를 제시한다.

- 실제로 일어나기 힘든 예는 무엇일까요?: 실세계에서 발생하기 어렵지만 정직의 개념을 탐구할 수 있는 가상적인 사례를 제시한다. 실세계의 사례와 가상적인 사례를 비교하는 과정에서 학생들이 정직의 개념을 탐구할 수 있는 활동을 제시한다.

- 누가, 언제, 왜 사용하나요?: 정직이라는 개념을 누가, 어떤 상황에서, 왜 사용했는지를 검토하여 정직 개념이 사용되는 사회적 맥락을 탐구하도록 한다. 각각의 상황에서 정직의 사용 의도를 찾을 수 있는 사례를 제시하여 정직의 개념을 이해하도록 한다.

- 어떤 감정을 가지고 사용할까요?: 정직의 개념과 관련된 불안감 등을

포함한 정서적 측면을 검토하도록 한다. 자신의 이익을 추구하지 않을 수 있는지, 혹은 의식하지 못하고 속임을 당할 수 있는지 등과 관련된 심리적 불안감에서 제기된 질문을 통해서 정직의 개념을 탐구하도록 한다.

• 그렇게 답하면 무엇이 달라지나요?: 정직과 관련된 문제의 답에 따라 현실적 결과가 달라질 수 있는 경우와 그렇지 않은 경우를 비교하도록 한다. 답에 따라 결과의 차이가 없는 질문을 통해서 정직의 개념에서 실제로 고려되어야 하는 측면이 무엇인지를 파악하도록 한다.

• 그 뜻이 너무 넓거나 좁지 않나요?: 이상의 과정을 통해서 도출된 정직 개념의 언어적 의미가 타당하게 설정되었는지 검토하도록 한다. 이를 위하여 학생들이 정직의 언어적 의미를 진술하게 하고 그것에 해당하는 사례를 생각하면서 재검토하도록 한다.

요컨대, 도덕과 수업의 궁극적인 목적은 도덕적 상황에서 학생들이 도덕적 행동을 하도록 하는 것이다. 이를 위하여 도덕과 수업에서는 주로 과거나 미래의 도덕적 상황에 대한 도덕적 판단과 반성을 통해 도덕적 실천 성향을 함양하고자 한다. 도덕적 판단과 반성은 '무엇은 옳다(그르다, 좋다, 나쁘다),' '나는(우리는) 무엇을 해야 한다(하지 말아야 한다)' 등의 형식으로 이루어진다. 예를 들어, '정직한 삶'이라는 지도 요소를 수업한다고 해 보자. 이것을 도덕 시간에 다룬다면, '우리는 정직한 삶을 살아야 하는가?' '삶에서 정직이 왜 중요한가?'라는 문제가 다루어진다. 이 문제는 '정직'이라는 개념의 문제와 '그것은 옳은지 혹은 중요한지'라는 가치의 문제로 구성된다. 이 문제를 다루기 위해서는 먼저 '정직'이란 무엇인지에 대한 이해가 선행되어야 한다. 여기서 '무엇은' 혹은 '무엇을'에 해당하는 '정직'의 의미를 명료하게 하지 않는다면 도덕적 판단의 공유나 반성 기준의 설정은 이루어지기 어렵다. 그래서 초등학교 도덕과 수업에서는 추상적

○수업안

♠먼저 무엇을 알아야 할까요?

* 아래의 이야기에서 미영이가 바르게 행동했는지 결정하기 위해서 먼저 무엇을 알아보아야 할까요?

· 나는 쉬는 시간에 우리 반 친구 미영이와 나란히 교실 창가에 서서 운동장을 쳐다보고 있었다. 그때 옆에 있던 미영이가 창밖으로 쓰레기를 버렸다. 마침 화단 옆을 지나가던 다른 반 친구 진수가 그 쓰레기에 맞았다. 화가 난 진수가 교실로 찾아와서 나에게 누가 던졌냐고 물었다. 아마 나와 진수가 작년에 같은 반에서 친하게 지냈기 때문인 것 같다. 나는 미영이와 친하게 지내고 있고 진수와도 친하기 때문에 무척 곤란했다. 그때 마침 수업이 시작되었고 진수는 자기 반으로 돌아갔다. 그 날 저녁 미영이는 이 일을 일기에 적었고, 다음 날 그 일기를 보신 선생님께서 미영이에게 진수를 찾아가 솔직히 말하고 사과하는 것이 좋겠다고 말씀하였다. 미영이는 선생님의 말씀을 따랐다.

♠어디서 찾는 것이 좋을까요?

* 정직의 뜻을 어디서 찾는 것이 가장 적당하다고 생각하는지 순서를 정해 보세요.

· (   ) 일한 만큼 정직하게 돈을 번 사람

· (   ) 슛을 정직하게 한 축구 선수

· (   ) 정직하게 투자한 기업

· (   ) 어머니께 정직하게 말하는 아들

· (   ) 태양과 양분을 받아 정직하게 자란 씨앗

· (　　) 화학조미료를 사용하지 않은 정직한 맛
· (　　) 한 분야를 고집한 정직한 기술

♠ **가장 가까운 예들은 무엇일까요?**

＊다음의 행동처럼 정직에 해당하는 가장 가까운 예들은 무엇일까요?
· 프랑스의 어떤 정치가는 어린 시절 집이 가난하여 포목점에서 일을 하고 있었다. 은행원에게 수금을 하면서 돈을 더 받아 온 것을 알고 돌려주었다. 포목점 주인은 그 일로 그를 해고하였지만, 돈을 돌려받은 은행원이 그에게 일자리를 주었다.
· "피고는 금후에도 조선 독립운동을 할 것인가"라는 재판장의 물음에 대하여 어떤 독립 운동가는 이렇게 말했다. "그렇다. 언제든지 그 마음을 고치지 않을 것이다. 만일 이 몸이 없어지면 정신만이라도 영원히 가지고 있을 것이다."

♠ **가장 먼 예들은 무엇일까요?**

＊'양치기 소년' 처럼 정직과 가장 거리가 먼 예들은 무엇일까요?
· 거짓말쟁이 양치기 소년 이야기는 혼자 양 떼를 돌보는 소년에 관한 이야기입니다. 혼자 양 떼를 돌보던 소년은 너무 심심한 나머지 "늑대가 나타났다"며 장난을 치기 시작합니다. 처음에는 사람들이 깜짝 놀라 달려 왔지만, 속았다는 것을 알고는 화를 내며 돌아갑니다. 이런 일이 여러 번 일어난 후, 진짜 늑대가 나타나 소년이 "늑대가 나타났다"고 소리치지만 아무도 도와주러 오질 않았습니다.

♠무엇을 더 알아야 할까요?

* 아래 이야기에서 군인들의 행동이 잘못된 행동이 아니라면 어떤 마음 때문인가요? 정직과 관련된 마음을 마인드맵으로 만들어 보세요.

·…병사는 도저히 물을 마실 수 없었습니다. 그들 또한 자기와 마찬가지로 목이 탈 것이 분명했기 때문이었습니다. 병사는 수통을 소대장에게 넘겼습니다. 소대장은 수통을 받더니 입에 대고 꿀꺽꿀꺽 소리를 내며 시원스레 마셨습니다. 그리고서 수통을 처음 그 병사에게 돌려주었습니다. 병사는 '이젠 마셔도 되겠지' 하며 물을 마시려다가 수통의 무게를 느껴 보았습니다. 이상했습니다. 물은 조금도 줄지 않았던 것입니다. 그는 금방 소대장의 마음을 짐작했습니다. 그래서 소대장처럼 꿀꺽꿀꺽 소리를 내며 물을 마신 다음 수통을 다른 병사에게 넘겼습니다. 서른 명이 넘는 소대원들이 돌아가며 수통의 물을 꿀꺽꿀꺽 마셨습니다. 그런 다음 마지막으로 수통은 주인인 군종 목사에게로 돌아갔지만 그때까지 수통의 물은 처음 그대로 남아 있었습니다.[14]

♠결정하기 어려운 예들은 무엇인가요?

* 아래의 사례에서 정직한지 아닌지 결정하기 어려운 것이 있나요? 정직과 가장 가까운 예와 정직한지 결정하기 어려운 예에는 어떤 차이가 있나요?

· 할머니께서 편찮으셔서 병원에 가셨다. 진단 결과 치료하기 어려운 병에 걸리셨다. 의사 선생님은 진단 결과를 정직하게 할머니께 말씀하였다. 집으로 돌아오신 할머니는 무척 실망하셨고, 몸이 더 편찮으신 것 같았다.

· 나는 부모님과 TV 토론 프로그램을 보고 있었다. 서로 의견이 다른 자

신의 주장을 굽히지 않고 토론하였다. 그런데 서로 조금은 상대방이 싫을 수도 있었는데, 항상 '존경하는 ○○○ 선생님'이라는 호칭을 붙이며 부드러운 말과 표정으로 토론하는 것이었다. 그런데 토론자 중 한 사람만 정직하게 화난 표정을 지으며 다른 사람을 향해 '당신'이라는 말을 썼다.

· 회사에서 자재 수입 업무를 맡고 계시는 아버지는 요즘 걱정을 많이 하신다. 외국에서 물건을 사오는 비용이 많이 들기 때문이라고 하셨다. 아버지께서는 우리나라의 경제를 담당하는 분께서 우리나라가 가지고 있는 외국돈이 줄어들고 있다고 정직하게 말했기 때문이라고 하셨다.

· 나는 참 이해하기 어려운 일이 있다. 모든 나라들이 외국에서 정보를 수집하기 위해서 정보원을 보내고 있다고 생각한다. 그러나 아무도 어디에 몇 명이나 정보원을 보내고 있는지 정직하게 말하지 않는다.

· 2학기부터 우리 학교에서는 정직한 어린이를 뽑아서 상과 상품을 주고 있다. 그런데 참 이상한 일이다. 우리 반 미영이는 1학기와는 달리 사소한 일까지도 선생님께 말한다.

♠ 실제로 일어나기 힘든 예는 무엇일까요?

* 우리 생활에서 정말로 일어나기 어려운 예 중에서 정직하다고 할 수 있는 것과 없는 것은 무엇인가요?

· 지구에서 멀리 떨어진 어떤 별에는 인간이 아닌 생명체들이 살고 있습니다.

· 그 별에 사는 생명체들은 가슴에 모니터 같은 것이 달려 있습니다. 그래서 자신이 보고 들은 것은 항상 그 모니터에 나타납니다. 그래서 모든 일이 사실 그대로 서로에게 전해집니다.

· 그 별에 사는 생명체들은 자기 이외의 다른 생명체들을 배려하지 않습

니다. 그러나 거짓말을 하면 치명적인 병에 걸립니다. 그래서 자신의 건강을 위해 모든 일을 사실 그대로 전합니다.

· 그 별에 사는 생명체들은 서로를 존중하고 배려합니다. 그러나 기억력이 거의 없습니다. 그래서 아무리 사실을 말하고 싶어도 그렇게 할 수 없어서, 사실과 다르게 서로에게 전달합니다.

♠누가, 언제, 왜 사용하나요?

* 다음의 예들을 주로 누가, 언제, 왜 사용했을까요?
· 법정에서 피고인에게 "정직이 최선의 방책이다"라고 말하는 검사.
· 잘못한 학생에게 "모든 사람을 잠시 속일 수는 있어도, 자신을 항상 속일 수는 없다"고 말하는 선생님.
· 회의에서 "정직을 잃으면 더 이상 잃을 것이 없다"고 말하는 사장님.

♠어떤 감정을 가지고 사용할까요?

* 다음의 질문은 어떤 감정을 가지고 사용했을까요?
· "속일 기회가 없는 사기꾼은 자신을 정직한 사람이라고 생각하지 않을까?"라고 질문하는 사람.
· "학식은 없지만 정직한 사람보다 학식은 있으나 정직하지 못한 사람이 더 위험하지 않을까?"라고 생각하는 사람.

♠그렇게 답하면 무엇이 달라지나요?

* '예'나 '아니오'로 답하면 무엇이 달라지나요? 달라지는 것이 없다면 왜 이 질문을 했을까요?

· "모든 사람이 사실을 알고 싶어 할까?"(예, 아니오)

· "사실을 안다고 행복해질까?" (예, 아니오)

· "아는 것은 힘이고, 모르는 것은 정말 약일까?" (예, 아니오)

· "정직이 최선의 방책일까?" (예, 아니오)

♠그 뜻이 너무 넓거나 좁지 않나요?

* 다음의 보기에서 자신이 정리한 정직의 의미에 포함되는 것은 무엇인가요? 그 뜻이 너무 넓거나 좁다면 어떻게 고쳐야 할까요?

· 항상 사실을 그대로 말한다.

· 자기가 믿고 있는 사실만 말한다.

· 다른 사람에게 미칠 영향을 생각하여 사실을 말한다.

· 내가 처한 상황을 생각하여 사실을 말한다.

· 나에게 미칠 영향을 생각하여 사실을 말한다.

· 대상에 따른 표현 방법을 생각하여 사실을 말한다.

인 도덕적 내용의 이해가 우선적으로 요구된다. 이를 위해 초등학교에서 개념 분석법은 크게 네 단계로 적용할 수 있으며, 각 단계에서 구체적인 활동은 교사가 수업 상황에 따라 선택하여 적용할 수 있다. 어떤 활동을 선택하여 적용하든, 그것은 학생들이 이해할 수 있도록 제시되어야 한다. 특히 개념 분석법을 활용한 도덕과 수업에서 적용이 어려운 사고의 기술은 사회적 맥락 검토하기, 이면의 불안감 검토하기, 현실적 결과의 검토, 언어적 결과 검토하기이다. 이 부분을 어떻게 초등학교 학생들에게 적용할 것인가는 개념 분석의 적용에서 큰 난점 중에 하나이다. 이 부분도 학생들이 이해 가능한 용어로 번역하여 적용하는 방안을 예시하였으나, 개별 교사의 수업에서 수정하고 개선해 적용하기를 기대한다.

5. 가치 명료화와 분석에 근거한 수업

도덕적 개념은 도덕적 가치와 관련되며, 도덕적 가치는 인간의 삶과 관련된다. 인간다운 삶을 위해서는 도덕적 가치가 삶에 영향을 미쳐야 하며, 삶에 영향을 미치기 위해서는 인식 주체 스스로 도덕적 가치를 내면화해야 한다. 이를 위해 도덕과 수업은 가치를 명료하게 인식하여 삶에 반영할 수 있는 능력을 촉진하는 과정으로 구성되어야 한다. 이러한 수업 전개의 토대를 가치 명료화에서 찾을 수 있다.

가치 명료화의 이해

가치 명료화는 래스Raths, 하민Harmin, 사이먼Simon에 의해서 개발된 가치 교육의 이론이다.[1] 가치 명료화에서는 특정 가치의 전달보다는 삶의 경험 속에서 가치를 형성하는 능력을 기르는 데 초점을 맞춘다. 이는 가치가 경험으로부터 형성된다고 보기 때문이다.[2] 경험이 다르면 가치도 다르며, 경험이 변하면 가치도 변한다. 인간과 세계의 관계가 정적이지 않다면 가치도 정적일 수 없다. 그래서 가치 명료화는 이미 수립된 특정한 가치보다는 가치를 형성하는 과정에 더 관심을 둔다. 즉, 가치 명료화

이론은 '가치 형성의 과정'을 중요하게 제시한다. 가치 형성의 과정은 '선택하기,' 선택한 것을 '존중하기,' 그리고 선택한 것을 '행동하기'라는 세 요소로 구성된다. 이 세 요소는 다시 두세 가지의 하위 요소로 구분되므로, 가치 형성의 과정은 다음과 같이 모두 일곱 가지 요소로 구성된다.[3]

- 선택하기: · 자유로이
           · 여러 대안들로부터
           · 각 대안의 결과를 심사숙고한 후에
- 존중하기: · 선택을 소중히 여기고 행복해 하고
           · 선택한 것을 기꺼이 공언하고
- 행동하기: · 선택에 따라 행동을 하고
           · 반복해서 생활양식으로 굳힌다.

　이러한 가치 형성의 과정을 거쳐 획득된 결과가 가치이다. 만약에 가치 형성의 과정에서 요구되는 일곱 가지 요소를 모두 충족하지 못한다면, 그것은 가치values가 아니라 준가치value indicators이다.[4] 가치 명료화에서의 가치 교육은 준가치 혹은 가치문제에 가치 형성의 과정을 적용하여 가치를 형성하도록 도와주는 것이다. 따라서 이 이론은 가치 형성의 과정을 소홀히 하는 전통적 가치 교육을 비판한다. 전통적 가치 교육은 가치를 설득하고 주입했으며, 옳다고 믿는 가치가 아니라 다른 사람의 행동이나 말에 따라 살도록 했다고 간주하기 때문이다.[5] 이에 대한 대안으로 가치 명료화 이론이 제시하는 방법은 대화 전략, 쓰기 전략, 토론 전략, 결과 인식 확대 전략, 그 밖의 열아홉 가지 전략들이다. 대화 전략으로는 명료화 반응이 대표적이다. 쓰기 전략으로는 가치지법, 가치문제에 대한 쓰기 반응, 열거하기, 명료화 확대 진술, 전달문 쓰기, 가치 그림 그리기 등이 제시된다. 토론 전략은 가치지를 작성하고 나서 반성적으로 사고하면서 토론하는 방법이다. 결과 인식 확대 전략은 보다 높은 단계에서 결과를 고려하기 위해 제안된다. 그 밖의 열아홉 가지 전략으로 순서 정하기, 가치 파트너, 의견지, 주간 반응지, 미완성 문장, 기호 붙이기, 시간 일기, 자서전적 질문지, 공개 인터뷰, 의사 결정 인터뷰, 가치 투표, 5분 발언대, 가치 보고서, 행동 과제, 역할 놀이, 조작된 사건, 지그재그 수업, 악마의 변호사, 가치 연속설이 있다.[6] 이러한 방법을 활용하여 학생들 스스로 가치를 형성하고 실행하도록 촉진하는 과정을 제시한 것은 가치 명료화의 장점이다. 그러나 가치 형성의 과정에 대한 강조는 이 이론의 장점이면서 동시에 비판점이 될 수 있다. 콜버그는 이 이론에 대해 유용한 기법을 가지고 있지만 목표를 규정하지 않았으며, 도덕적 가치를 넘어 광범위한 분야를 다루는 심리 교육이 될 수 있다는 점을 지적한다.[7] 한편, 하잔Chazan은 가치 명료화가 가치화에 대한 개인적 접근법의 주요한 대변자이고자 하지만, 실상은 종종 어떤 집단적, 인습적 가치관을 제시하거나 설교하고 있는 셈이라고 주장한다.[8] 가치화 과정에 대해 가치의 종류나 상대주의를 제약하기 어렵다는 비판과 도덕적 인습주의를 벗어나지 못했다는 비판이 공존한다. 이 중 인습적 가치관을 전한다는 비판은 가치 명료화가 전통적인 교육 방법에 비해 상대적으로 개인적 접근법을 강조한다는 측면에서 완화될 수 있다. 개인적 접근법을 강조하는 것은 인습적 가치관의 전달보다는 개인의 가치관 정립을 시도하는 것이기 때문이다. 반면, 가치 명료화에서 가치화 과정을 선호하는 측면은 상대주의를 조장하고 무도덕적 분야로 확대될 수 있다는 비판을 벗어나기 어렵다. 이러한 비판은 합리적인 도덕적 가치 판단을 강조하는 이론과의 결합으로 완화될 수 있으며, 그 토대를 가치 분석 이론에서 찾을 수 있다.

가치 분석의 이해

무도덕적인 관점이나 제약 없는 상대주의를 완화하는 방법은 정당화 가능한 행위 원리를 가능한 객관적 사실에 근거하여 합리적으로 판단하는 것이다. 가치 교육에서 합리성을 강조하는 주요한 접근법으로는 가치 분석value analysis 이론이 있다.[9] 가치 분석에서 사용하는 '가치'라는 용어는 가치 판단value judgement의 맥락에서 사용된다. 가치 판단은 대상을 가치의 측면에서 평가하는 판단이다. 이 판단은 평가 대상, 평가 용어, 평가 척도, 평가 관점으로 이루어진다. 즉, 가치 판단은 평가적 판단이다. 평가적 판단은 평가 대상을 평가 관점에서 평가 용어로 평가 척도를 부여하여 진술한다. 평가적 판단 혹은 진술인 가치 판단은 사실 판단과 구별된다.[10] 사실 판단은 판단자가 사실의 진위 여부를 진술하는 것이라면, 가치 판단은 평가자가 가치 원리를 언명하는 것이다. 이때 가치 판단에 함축된 가치 원리는 지지하는 사실을 평가 용어와 결부시킨다. 사실이 가치 판단과 결부되기 위해서는, 평가 대상과 관련된 사실에 값을 부여하여 가치를 귀속시키는 가치 준거가 필요하다.[11] 따라서 평가 대상과 관련된 사실을 수집하고, 가치 준거에 따라 수집된 사실에 값을 부여하고, 가치 원리가 내재된 평가 용어로 평가 대상을 진술하는 것이 가치 판단이다.

결국 가치 판단은 평가 대상과 가치 용어를 결부하는 것이다. 이 과정을 통해서 이루어진 가치 판단에는 가치 원리가 들어 있다. 따라서 가치 판단이 합리적이기 위해서는 판단의 대상이 분명해야 하고, 그 대상과 관련된 참인 사실들이 광범위하게 수집되어야 하고, 이 판단에 수반된 원리들을 받아들일 수 있어야 한다. 이에 터하여 가치 분석에서는 평가적 결정에서 수행해야 할 전략을 ① 가치문제를 확인하고 명료화하기, ② 알려진 사실들purported facts을 정리하기(수집하고 조직하기), ③ 알려진 사실이 참인지 평가하기, ④ 사실의 관련성relevance을 명료화하기, ⑤ 잠정적 가치 결정하기, ⑥ 결정에 함의된 가치 원리를 검사하기로 제시한다.[12] 여기서 ①, ②, ③은 평가 대상과 관련된 사실 근거와 관련있다. 이는 가치 판단을 합리적으로 하기 위해서는 근거할 사실을 수집해야 하는데, 수집할 사실은 판단 대상과 관련된 참인 사실이어야 하기 때문에 설정된 전략이다. ④는 가치 대상과 가치 준거와 관련된다. 이는 판단 대상과 관련된 사실이 참이라도, 그것은 가치 준거와 타당하게 연관된 사실이어야 하기 때문에 설정된 전략이다. ⑤, ⑥은 가치 결정에 수반된 가치 원리의 정당화와 관련된다. 이는 잠정적 가치 결정에는 가치 원리가 개입되며, 이 가치 원리가 정당한 것이어야 그 결정을 수용할 수 있기 때문에 설정된 전략이다.

가치 판단 이론에서는 합리적이기 위해서 설정된 전략에 근거하여 교수 절차가 제안된다. 그 교수 절차는 '기본 절차' 와 '확대 절차' 로 구분된다. 여기서 기본 절차는 단순 가치 모형에 근거하며,[13] 확대 절차는 확대 가치 모형에 근거한다.[14] 단순 가치 모형은 가치 대상, 가치 용어, 기술description, 준거의 네 요소로 구성된다. 여기서 가치 대상은 평가되고 있는 사물이다. 가치 용어는 가치 판단을 하기 위해 가치 대상에 적용되는 말이다. 기술은 가치 용어에 타당한 가치 대상의 특징에 관한 사실적 진술이다. 준거는 가치 용어가 가치 대상에 적용되는지를 판단하는 데 적용되는 규칙이나 표준이다. 확대 가치 모형은 이 단순 가치 모형을 확대시킨 것이다. 이 모형은 가치 대상, 가치 용어, 기술, 준거 등이 하나 이상인 경우를 나타내는 모형이다.

이 교수 절차는 가치문제에 대해 학생들이 합리적 결정을 하거나, 이를 위해 요구되는 능력을 계발할 수 있도록 하기 위한 것이다. 가치 분석 이론은 이러한 목표와 더불어 가치 갈등의 해결 방법도 제시한다.[15] 가치 갈등은 가치 판단에서의 갈등이다. 가치 판단 간에 갈등이 있다면, 그 원인은 가치 판단의 여섯 가지 과제를 수행하는 방식에 차이가 있기 때문이다. 가치 갈등 해결의 교수 전략은 수행 과제의 차이를 합리적으로 줄이기 위한 것이다. 따라서 가치 분석 이론의 초점은 합리적인 가치 판단과 가치 갈등 해결에 있으며, 이 이론에서 강조하는 합리성은 가치 결정의 상대성을 완화할 수 있는 것이다.

가치 명료화와 분석의 적용: '통일'

도덕적 가치의 내면화를 의도하는 도덕과 수업을 위해 가치 명료화를 적용할 수 있다.[16] 하지만 어떤 이론을 초등학교 수업에 적용하기 위해서는 교사가 그 이론을 이해하여 학생의 수준에 맞게 번역해야 한다. 다행히 가치 명료화 과정은 초등학생들도 어렵지 않게 이해할 수 있는 용어로 제시되어 있다. 초등학교 도덕과 수업을 염두에 두고 일부 용어만 바꾸어 적용할 수 있다.

- 선택하기:
  - 자신의 선택은 무엇인가요? (자유로이)
  - 어떤 선택들이 있나요? (여러 대안들로부터)
  - 결과를 깊이 생각했나요? (각 대안의 결과를 심사숙고한 후에)
- 존중하기:
  - 나에게 소중한 선택인가요? (선택을 소중히 여기고 행복해 하고)
  - 여러 사람에게 말할 수 있나요? (선택한 것을 기꺼이 공언하고)
- 행동하기:
  - 선택을 실천했나요? (선택에 따라 행동을 하고)
  - 자주 실천하나요? (반복해서 생활양식으로 굳힌다)

물론 가치 명료화 하나만을 적용하여 도덕과 수업으로 구성할 수도 있다. 그러나 가치 명료화의 이론이 개인에게 가치를 내면화하는 데 주안점을 둔다는 측면에 주목할 필요가 있다. 이 이론은 가치의 결과를 전달하기보다는 가치가 될 수 있는 과정을 경험하도록 하는 데 초점을 맞춘다. 따라서 이 이론은 가치에 대한 상대주의적 입장을 촉진할 수 있다는 비판을 받는다. 이러한 비판을 염두에 둔다면, 교사는 도덕적 관점에서 상대주의적 입장을 완화할 수 있는 방안을 고민할 것이다. 그 고민을 해결하는 하나의 단초를 가치 분석에서 찾을 수 있다. 가치 분석은 합리적인 가치 판단을 하거나, 그 능력을 기르거나, 갈등을 해소하는 것을 목적으로 하기 때문이다. 가치 판단이 합리적이기 위해서는 가치 대상에 관한 사실과 준거를 연결하여 판단하는 것이 중요하다. 그리고 그 가치 판단에 내재된 가치 원리를 수용할 수 있는지를 검토하는 것이 중요하다. 따라서 합리적인 가치 판단을 위한 가치 분석을 도덕과 수업에 적용하기 위해서는 가치 대상, 가치 대상에 관한 사실들, 각 사실들에 대한 평가, 평가 가치에 따른 판단, 판단에 내재된 원리의 검토라는 특성이 수업에 반영되어야 한다.[17] 이를 도덕과 수업의 장면으로 제시하면, 크게 가치 판단 대상에 관한 사실 수집과 검토, 수집한 각각의 사실에 대한 평가, 사실 평가에 근거한 가치 판단 및 검토로 정리할 수 있다. 초등학교 도덕과 수업을 염두에 둔다면, 다음과 같은 용어로 바꾸어 적용할 수 있다.

- 판단 대상에 관한 사실 수집
  - 무엇을 알아보려고 하나요? (가치 판단 대상과 관점의 명료화)
  - 어떤 사실을 조사하고 정리해야 할까요? (관련 사실의 수집 및 정리)
- 수집한 사실에 대한 평가
  - 사실에 대해서 어떻게 생각하나요? (개별 사실에 대한 평가)
  - 더 중요하게 생각해야 할 것은 무엇인가요? (평가의 우선순위 결정)
  - 더 중요한 생각을 어떻게 실천할까요? (순위별 실현 방안 검토)
- 평가를 반영한 가치 판단
  - 전체적으로 자신의 결정을 받아들일 수 있나요? (가치 판단 및 검토)

· 알게 된 것과 알고 싶은 것은 무엇인가요? (관찰 및 제언)

가치 분석 이론 역시 그 자체만을 도덕과 수업에 적용할 수 있다. 그러나 가치 명료화 이론과 결합하여 적용하면 논리적으로 도덕적 가치의 합리적 내면화를 반영할 수 있다. 이 두 이론을 결합하여 적용할 때, 합리적인 판단을 강조하는 가치 분석은 가치 명료화의 선택하기에 주로 반영할 수 있다. 특히 선택하기에서도 여러 대안들로부터 심사숙고하여 선택하기에 가치 분석을 결합시킬 수 있다. 이러한 생각에 터하여 '통일' 수업을 위해 구성된 수업안은 121-128쪽에 제시되어 있다.

요컨대, 학생들이 스스로 어떤 생각에 도달하지 않았다면, 그것을 말할 수는 있어도 믿기는 어렵다. 그리고 스스로 믿지 않는 것을 느끼고 반응하고 행동하는 것은 더욱 어렵다. 스스로 도달한 생각은 신념을 낳을 수 있고, 신념은 정서와 행위의 연계를 강화할 수 있다. 그러나 합리적으로 믿을 수 없는 것을 느끼는 사람은 맹목적으로 자신의 생각을 주장하는 도덕가가 되기 쉽다. 이러한 측면에서 가치 명료화 이론을 중심으로 가치 분석 이론이 적용된 수업은 합리적인 정서와 행위를 고려하려는 시도가 될 수 있다.

○수업안

♠나 자신의 선택은 무엇인가요?

* 나의 태도는 두 글의 학생과 비교해서 어디쯤에 있나요?

〈글 ①〉

저녁 9시 뉴스 시간, 아나운서의 흥분된 목소리가 온 집안에 울렸습니다. 농사용 한우 500마리를 실은 차량의 행렬이 판문점을 통해 북한으로 가고 있었습니다. 커다란 눈을 끔벅거리며 북한 땅으로 가는 소 떼의 모습을 바라보시던 할아버지께서는 "저 소들이 부럽구나. 소도 내 고향 땅을 밟는데, 나는 고향 땅을 가 볼 수가 없다니…." 하며 눈시울을 붉히셨습니다. 할아버지께서는 6·25 전쟁 때 고향을 떠나 오셨습니다. 잠깐이면 돌아갈 줄 알고, 가족들을 두고 혼자 남쪽으로 내려오셨는데 다시는 못 가는 땅이 된 것입니다. 할아버지께서는 고향이 그리울 때면 "고향이 그리워도 못 가는 신세…"라는 노래를 부르며 눈물을 흘리시곤 합니다. 할아버지의 이런 모습을 볼 때면 내 마음도 이상해집니다. '왜 멀지도 않은 땅을 못 가는 것일까?'

올해, 할아버지께서는 팔순을 맞으셨습니다. 눈도 잘 보이지 않고, 걷기도 불편해서 지팡이에 의지하고 걸으십니다. 통일이 된다고 해도 고향에 가실 수 있을지….

그래도 하루빨리 통일이 되어, 할아버지께서 불편하신 몸으로라도 고향에 가실 수 있었으면 좋겠습니다.

〈글 ②〉

나는 오늘 학교에서 도덕 시간에 '고향으로 가는 소'라는 글을 읽었습니다. 그 글에서는 저녁 9시 뉴스에 남한에서 북한으로 보낸 농사용 한우를 보고 흥분하는 아나운서에 관한 내용이 나옵니다. 그리고 그 뉴스를 보고서 북한의 고향에 가고 싶은 할아버지가 소를 부러워하는 이야기도 나옵니다.

나는 그것이 흥분할 일도, 부러워할 일도 아니라고 생각해요. 그것이 어째서 흥분하거나 부러워해야 할 일인가요? 만약 농사용 한우 500마리를 실은 차량이 판문점을 통해 북한으로 가지 않고, 남한의 가난한 사람들에게 갔다고 생각해 보세요. 그리고 그 할아버지가 잠깐 고향에 다녀오는 것은 몰라도, 북한에서 계속 살고 싶어 하실까요? 나는 그렇지 않을 것이라고 생각해요. 그리고 남한에는 이산가족이 많지 않다고 생각해요.

우리가 북한에 주는 돈을 생각해 보세요. 그 돈으로 빈민을 도울 수 있고, 학교를 지을 수 있고, 복지 시설을 지을 수도 있지요. 자, 내 이야기가 틀렸나요?

하루빨리 통일이 되기 위해서 북한 사람들을 돕는 것보다는 가까이 있는 남한 사람들을 돕는 것이 중요하다고 생각해요.

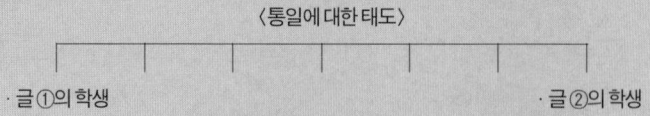

〈통일에 대한 태도〉

· 글 ①의 학생   · 글 ②의 학생

* 내가 그런 태도를 가질 때 생각한 이유와 가장 가까운 것은 무엇일까요?

( ) 어떤 태도를 가져야 혼나지 않을까?

( ) 어떤 태도를 가져야 내가 도움을 받을 수 있을까?

( ) 어떤 태도를 가져야 선생님이 좋아할까?

( ) 어떤 태도를 가져야 한다고 배웠을까?

( ) 어떤 태도를 가져야 더 많은 사람에게 이로울까?

(　) 어떤 태도를 가지는 것이 사람의 도리일까?

♠어떤 선택을 할 수 있었나요?

＊아래의 사진은 우리가 알아보려는 주제와 관련됩니다. 우리는 무엇에 대해서 알아보고 판단하려고 하나요?

> 남북 분단 상황을 나타내는 사진이나 그림
> (예를 들면, 판문점의 모습, 남북 분단 이전의 지도와 이후의 지도 등)

＊주제와 관련된 사실들을 조사하고 표에 정리해 보세요.

관점	관련된 사실들	사실의 분류		사실에 대한 판단
가족과 관련된 사실		좋은 것		
		나쁜 것		
경제와 관련된 사실		좋은 것		
		나쁜 것		
역사와 관련된 사실		좋은 것		
		나쁜 것		
안전과 관련된 사실		좋은 것		
		나쁜 것		
문화와 관련된 사실		좋은 것		
		나쁜 것		
외교와 관련된 사실		좋은 것		
		나쁜 것		
		좋은 것		
		나쁜 것		

＊다음의 예처럼 사실에 대해서 그렇게 생각한 이유는 무엇인가요?

〈예 ①〉

사실: 분단으로 현재 수십만 명의 가족이 오랫동안 만나지 못했다.

판단: 분단은 나쁘다.

이유: 보고 싶어도 만나지 못하는 가족 관계는 나쁘다.

〈예 ②〉

사실: 분단으로 남북한은 올림픽에 두 나라로 출전한다.

판단: 분단은 나쁘지 않다.

이유: 많은 선수들이 올림픽에 참여하는 것은 나쁘지 않다.

사실: 판단: 이유:

* 자신이 다음과 같은 입장이라면 사실에 대한 판단 중에서 무엇을 가장
  중요하게 생각할까요?

하는 일	선택
남한의 기업가	
북한의 기업가	
남한의 소년 소녀 가장	
북한의 소년 소녀 가장	
이산가족이 있는 노인	
탈북자	

♠선택의 결과를 생각했나요?

* 다음의 일이 일어난다면, 어떤 결과가 나타날지 상상해 보세요.

· 휴전선이 사라진다면,

· 북한 어린이가 우리 반에 전학 온다면,

· 남북한 사람들이 마음대로 오고 갈 수 있다면,

· 내가 북한으로 전학 간다면,

· 내가 국제연합 아동기금(유니세프)에서 일하고 있다면,

· 내가 대한적십자사에서 일하고 있다면,

· 내가 탈북자라면,

· 내가 이산가족이라면,

* 자신이 가장 중요하다고 판단한 결과는 무엇인가요?

중요하다고 판단한 것	실천하거나 해결할 수 있는 방안	그 방안이 가질 수 있는 문제점	그 문제점을 해결하는 방안

* 그 결과를 위해 어떻게 실천하거나 해결할 수 있을까요?

* 이 주제에 대한 자신의 결정은 무엇인가요? 그리고 그 결정을 우리 모두가 받아들일 수 있나요?

· 나의 결정:

· 나의 결정의 이유:

· 그 이유에 대해 생각해 보세요.

 - 나의 가치 판단을 받아들일 수 없는 예가 있는가?

 - 나의 판단이 많은 사람들이 소중하게 생각하는 것을 벗어나지 않나요?

 - 내가 다른 사람의 입장이라도 나의 판단을 받아들일 수 있나요?

 - 모든 사람들이 나와 같이 판단하고 행동해도 나의 판단을 받아들일 수 있나요?

♠그 선택이 나에게 소중한가요?

* 통일에 있어서 자신이 가장 중요하게 생각하는 순서는 무엇인가요?

· ( ) 평화

· ( ) 인권

· ( ) 복지

* 통일에 대한 태도에서 나에게 중요한 것은 무엇인가요?

· 통일을 위해 노력해야 할 일을 10가지만 말해 보세요.

· 꼭 그렇게 노력하지 않아도 괜찮은 것에 X표 하시오.

· 꼭 그렇게 노력해야 하는 것 세 가지에 O표 하시오.

* 통일에 대한 태도에서 괴로운 것과 기쁜 것은 무엇인가요?

· 통일에 관한 태도를 결정할 때, 나를 괴롭히는 것은 무엇인가요?

· 나와 통일을 열망하는 사람이 함께 가지고 있는 태도는 무엇인가요?

· 통일에 대해 내 자신에게 조용히 속삭이고 싶은 말은 무엇인가요?

* 우리가 분단 기간을 보낸 방식에 대해서 어떻게 느끼나요?

* 통일에 대한 그림을 그려 보세요.

· 두 개의 그림을 그리시오. 통일을 위해 잘 되고 있는 것과 잘 되기를 원하는 것을 그리도록 합시다.	· 통일에서 결코 포기하지 않는 것을 나타내는 그림을 그리시오.
· 가족 모두가 통일에서 동의하는 가치를 나타내는 그림을 그리시오.	· 자신이 원하는 것은 무엇이든지 획득하고 성공할 수 있다고 상상하고, 통일에서 무엇을 추구할 것인지 그리시오.
· 통일에서 모든 사람이 믿기를 바라고 자신이 깊이 옳다고 믿는 가치를 그리시오.	· 사람들이 통일에 관해서 나에 대해 말할 것이라고 생각되는 단어를 쓰시오.

♠그 선택을 다른 사람에게 말할 수 있나요?

* 통일에 관한 '5분 발언대'를 한다면, 어떤 이야기를 하겠습니까?

(가능한 다음의 내용이 들어가도록 해보세요)

· 통일에 관한 태도에서 친한 친구에게도 말할 수 없었던 것과 이유 · 내가 어른이 된다면 통일에 관한 태도에서 말하고 싶은 것과 방법 · 통일이 되면 자신이 무엇을 하고 있을지에 관한 내용

* 통일에 대한 생각을 전보로 써 보세요.

보내는 사람: 나 받는 사람: 내용: ....   간청합니다. ....

♠선택을 실천하나요?

* 다음 문장을 북한에서 사용하는 말로 어느 정도나 바꿀 수 있나요?

> 나는 동생 분유를 사기 위해서 횡단보도 앞에서 기다리고 있었다. 그때 맞은편에 원피스를 입은 경아가 주스를 먹으며, 투피스를 입은 지우가 젤리를 먹으며 오고 있었다. 갑자기 두 가지를 다 먹고 싶은 나는 얼른 볼펜을 꺼내 손바닥에 '주스와 젤리를 믹서에 갈아 아이스크림 만들기' 라고 적었다.

* 만약 여러분이 통일 문제에서 어떤 것을 변화시키기를 원한다면 어떤 방법으로 할 것입니까? 그 방법들 중 시도해 본 것이 있습니까?

♠여러 번 실천하나요?

* 북한 어린이 돕기 성금 모금에 참여했거나 참여하겠습니까?

* 북한에서 살다가 남한으로 이주한 사람을 만나 보았거나 만나 보고 싶나요?

* 이번 일주일 동안 '북한' 이라는 말을 들어 보았나요?

* 가족과 헤어진 사람을 걱정해 보았거나 도울 수 있다면 참여하겠습니까?

6. 가치 탐구에 근거한 수업

세상 혹은 대상은 사람에 따라 상이하게 보인다. 사람에 따라 관점이 다르기 때문이다. 관점이 다르다고 하는 것은 하나의 관점만이 있다는 의미는 아니다. 상황에 따라 특정한 관점이 은폐되기도 하고 부각되기도 한다. 이 과정에서 개인이 가지고 있는 여러 관점 중에서 특정 관점이 주로 그리고 자주 나타나는 경향이 있다. 예를 들어, 과학자는 세상을 주로 그리고 자주 과학적인 관점으로 이해할 것이다. 그리고 그 과학자가 물리학자라면 주로 물리학의 관점에서 세상을 이해할 것이다. 그렇다고 그 과학자에게 화학이나 생물학적인 관점이 전혀 없는 것은 아니다. 단지 관점의 위계에서 그 관점이 부각될 뿐이다. 이것은 도덕적 관점에서도 마찬가지이다. 특정 상황에서 활성화되거나 부각되는 도덕적 관점이 있다. 이 관점은 사람에 따라 도덕적 문제를 이해할 때 주로 그리고 자주 근거하는 도덕적 가치에 따라 상이하게 나타난다. 도덕적 성장을 위해서는 그 관점에 대한 이해와 반성이 있어야 한다. 도덕적 관점의 이해와 반성을 위해서 자아 가치의 이해를 목적으로 개발된 시몬즈Simons의 '가치 탐구 워크숍Values Exploration Workshop' 은 직접 적용할 수 있는 아이디어이다. 다만 탈맥락적인 관점에서 자아 가치의 이해와 실현을 다루는 '가치 탐구 워크숍' 을 수업에 반영하기 위해서는 교육 과정상의 특정 지도 요소와 관련지어 그 적용 방안을 검토해야 한다.

가치 탐구를 위한 워크숍[1]

시몬즈에 의해서 구안되고 개발된 '가치 탐구 워크숍'은 일곱 개의 절차로 이루어진 가치 탐구를 위한 활동이다.

○제1단계: 자아 가치의 진단

이 단계는 현재 자기 자신은 가치 척도상의 어디에 위치하고 있으며, 앞으로는 어디에 위치하기를 바라는가에 대해 생각할 기회를 제공하는 일종의 자아 가치의 진단 단계이다. 워크숍은 참여자들이 자신의 가치를 진단하는 일로부터 시작된다. 제1단계에서는 16개의 중요한 가치가 제시된다.[2] 참여자는 각각의 가치와 관련해서 현재 자기가 실현하고 있는 가치의 위치 또는 정도와, 앞으로 소망하는 위치 또는 정도를 척도 위에 매긴다. 이 검사는 가치 탐구자valuer로서 자신에 대한 생각의 틀을 제공해 준다. 현재 만족하고 있는 가치는 무엇이며 어떤 것인가를 발견하고 확인시켜 주는 기능을 한다. 제1단계가 끝날 무렵에 참여자들은 다음과 같은 질문에 답한다. '이상의 가치들이 당신의 삶에 적용될 때 당신은 어떤 가치(들)에 가장 만족합니까?' '세 개의 가치를 선택하여 실천할 기회가 주어진다면 당신은 어떤 가치들을 선택하겠습니까?' '제시된 가치 탐구의 견해 가운데 당신이 중요하다고 생각하는 것 중에서 혹시 빠진 것은 없습니까? 있다면, 그것은 무엇이며, 그것이 당신에게 중요한 이유는 무엇입니까?'

○제2단계: 가치 이론의 이해

이 단계는 참여자들의 이해를 돕기 위해 가치의 개념과 이론들을 소개하는 단계이다. 참여자들에게 가치 현상에 대한 이해와 전체 워크숍 활동의 본질을 보다 분명히 이해할 수 있도록 지적 배경을 제공하는 것이 목적이다.

○ 제3단계: 가치의 분류 및 체계 수립

이 단계는 워크숍의 참여자들이 100개의 가치로 구성된 '시몬즈의 가치 검사지 Simmons' Values Survey'[3]에 제시된 가치들을 '지시 분류 forced sort'와 '자유 분류 free sort'에 따라 분류하여 자신의 가치 체계를 수립해 보는 단계이다. '지시 분류'에서는 자신에게 의미 있고 중요한 가치로부터 가장 의미 없고 중요치 않은 가치를 '가치의 집단 분류표'에 분류한다. '자유 분류'에서는 100개의 가치 가운데서 자신에게 의미 없다고 생각되는 가치는 버릴 수도 있고, 의미 있는 다른 가치들이 있다면 보충하여 정상분포 곡선 모양에 관계없이 개인의 독특한 가치 체계를 조직한다.

○ 제4단계: 가치의 실현 및 갈등 화해의 계획

이 단계에서는 자신의 가치를 일상생활에서 행동으로 표현할 것을 요구한다. 또한 가치들 간에 갈등이 있으면 그것을 화해하거나 해결할 것도 요구한다. 이 활동은 가치 실현 Value Actualization과 가치 화해 Value Reconciliation 방법을 중심으로 전개된다. 가치 실현에서는 '가치 검사지'에 나타나 있는 100개의 가치 진술 가운데서 의미 있고 중요하다고 생각하는 정도에 따라 상위 가치 13개를 선정한다. 일상생활에서 이들 가치가 행동에 의해 분명히 그리고 공개적으로 표현되는 정도에 따라 서열을 매긴다. 최하위를 차지하는 세 개의 가치를 향후 일주일에 걸쳐 행동으로 표현할 방법과 계획을 세운다. 가치 갈등 화해의 방법에서는 먼저 '가치 검사지'에서 상위 가치 25개를 선정한다. 그 가치들 중에 상호 갈등을 일으키거나, 일으킬 수 있거나, 상호 불일치한다고 생각되는 두 가치를 찾는다. 그리고 갈등하거나 불일치하는 두 가치가 서로 다른 점 또는 갈등하는 점을 기록하고, 그 가치들을 함께 표현할 수 있는 행동 방식을 개발한다.

○제5단계: 다른 사람의 가치에 친숙하기

이 단계는 '가치 게임Val-You Game'으로 이루어진다. 이 게임은 워크숍 참여자들에게 일상생활의 배후에 있는 가치를 확인하고 사회적으로 논란이 되는 문제를 해결하는 근본 원리에 대해 이야기할 기회를 주는 것이 목적이다. 이 게임은 소집단을 구성하여 서로가 자신의 가치를 공개적으로 말하고, 일상생활의 활동이 가치에 기초하고 있는 방식과 갈등 및 위기 등을 극복하는 데 있어서 가치가 어떻게 활용되는가를 탐구할 수 있도록 구안되었다. '가치 게임'을 위해서 게임판[4]과 '대화 토픽 카드'[5]를 준비한다. 그리고 게임이 끝난 후에 참여자들은 '나는 정말로 나의 감정과 의견을 참되게 표현했는가?' '나는 나 자신을 분명하게 표현했는가?' '다른 놀이자들이 나의 가치에 대해 정확하게 지각하고 있는가?' '나는 내가 표현한 가치들을 정말이지 소중히 여기고 자랑하는가?' 등을 중심으로 자아 평가를 해보도록 한다.

○제6단계: 가치의 상호 의사소통

이 단계에서는 서로의 가치를 알 수 있도록 두 사람이 직접 대담한다. 파트너와의 대담에서는 '어떤 사람이 당신에게 당신의 인생에서 정말로 소중한 것이 무엇이냐고, 당신이 정말로 자랑하고 소중히 여기는 것이 무엇이냐고 물으면, 당신은 그에게 무엇을 말할 수 있는가?' '당신은 일상생활을 통해 어떤 가치를 가장 자주 보여 주는가? 그것이 당신이 가장 마음에 새기고 소중히 여기는 가치인가?' '당신은 일상생활에서 표현하거나 실현하기 어려운 어떤 가치를 가지고 있는가? 있다면, 그 이유는 무엇인가?' 등과 같은 질문을 하고 이에 답한다. 이 과정에서 참여자들은 서로의 의견과 생각을 교환하고 가치 갈등을 확인하면서 보다 정확하게 서로의 가치를 배울 수 있다. 그리고 파트너로부터 얻은 자신에 대한 정보를 참고하여 자신의 가치와 조화되는 행동 방식을 선택할 수 있다. 대담이 끝난 후, '파트너의 중요한 가치일 것이라고 믿고 있는 것,' '파트너의 가치는 그에 의해 얼마나 잘 숙고된 것인가,' '파트너가 그의 가치들을 하나의 체계로 수립했는지, 아니면 조직하지 못 했는지,' '파트너의 가치가 행동으로 표현되는지' 등에 대한 의견과 생각을 상호 교환한다.

○제7단계: 정리 및 함께 하기

이 단계에서는 아직도 알고 싶은 것이 있으면 그것을 명료화하는 기회를 제공한다. 이를 위해 참여자들은 가치의 본질에 대해 자신이 갖게 된 결론(들), 자신의 가치에 대한 결론(들), 가치 및 가치 탐구에 대한 의문이나 문제를 기술한다. 그리고 이에 대한 일반적 결론, 개인적 결론, 그리고 문제가 되는 것에 대해 함께 이야기를 나눠 본다.

가치 탐구의 적용: 북한 동포 및 새터민의 이해

가치 탐구 이론을 도덕과 수업에 적용할 때, 도덕과 수업이 교육 과정의 지도 요소를 중심으로 수행된다는 점을 고려해야 한다. 만약 재량 활동 시간에 '나의 가치관'이라는 주제로 수업을 한다면, 이 프로그램 자체를 적용할 수 있다. 그러나 특정 지도 요소를 중심으로 이루어지는 도덕과 수업에서는 그 지도 요소에 이 프로그램을 적용하는 방안이 모색되어야 한다. 이를 염두에 두면서 예시적으로 '북한 동포 및 새터민의 삶의 이해'에 적용해 보자.

이 요소는 우리 민족의 통일은 남북한 주민들의 사회적, 정서적 통합에 의해 완성될 수 있음을 알고, 북한 동포에 대한 올바른 이해를 바탕으로 북한 동포와 교류 · 협력해 나가려는 태도를 지니기 위한 것이다. 이를 위해 북한 동포나 새터민에 대해 가지고 있는 오해나 편견이 무엇인지를 분석하고, 북한 동포와 실질적인 교류와 협력을 이루는 방법과 새 터민이 우리 사회에서 잘 적응할 수 있도록 돕는 방법을 찾아본다.[6] 이 지도 요소를 다루는 데 있어서 먼저 고려해야 할 것은 학생들의 구체적 인 경험이다. 초등학생들이 북한 동포에 대한 이해, 협력, 오해나 편견의 해소를 구체적으로 경험할 수 있는 실제 대상은 남한에 거주하는 북한 이탈 학생이다.[7] 따라서 학생들의 경험과 밀접하게 관련된 수업의 구성 을 위해서는 소위 새터민 학생이라 불리는 북한 이탈 학생을 중심으로 수업을 전개할 필요가 있다.

초등학생들은 생활 속에서 북한 이탈 학생을 직간접적으로 경험할 수 있다. 최근 북한 이탈 주민의 증가와 인구 사회학적 특성의 변화 등으로 일반 학교에 재학 중인 북한 이탈 학생의 수가 점차 증가하고 있기 때문 이다. 1990년대 초반까지는 매년 10명 내외에 불과했으나, 1999년 이후 꾸준히 증가해 오다가 2002년부터 매년 1,000명을 초과하여 2005년에는 1,384명, 2006년에는 2,019명으로 전년 대비 45.9%의 증가율을 보였다. 2007년 5월에 1만 명을 넘어, 2009년 6월 현재 1만 6,500여 명의 북한 이 탈 주민이 남한에 입국하였다. 이처럼 북한 이탈 주민의 양적 증가와 함 께 이들의 인구 사회학적 특성도 변화하고 있다. 1990년대 이전에는 30- 50대, 남자, 군인, 유학생, 단독, 휴전선이나 동유럽 등을 통한 입국이 많 았으나, 1990년대 말부터는 전 연령층에 고루 걸쳐 있고 직종과 신분이 다양하며, 주로 중국을 거쳐 입국하는 경우가 많다. 또 입국 인원 중 여 성의 비율은 1995년 이전에는 7.6%에 불과하였으나, 이후 급증 추세를 보여 2006년부터는 70-80%가 여성이다. 특히 가족 단위 입국자가 전체 입국자의 약 50% 선을 차지하고 있는데, 이는 먼저 남한에 입국한 가족 이 북한이나 중국에 있는 다른 가족을 데리고 오는 경우가 늘어나고 있 기 때문이다. 가족 단위 입국이 증가하면서 북한 이탈 아동 · 청소년의 입국 비율도 점차 증가하고 있다.[8] 북한 이탈 학생 수가 증가함에 따라 이 학생들이 남한 학교에 안정적으로 적응하는 문제가 대두되고 있다.

이 학생들은 하나원(북한 이탈 주민 지원 사무소) 근처의 삼죽초등학교에서 교육 받은 후 거주지 인근의 일반 학교에 전입하게 된다. 남한에서 초등학생들이 실제적으로 교류하고, 협력하고, 편견을 해소할 수 있는 대상은 바로 생활 속에서 직간접적으로 조우하게 되는 북한 이탈 학생들이다. 따라서 도덕과 수업에서는 북한 이탈 학생들이 남한 학교에서 직면하는 차이와 그리고 이를 극복하고 학교에 적응할 수 있도록 돕는 남한 학생들의 인식과 태도를 중심으로 하여 이 지도 요소를 구체화할 필요가 있다.

도덕과 수업에서 북한 이탈 학생과의 조화로운 생활을 중심으로 이 지도 요소를 구성하기 위해서는 먼저 북한 이탈 학생이 남한 학교에 전입한 후의 경험들이 고려되어야 한다. 북한 이탈 학생들은 거주지 인근의 일반 학교에 전입하면서부터 자신과 공유하는 경험이 적은 남한 학생들과 생활하게 된다. 북한 이탈 학생의 다름이 남한 학생들에게는 관심을 낳을 수도 있지만, 북한 이탈 학생에게는 소외로 이어질 수도 있다. 따라서 북한 이탈 학생을 돕는 방법을 찾고 실천하기 위해서는 그들이 경험하는 차이를 먼저 이해할 필요가 있다. 북한 이탈 학생과의 면담 자료에서 그 차이를 몇 가지로 대별할 수 있다.[9]

첫째, 가치관의 차이이다.

한국 친구들은 찾아도 잘 도움을 안 주더라고요. 말로는 도와주겠다, 도와주겠다 하지만, 솔직히 실제로는 뒤돌아서면 끝인 거예요. 근데 여기는 시장경제에서 막 시달리다보니까 사시는 게 바쁘다 보니까 그런 건 줄은 모르겠지만, 너무 자기 개인적이고 가족 간에서도 그게 심각한 거예요, 문제가. 사실 솔직히 보면 여기 오니깐 막 이웃 간에도 막 오가는 게 없고, 정이… 근데 여기는 뭐 이사 가도 몇 십 년을 살아도 옆집에 누가 사나 관심도 없고, 참… 그게 너무 솔직히 마음에 안 들어요. 막 친하

게 이렇게 지내고파도… 학교 가도 여기 애들은 조용하게 자기 공부하다
가 졸업하는 학생도 있고, 동아리활동만 하다가 가는 애들도 있고, 너무
이런 거예요.

둘째, 학력의 차이이다.

전 학교에 처음에 딱 들어갔는데요. 다른 건 괜찮은데 기본과목, 국·
영·수… 국어는 좋아하니까 괜찮은데, 그것도 잘하는 건 아니고, 그래
도 어느 정도는 됐어요. 근데 수학, 영어, 과학 이건 진짜로… 특히 수학
은 수업을 못 알아듣겠는 거예요. 용어는 하나원에서 배웠으니까 그건
상관없는데, 과학 같은 건 영어도 그렇고 그래서 난 어렵더라고요. 나는
학교를 학원처럼 생각한 거예요. 다니다보면 나아지겠지. 이렇게 생각한
거예요. 근데 고등학교는 한 번 놓치면 못 따라간다는 걸 몰랐거든요. 처
음에 한 2학기 중간고사 볼 때는요 정말 내가 열심히 해봤자 성적 올라봤
자 정말 조금밖에 안 오르더라고요. 정말 조금밖에 안 오르더라고요. 기
본 과목이. 절망에 빠졌어요.

셋째, 신체와 나이의 차이이다.

제가, 다른 사람들하고 비교해 볼 때 물질적인 것이나 머리에 든 거 같은
것도, 신체 체격 같은 것도 있고 아이들 다 키가 무척 크잖아요. 제가 작
을 때 보면 왜소하다고 느끼기도 하고 그건 부인할 수 없는 사실이거든
요. 제가 고1 치고도 작은 신체잖아요. 제가 반에서 번호가 6번이거든요.
40번까지 있는데. 특히 저보다는 주위에서 많이 그러는 거예요 진짜. 저
같은 경우는 타고난 걸 어쩌겠냐 이런 생각을 하는데, 주위에서 너 왜 이
렇게 작냐, 농구 같은 거 할 때 보면 진짜 농구는 키가 커야 하잖아요. 그
래서 제가 농구를 안 하고 축구를 하는 거예요. 날래기에 할 수 있는 거

니까 축구를 훨씬 좋아하고 그런 데 영향을 주는 거고.

넷째, 학교 문화의 차이이다.

솔직히 (남한 학교에) 다니면서 이게 학교인가라는 생각도 많이 했어요. 돈 때문에 다니는 게 학교더라고요. 교사들을 위해서. 아~ 교육자의 입장에서 저러는 건 아닌데. 진짜 막 때려주고 싶은 교사도 있었어요. 교사로서 저렇게 자기 인생철학을 가르쳐 주는 분들이 자기 월급 타먹기 위해서 일하고. 그게 북한이랑 차이점이에요. 북한은 사람을 엄청 중요시해요. 김정일만 빼고. 김정일은 사람 중요시 안 하는데 그 밑에 있는 사람들은, 교사들은 특히 (중요시해요). 저도 그래서 북한의 담임선생님 엄청 존경하고요. 어머니 다음으로.

다섯째, 언어의 차이이다.

저는 일반학교에 다닌 적이 있어요. 아주 엉망이었어요. 말이 안 통하는 거예요. 제가 처음에 나왔으니까, 애들이 못 알아들으니까 말을 많이 못하겠어요. 그러니까 말을 많이 안 했고, 억양이나 단어, 여기서 쓰는 거랑 틀려요. 그런데 틀려가지고 대화를 되게 안 했어요. 그리고 그 애들이 말하는 것도 못 알아듣겠어요. 이제 (다시) 학교 가기 시작하면은 고생이 시작이에요.

여섯째, 성장 환경의 차이이다.

안 그래도 한국 사회를 모르는데, 그 상황에서 한국 사회에 끼어들려고 하면 되게 암담한 거예요. 기초가 하나도 없는 상황에서 붕 뜨는 것 같고 되게 어려울 것 같고 그래서 일단 배워야겠다. 그래서 저는 공부하고 싶었어요. 솔직히 항상 막 공부할 나이에 다른 애들이 책가방 매고 노래 부르면서 학교 가는데 저는 지게 지고 산으로 나무하러 가고 그랬으니까 그걸 원망했던 거예요. 그래서 공부해야겠다.

북한 이탈 학생 혹은 그 학생을 보호하는 학부모가 일반 학교에서 경험하는 차이는 북한 이탈 학생을 지도하는 교원들과의 면담을 통해서도 확인할 수 있다.

학부모들이 가정통신문을 보았을 때 글씨를 읽을 수는 있다고 하나 의미를 이해하는 데 어려움을 느끼고 있을 뿐 아니라 어려운 가정환경으로 인해 학교와의 교류가 어려워요… 북한 가정은 가부장적 사회로 아빠가 가장으로서 갖는 권위는 절대적입니다. 하지만 남한에 와서 적응하는 과정에서 남편은 가장의 권위를 유지하고자 하고, 엄마는 남한의 가정을 보면서 이를 따르려고 합니다… 수련회 갈 때, 대부분 지원해 주고 교통비 정도만 부담하라고 하는데, 왜 돈을 내라고 하는지 이해하지 못하고 담임에게 경찰에 신고하겠다는 경우도 있지요. 학생의 학습 성취도가 낮은 경우 학교에서 나머지 공부를 시키지 않느냐고 항의 전화를 한 일도 있어요. 북한에서는 그날의 과제를 마칠 때까지 하교시키지 않는다고 합니다. 예를 들어 그날 외워야 할 구구단을 다 외울 때까지 학교에 머물러 있다고 합니다.[10]

북한에서 왔다는 것을 말하면 안 되는 것을 저는 알지 못했어요. 북한에서 왔다는 것을 숨기고 싶어 하더라고요. 도덕책에 북한이 나오는데, 내가 우리 반 새터민 아이에게 이야기를 했어요. 거기에 대해서 얘기해 보라고. 그런데 그 다음날 엄마 아빠가 왔어요. 내가 2명을 가르쳤는데, 한 애는 북한에서 온 것을 창피하게 생각 안 하고 굉장히 떳떳하게 얘기해요. 아무렇지도 않게 밝혀요. 그런데 얘는 굉장히 숨기는 것이 많아요.

자존심이 세다고 해야 할까. 자기는 중국에서 살다 왔다고. 부모들이 와서 막 야단을 치는 거예요. 북한에서 왔다는 것을 정정해서 중국에서 왔다고 해달라는 거예요. 그것을 가지고 왕따를 시킨다는 거지요. 마이너스가 된다는 거지요. 그 다음 날 애들 앞에서 북한 얘기하다가 애는 북한이 아니라 중국에서 왔다고. 내가 잘못 알았다고… ○○이란 애는 1학년 때는 막 엄마가 학교에 다녔대요. 신발 잃어버리면 신발 찾아달라고도 하고. 북한에서는 자기 것을 잃어버리면 선생님이 꼭 찾아줘야 하나 봐요. 선생님이 대우를 굉장히 해라. 어느 정도 해주라는 식으로 그런 것도 안 해주느냐. 선생님들하고 티격태격 했나 봐요… 국어를 너무 못해요. 수학은 따라 하더라고요. 받침이 있는 것을 잘 못 읽고, 쓰기는 좀 받아쓰는데. 아예 ○○이라는 애는 스스로 노력하지 않아요. 머리가 나쁜 애는 아니거든요. △△는 노력은 해도 아직은 국어 같은 게 부족해요. 수학 같은 것은 보통 이상은 되는데. 영어는 잘은 못하지만 영어보다는 국어 쪽으로 부족해요. 영어 학원도 다니는 것 같아요. 영어는 중간정도는 대충 따라 잡는 것 같긴 한데. 국어, 사회 같은 것에서 그런 것을 느꼈어요. 좀 문화적인 측면에서 했어야 되지 않나. 일반 부진아 애들하고 똑같이, 국어가 부진하면 독서를 해야겠다. 독서 쪽으로 많이 했어요. 그 속에서도 문화적인 것을 많이 접할 수 있겠지요. △△란 애는 책을 많이 접하니까 하면 잘해요.[11]

2학년 학기 초에 김철수(가명)의 학력은 너무 저조하여 반 아이들과 같이 공부하는 게 어려울 정도였다. 5학년에 다녀야 할 나이였지만 북한에서 교육을 제대로 받지 못하였으며, 쫓겨 다니고 숨어 다닌 기간 동안에 공부를 제대로 하지 못했기 때문이었다. 수업시간에는 정해진 시간 안에 해야 할 학습내용을 잘 소화해 내지 못했으며, 그렇다고 담임의 개별적인 지도가 체계적으로 이루어질 상황도 아니었다. 그래서 특수반에 편성하여 국어와 수학 과목에 대한 개별 · 특별 지도를 받도록 어머니께 권유하여 승낙을 얻었으며, 시험을 쳐본 결과 기초학력 극미달로 특수반 입급으로 판정을 받게 되었다. 그래서 4월부터는 국어와 수학 시간은 특수반에 가서 특수반 선생님과 함께 개별학습을 받게 되었다… 그러나 얼마 되지 않아서 어머니의 울음 섞인 항의 전화가 걸려왔다. 철수가 북한에서 영양실조로 몇 번 죽을 고비를 넘겼고, 다시 죽음을 무릅쓰고 남한에 내려와서 이제 좀 발붙이고 살아보려고 하는데 벌써부터 '특수반 학생이라는 낙인'을 찍는 게 말이 되느냐는 것이었다. 자기 아이가 특수반에 다닌다는 얘기를 우연히 했다가 누군가에게서 무슨 좋지 않은 말을 들었던 것이었다. 전화 내용은 학교와 담임에 대한 불신이 팽배한 언사들로 가득했다.[12]

북한에서는 남성들의 우월주의가 조선시대의 경우보다 더 심할 정도라고 한다. 그래서 남학생들의 경우에는 아버지의 영향을 받아서 여학생들보다 자신이 높은 위치에 있다고 생각하면서 친구들에게 시키는 경우가 가끔씩 있었습니다.[13]

교과교육이 떨어지거든요. 그래도 나이에 맞게 편입은 시켜 주거든요. 교과교육이 정상인 애들이 없고, 실제로 그 학년에 맞는 교과교육이 제대로 된 애들이 없는 상황이에요. 기초학습 미달이에요.[14]

어린이들이 일반 학교에 가면 이런 생각을 가지고 있는 거예요. 내가 북한에서 왔다고 하면 안 좋다. 그러니까 그걸 숨기는 어린이가 있어요. 어떤 어린이는 나는 북한에서 왔다고 자신 있게 말하는 어린이가 있어요. 그렇기 때문에 거기에 맞는 지도를 해줘야 돼요… 일반적으로 생각할 적에 그 어린이들을 너무 일찍 공개를 하면 어린이들이 마음의 상처를 받을 우려가 있어요. 그 어린이들은 죽음의 길을 넘어온 애들이지요. 목숨을 걸고 넘어온 애들이에요. 중국, 베트남, 태국 이런 데서 소위 떠돌이 생활을 하다가 운 좋게 오고 있거든요. 그래서 학력이 낮고, 걔들은 속된 말로 싸우면 지독하게 싸워요. 죽을 둥 살 둥 싸워요. 대개 나이가 더 먹었거든요. 작고 그래도 나이는 더 먹었어요. 어린이들이 제가 볼 적에는 만약 공개를 해서 놀린다든지 하면 그냥 안 둔단 말이지. 싸우면 말썽이 생긴단 말이지. 그래서 공개 문제는 나 공개해도 괜찮다고 얘기하는 어린이라면 공개해도 괜찮지만, 그렇지 않다면 초등학교에서는 완전 적응도 안 되고, 여기 어린이들이 깔본단 말이지. 공개보다는 초등학교에서는 공개하고 싶다면 공개하지만 그렇지 않다면 안 하는 것이 교육적 지도를 위해서 좋지 않을까 하는 그런 생각을 가지고 있어요.[15]

다문화 가정은 얼굴에 탁 나타나잖아요… 부모 중에 한국인 부모가 있잖아요. 똑같은 한국인이지만 북한에서 와서 못살고 공부도 못하고 그러니까 깔볼 수밖에 없잖아요. 그런데 이 어린이들은 생사를 넘나들며 온 애들이란 말이지. 다문화 어린이들도 문제는 많아요. 문제는 많지만 다문화는 매스컴도 많아요… 선생님들도 접해 본 적 없고, 이게 굉장히 어려움이 있어요. 다문화보다 더 어려움이 많아요… 다문화는 거의 얼굴에 나타나. 월남서 결혼해서 온 애들은 오히려 처음서부터 공부를 하니까 저기가 없는데 애들은 중간에 들어오니까… 체험학습 위주로 하는 것이 어린이들에게 가장 저기 했었어요. 어린이들을 직접 데리고 가서 물건을 사본다든지, 서울의 전철을 돈 내고 타본다든지, 어디서 내리고, 우리나라가 복잡한 것을 알 수 있고… 사회에 나와서 적응할 수 있도록 사회 적응 시간을 만들어가지고 특별시간을 만들어 뭐 전철도 타보고, 돈도 얼마씩 주고 물건도 사보고, 면사무소나 시청 도서관 공공기관을 돌아가며 하기 때문에, 일반학교 학생들하고 공부가 안 됩니다. 몇 시간은 일반학교 학생들하고 하고 몇 시간은 특별교육을 시키고…[16]

일반 아이와 어울리는 문제점이 있다든지, 학력은 낮고 심리적인 나이는 많아서. 모르시는 선생님이 보기에는 공부도 못하면서 나이가 많은 척 한다. 선생님도 중요한 존재로 생각하지 않거나 선생님보다 더 많은 것을 겪었다고 생각해요.[17]

북한 이탈 학생들이 거주지의 일반 학교에서 직면하는 차이가 소외로 이어지지 않도록 남한 학생들이 도울 수 있게 하기 위해서는 먼저 그들이 경험하는 차이를 이해할 필요가 있다. 북한 이탈 학생들은 이주 과정, 남한 사회와의 차이, 차별적 시선 등 특유한 경험을 가지고 있다. 남한 학생들이 이를 이해하지 못한다면 편견을 극복하기 어렵기 때문이다. 그리고 그 이해에 터하여 북한 이탈 학생들을 돕고 진심으로 배려하는 방식을 고려해야 한다. 남한 학생들이 북한 이탈 학생들의 경험을 이해하면서 동시에 그들의 자존심을 해치지 않는 방식으로 돕고 협력하는 합당한 방안을 찾고 실천해야 하기 때문이다. 이를 고려하여 지도 요소를 수업으로 구성할 때, 북한 이탈 학생의 특별한 경험의 이해, 그리고 북한 이탈 학생들이 함께 생활하는 친구가 되기 위해서 필요한 남한 학생들의 역할 인식이 주로 고려되어야 한다. 북한 이탈 학생의 이해 및 그들을 위한 역할의 이해를 위해 '가치 탐구 워크숍'을 적용하여 도덕과 수업을 구성할 때, 학생들이 이해하기 쉬운 용어로 각 단계를 제시할 수 있다(이에 근거한 수업안은 143-149쪽을 참조).

• 현재 나의 상태는 어떤가요? (제1단계: 자아 가치의 진단)
• 나는 그것에 대해 얼마나 알고 있나요? (제2단계: 가치 이론의 이해)
• 그것은 나에게 어느 정도로 중요한가요? (제3단계: 가치의 분류 및 체계 수립)
• 중요한 것을 어떻게 실현할까요? (제4단계: 가치의 실현 및 갈등 화해의 계획)
• 다른 사람의 생각을 알아볼까요? (제5단계: 다른 사람의 가치에 친숙하기)

○수업안

♠제1단계. 북한 이탈 학생 이해에 대한 진단: 현재 나의 상태는 어떤가요?

북한 이탈 학생에 대한 이해가 어디에 위치하고 있으며, 앞으로는 어디에 위치하기를 바라는가에 대해 생각할 기회를 제공하는 일종의 진단 단계이다. 현재 자신의 이해 정도와 앞으로 소망하는 이해 정도를 표시한다. 이를 통해 충족된 지식과 부족한 지식을 확인한다. 이 단계를 마친 후 현재 충족된 부분과 부족하지만 충족하기를 원하는 지식에 관해 이야기한다.

* 현재 나의 상태를 표시해 보세요.
· 당신은 북한 이탈 주민이 탈북 하는 이유에 대해서 어느 정도 알고 있습니까?

충분히 알고 있다.

5	4	3	2	1

전혀 모르고 있다.

· 당신은 북한 이탈 학생이 탈북 후 경험하는 일들을 어느 정도 알고 있습니까?

충분히 알고 있다.

5	4	3	2	1

전혀 모르고 있다.

· 당신은 북한 이탈 후 남한 입국까지의 과정에 대해 어느 정도 알고 있습니까?

충분히 알고 있다.

5	4	3	2	1

전혀 모르고 있다.

· 당신은 남한에 있는 북한 이탈 학생의 의미에 대해서 어느 정도 알고 있습니까?

충분히 알고 있다.

5	4	3	2	1

전혀 모르고 있다.

· 당신은 남북한 교육(학제, 교과목, 학습 방법, 학습 용어, 학생 활동 등)의 차이에 대해 어느 정도 알고 있습니까?

충분히 알고 있다.

5	4	3	2	1

전혀 모르고 있다.

· 당신은 남북한의 언어 차이에 대해 어느 정도 알고 있습니까?

충분히 알고 있다.

5	4	3	2	1

전혀 모르고 있다.

· 당신은 북한 이탈 학생이 남한 학교에서 경험하는 문제에 대해서 어느 정도 알고 있습니까?

충분히 알고 있다.

5	4	3	2	1

전혀 모르고 있다.

♠제2단계. 북한 이탈 학생의 경험 이해: 나는 그것에 대해 얼마나 알고 있나요?

북한 이탈 학생의 경험을 이해한다. 이와 관련하여 북한 이탈 학생 관련 영상 자료를 제시한다. 그리고 북한 이탈 학생들이 남한의 일반 학교 입학 후 경험하는 차이와 관련된 사례를 소개한다.

* 여러분은 북한 이탈 학생들의 경험에 대해서 얼마나 알고 있나요?
· 북한 이탈 학생의 특별한 경험과 관련된 영상 자료를 통한 탈북 과정 이해하기

〈예〉 다큐멘터리 〈천국의 국경을 넘다〉,[18] 영화 〈크로싱〉[19]

* 북한 이탈 학생이 일반 학교에서 경험하는 차이 이해
· 북한 언어를 남한 언어로 바꿔 보기[20]

북한	남한	북한	남한	북한	남한	북한	남한
더하기식		옹근수		남새		느낌문	
덜기식		분도기		재봉기		뜻같은말	
곱하기식		채눈종이		차마당		곧은선	
나누기식		뒤셈		끓어번지다		뾰족각	
같기표		참분수		틀어쥐다		모이모이	
안같기표		찬단물		답새기다		인차	
근사수		지하철도		유희장		퍼그나	
데림분수		넌출		뜨락또르		어데	

상		새조롱	직승기		저저마다	
말끔나누임		설인사	창문보		곽밥	
탁구알		부시다	건너금		고뿌	
게사니		웨치다	앓림문		무단각	
성적증		일없다	시킴문		손기척	
글뜻		옮긴표	사권각		내리금	

♠제3단계. 북한 이탈 학생을 위한 역할의 분류 및 체계 수립: 그것은 나에게 어느 정도 중요한가요?

* 북한 이탈 학생을 도울 수 있는 10가지의 역할 대상들이 제시된다. 〈역할 대상〉에 제시된 10가지 내용의 우선순위를 정해 본다.

〈역할 대상〉

1. 영어 공부	2. 언어 교정	3. 연령차 극복	4. 규칙 이해	5. 컴퓨터 활용
6. 역사 이해	7. 스포츠 활동	8. 독서 활동	9. 뉴스 이해	10. 생활용어 이해

〈분류표〉

순위	역할 대상	순위	역할 대상
1		6	
2		7	
3		8	
4		9	
5		10	

♠제4단계. 역할 실현 및 상충하는 역할의 화해 계획 수립: 중요한 것을 어떻게 실현 할까요?

* 〈분류표〉의 내용 중에서 상위 5순위의 내용을 평소에 실천했거나 실천

이 예상되는 정도에 따라 다시 서열을 매긴다. 여기서 최하위를 차지하는 내용은 중요한 역할로 인식하고 있지만 가장 실현되고 있지 않는 역할이다. 이 역할을 향후 한 달에 걸쳐 실현할 수 있는 방안을 수립한다. 이어 〈분류표〉에서 상위를 차지하는 내용 중에서 서로 상충하거나 상충할 수 있는 한 쌍의 역할 내용을 찾는다. 이 상충하는 한 쌍의 역할 내용이 갈등하지 않고 동시에 실현될 수 있는 방식을 개발한다.

상위 역할 순위	실천 역할 순위
1.	1.
2.	2.
3.	3.
4.	4.
5.	5.

* 나는 향후 일주일에 걸쳐 다음과 같은 방법과 계획으로 북한 이탈 학생을 위한 역할, _____ 을(를) 행동으로 표현하고자 한다.
· 제1주의 행위:
· 제2주의 행위:
· 제3주의 행위:
· 제4주의 행위:

* 나의 역할 내용들 중에 상충하는 한 쌍의 역할은 _____ 과(와) _____ 이다.
· 이 두 역할이 상충하는 이유는 다음과 같다.
· 이 두 역할이 동시에 실현될 수 있는 방법은 다음과 같다.

♠제5단계. 다른 사람의 역할에 관한 생각에 친숙하기: 다른 사람의 생각과 나의 생각을 알아볼까요?

* 모둠원들은 각자 자신의 말을 출발점에 놓고 돌아가면서 주사위를 던진다. 해당 숫자만큼 자신의 말을 옮겨 해당 영역의 카드에서 원하는 주제를 정하여 1분 정도 이야기하고, 질문이 있는 경우에 대답 여부는 자유롭게 결정한다. 일회전을 마치면 정해진 시간 동안 같은 방법으로 게임을 한다. 게임이 끝난 후 자신의 의견을 진실하게 표현하였는지, 그 의견에 있는 중요한 가치가 무엇인지 말한다.

〈일상생활에서의 도전〉 아래의 주제에 대해 자신이 결정한 행동과 그 이유를 말한다.	〈사회적 이슈〉 이 주제에 대한 자신의 의견과 그 의견에 들어 있는 중요한 가치를 말한다.
1. 북한 이탈 학생과 대화하는 태도	1. 북한 이탈 학생의 권리
2. 북한 이탈 학생과 공부하는 방식	2. 북한 이탈 학생의 미래
3. 북한 이탈 학생과 놀이하는 태도	3. 북한 이탈 학생의 학업
4. 북한 이탈 학생과 돈을 쓰는 방식	4. 북한 이탈 학생의 지원
5. 북한 이탈 학생과 선물 교환 방식	5. 북한 이탈 학생의 적응
〈관계〉 씌어진 사람과의 관계에서 표현되거나 관련된 가장 중요한 역할을 이야기한다.	〈위기 및 갈등〉 아래의 위기 또는 갈등의 해결에 적용할 수 있는 자신의 역할을 찾아본다.
1. 북한 이탈 학생의 부모님	1. 북한 이탈 학생이 자신이 북한에서 왔는지를 공개해야 할지를 자신에게 의논한다.
2. 남한 학생의 부모님	2. 남한의 학교생활에 적응하지 못한 북한 이탈 학생이 학교를 그만두려고 한다는 것을 알게 되었다.
3. 북한 이탈 학생	3. 북한 이탈 학생을 차별하는 친구가 있다는 것을 담임선생님이 모르고 있다는 것을 알게 되었다.
4. 새로 전학 온 친구	4. 몇 살 위인 북한 이탈 학생에게 담임선생님이 특별히 친하게 지내라고 부탁하신다.
5. 우리 반에 있는 가장 친한 친구	5. 북한의 친구와 선생님을 그리워하는 북한 이탈 학생이 남한의 단점을 많이 지적한다.

♠제6단계. 역할에 관한 의사소통: 다른 사람과 나의 생각을 알아볼까요?

일상생활에서의 도전	사회적 이슈		관계	도전		출발점←		위기 및 갈등
	위기 및 갈등	위기 및 갈등		사회적 이슈		도전		
	위기 및 갈등	통과		도전		위기 및 갈등	관계	사회적 이슈
관계				출발점으로				
	통과		관계		사회적 이슈		통과	
		사회적 이슈	관계		도전			

* 북한 이탈 학생을 위한 역할에 대해 대담하는 단계이다. 두 명의 참여자들이 서로 질문하고 답하는 대담을 통해 서로의 생각을 교환함으로써 다른 친구의 생각을 참고하여 보다 포괄적으로 역할을 인식한다. 그리고 대담을 마친 후 대담 과정에서 인식된 파트너의 북한 이탈 학생에 대한 역할 인식에 대해 언급해 준다. 이 활동에서는 예시적으로 다음과 같은 질문이 제시될 수 있다.

· 북한 이탈 학생을 위해 정말로 중요하게 생각하는 것은 무엇인가?

· 북한 이탈 학생에게 자주 보여 주었거나 보여 주고자 하는 역할은 무엇인가?

· 북한 이탈 학생에게 실현하기 어려운 역할이 있다면 무엇인가? 만약 있다면 그 이유는 무엇인가?

· 북한 이탈 학생에 대한 생각은 어떤 경험에 기초해서 가지게 되었는가?

· 북한 이탈 학생에 대한 나의 생각을 다른 사람들(다른 친구, 학부모, 해당 학생 등)은 분명히 지각하고 있다고 생각하는가? 이해하거나 오해하고 있다면 그 이유는 무엇이라고 생각하는가?

♠제7단계. 정리하기 및 함께하기: 무엇을 알았나요?

학급 전체가 북한 이탈 학생을 위한 역할에 관해 정리하면서 서로의 역할 인식을 명료화한다. 이를 위해 참여 학생들에게 다음을 요구한다.

· 북한 이탈 학생을 위한 역할에 관해 자신이 갖게 된 결론.
· 여전히 북한 이탈 학생을 위한 역할에 관해 의문이 있는 내용.
· 각자의 생각에 이견이 있는 내용에 대한 의견.

• 다른 사람과 나의 생각을 알아볼까요? (제6단계: 가치의 상호 의사소통)
• 무엇을 알았나요? (제7단계: 정리 및 함께 하기)

요컨대, 북한 이탈 학생이 일반 학교에 편입한 후에 학업을 지속하여 상급 학교에 진학하는 것은 남한 사회의 구성원으로 통합되기 위해서 중요한 의미를 갖는다. 일반 학교에 적응할 수 있다는 것은 학교 밖의 사회에 적응할 가능성을 제시하는 것이다. 또한 상실된 사회적 지지를 회복할 수 있는 기회도 된다. 이 학생들이 일반 학교에 편입학 후에 경험하는 차이에 단순히 동화, 분리, 주변화되지 않고 주체적으로 자신의 차이를 통합할 수 있도록 해야 한다. 같음과 다름을 주체적으로 통합하기 위해서 지속되어도 무방하다고 인식하는 차이라면 그것을 보존하여 정체성을 잃지 않도록 해야 한다. 만약 지속되어서는 곤란한 차이라면, 그 차이를 축소하기 위해 지속적으로 노력하도록 도와야 한다. 차이의 지속을 통한 주체성 유지와 차이의 축소를 통한 성취를 위해 동료 학생들이 수행할 수 있는 역할 내용은 다양하다. 남한 학생들이 스스로 오만한 동정이 아니라 진심 어린 배려에서 북한 이탈 학생을 위한 역할을 인식하는 것이 초등학생들이 가장 구체적으로 경험할 수 있는 북한 동포에 대한 이해이다. 그리고 북한 이탈 학생을 위한 자신의 역할을 인식하는 것이 초등학생들이 내딛을 수 있는 통일의 출발점이다. 남한의 학교에서 적응 과정에 있는 북한 이탈 학생을 공정하게 배려하는 친구의 역할을 인식하고 반성하기 위해서 가치 탐구 워크숍은 하나의 방안이 될 수 있다.

7. 은유적 이해를 활용한 수업

도덕과 수업은 흔히 규범의 적용과 그 적용 결과에 대한 설득으로 나타난다. 이 수업에서는 실천적 삼단논법 형식에 따른 논리적 연역 과정으로 도덕률과 도덕 판단을 관련시킨다. 그 과정에는 넓은 범주의 행동이 옳거나 그르다고 말하는 일반 원리, 특정한 사태가 그 범주에 속하므로 그 원리의 지배를 받는다는 확인, 그리고 특정한 행동을 해야 한다거나 해서는 안 된다는 결론이 관여된다.[1] 그래서 학생들은 제시된 사례의 객관적 특성을 찾고, 그 특성에 특정 원리나 규범을 적용한다. 이때 학생들이 도덕률을 상황에 직접적으로 적용하기 위해서는 그 상황에 대한 단 한 가지의 타당한 개념화, 단일한 의미의 문자적 개념을 가진 도덕률, 그리고 필요충분조건에 의한 도덕적 상황과 도덕률의 규정이 있어야 한다.[2] 즉, 상황에 도덕률을 객관적으로 적용하기 위해서는, 상황의 객관적 속성과 문자적 개념과의 대응 규칙이 존재해야 한다. 여기서 도덕적 사고는 도덕적 개념의 명제적 정의와 상황의 객관적 속성에 존재하는 관계를 확인하는 것이다. 이처럼 도덕적 사고를 도덕률의 적용으로 간주하는 수업에서 정서가 수반된 도덕적 앎이 이루어지기 어렵다. 주체와 독립적이라는 점에서 의미 있는 앎이 되기는 어려우며, 의미 없는 앎에는 정서가 수반되기 어렵기 때문이다. 그래서 도덕적 사고는 자신에게 의미 있는 앎을 가능케 해야 한다.

도덕적 사고의 발견적 측면

의미 있는 도덕적 사고와 관련하여, 한 성인이 죽은 아들을 안고 다니는 여인에게 가족 중 죽은 사람이 없는 집에서 곡식을 얻어 오면 그 슬픔을 치유해 주겠다고 말한 일화를 생각해 보자. 그 여인은 곡식을 얻을 수는 있지만, 죽은 가족이 없는 집에서 곡식을 얻는 것은 불가능하다는 것을 깨닫는다. 이것은 성인이 자신의 도덕적 이해를 간접적으로 표현한 것이다. 이를 통해서 그 여인은 모든 사람에게 슬픔이 있고, 모든 사람들은 그 슬픔을 이기고 자신의 삶을 살아가고 있다는 가르침을 이해하게 된다. 이것은 자신에게 의미 있는 도덕적 이해이며, 이러한 이해는 도덕률의 객관적 적용을 넘어선 의미의 발견에서 이루어진다. 이를 교육의 장면에서 본다면, 도덕적 예화를 통한 가르침이다.[3] 교사의 도덕적 이해를 간접적으로 표현한 교육 내용의 의미가 이전과는 다르게 발견된 것이다. 도덕적 발견을 가능케 하는 예화에는 드러난 표현과 감추어진 의미가 있다. 감추어진 의미는 드러난 표현이 사라지면서 그것이 상징하는 의미와 새롭게 연결될 때 드러난다.

도덕적 사고에는 주어진 특수한 도덕적 상황을 이해하여 그 의미를 발견하는 측면이 있다. 이 측면은 소위 반성적 판단과 관련된다. 규정적 판단이 특수를 보편 밑에 포섭하는 것이라면, 반성적 판단은 특수만이 주어지는 경우에 특수에서 보편을 찾아내는 것이다.[4] 반성적 판단력은 주어진 개별자에 관여하여 고유한 보편자를 발견하는 능력이다. 반성적 판단으로서 발견은 유비에 의한 상세화로 개별적인 상황들의 전체적 유사성을 찾는 것이며, 개별적인 상황은 전체적 유사성을 상징하는 것이다.[5] 발견은 개별적인 상황들의 전체적 유사성을 찾는 것이며, 이때 개별적 상황은 감추어진 유사성을 상징한다.

구체적 상황에서 그것이 상징하는 전체적 유사성이라는 보편을 이해하는 일이 발견이다. 이는 구체와 추상 사이의 새로운 관계의 설정이며, 관계의 설정은 구체와 추상 사이의 단절의 극복이다. 폴라니Polanyi는 진정한 발견은 엄격한 논리적 수행이 아니라, 문제를 해결하는 데 장애였던 '논리적 간극'의 극복이라고 한다.[6] 논리적 간극은 자신을 혼란스럽게 했던 문제이며, 발견은 이러한 문제를 벗어나기 위한 충동과 노력이다. 논리적 간극을 넘으려는 지적인 충동과 노력이 발견적 정열이다. 이러한 발견적 정열이 인식 주체의 개념에서 비롯되는 충동이라면, 타인과의 논리적 간극에서 비롯되는 지적 충동은 설득적 정열이다. 발견적 정열은 모든 근본적인 논쟁의 원천인 설득적 정열로 전환되며, 전환되어야 한다.[7] 발견은 논리적 간극을 해소하고자 하는 노력이며, 이는 설득적 정열로 전환된다. 창조적 과학자들은 자신의 발견을 통해서 이전과 다른 세상을 보고, 여기에는 설득하고자 하는 마음이 수반된다. 도덕적 사고에서도 논리적 간극을 극복한 발견이 이루어진다면, 그것을 주장하고자 하는 마음이 수반될 수 있다.

설득적 정열이 수반된 발견은 자신이 이전에 생각하지 못한 것들을 새롭게 관련짓는 것에서 비롯된다. 새로움은 진부하거나 관습적이 아닌 창의적인 사고를 요구한다. 창의적인 사고는 답이 없는 질문에 대해 자신의 답을 찾는 것이다. 적어도 창의적인 사고가 요구되는 도덕과 수업은 학생들에게 이미 암시된 정답을 확인하도록 하거나, 혹은 '이것'과 '저것'으로 고정된 표현을 선택하도록 하는 수업에서는 벗어난다. 도덕과 수업에서 학생들의 사고가 보편적인 도덕률을 개별적인 상황에 적용하는 측면에서만 이루어진다면, 학생들의 능동적인 도덕적 사고를 촉진하기는 어렵다. 이러한 사고가 설득을 위한 정서를 수반하기는 더욱 어렵다.

도덕적 사고의 발견적 측면은 구체적인 경험에 근거하여, 그 경험에

담겨 있는 추상적 의미와의 간극을 창의적으로 연결하고 구성하는 일이
다. 도덕적 가치와 그것을 표현한 개별적인 상황과의 간극을 연결하고
구성하는 노력이 도덕적 발견이다. 도덕과 수업은 학생들에게 도덕적 발
견거리를 제시하고, 그것의 도덕적 의미를 해석하고, 그 해석을 창의적
으로 표현하는 일이다. 이 수업에서 단 하나의 고정된 객관적인 정답은
없다.

연결과 구성의 인지 도구: 은유

도덕적 발견은 단절의 연결과 창의적 구성이라는 측면을 가진다. 이
측면은 구체적인 것과 추상적인 것의 새로운 연결과 그 구성을 통해 수
행된다. 이 수행을 가능케 하는 인지 도구가 은유이다. 은유는 구체적 영
역을 투사하여 낯선 추상적 영역을 이해하는 인지 도구이기 때문이다.
김종도에 의하면, 은유와 환유의 가장 두드러진 차이점은, 은유가 두 개
의 다른 영역 사이의 관계라면, 환유는 하나의 포괄적인 영역 내에서 두
영역 사이의 관계이다. 은유는 하나의 영역 모체로 아우를 수 없는 다른
영역 모체들 사이의 사상인 반면, 환유는 동일한 영역 모체 내의 두 하위
영역 사이의 사상이다.[8] 그래서 은유에서는 상이한 범주의 유사성이 수
립되므로 다양한 해석이 가능하다.[9] 이처럼 은유는 인지적으로 거리가
먼 영역 사이의 사상이며, 상이한 두 영역의 단절을 연결한다. 그리고 그
연결이 다양하게 구성될 수 있다는 점에서 발견적 이해의 인지 도구가
된다. 은유는 단순히 문학적 고안물이 아니라 사고의 본질적 수단이다.[10]
연결과 구성의 인지 도구로서 은유에 대한 인식론적 접근은 가능한 인지
의 실제에 부합해야 한다. 자연화된 인식론은 인식론과 자연과학 사이의
연속성을 추구한다.[11] 그래서 자연화된 인식론에서 인식의 구조와 경험
과학적 탐구는 분리되지 않는다. 그러므로 여기서 산출된 앎에 관한 이

해는 실제 인지 과정과 부합한다. 자연화된 인식론 속에서 실제 인지 과정으로 은유를 해명한 것이 개념적 은유conceptual metaphor이다.

개념적 은유는 '근원 영역'과 '목표 영역'으로 구성된다. '근원 영역'과 '목표 영역'은 경험의 측면에서 대조적이다. 전자는 직접적 경험에서 나온 것이므로 구체적·물질적이며, 명확하고 구조화된 경험이다. 한편, 후자는 추상적·비물질적이며, 불명확하고 구조화되지 않은 경험이다.[12] 여기서 익숙한 영역을 낯선 영역으로 투사할 때, 익숙한 영역에 수반된 정서가 함께 투사된다. 예를 들어, '도덕은 아버지의 가르침이다'라고 했을 때와 '도덕은 어머니의 배려이다'라고 했을 때, 아버지와 어머니에 대한 경험에는 정서가 수반되며, 이 정서는 도덕의 이해에 투사된다.[13] 또한 '정의는 아버지이고, 배려는 어머니이다'라고 했을 때, 정의에는 대체로 아버지와 관련된 정서가 수반되며, 배려에는 어머니와 관련된 정서가 수반된다. 더 구체적으로, 어떤 학생이 '통일은 합치는 거예요'라고 하고, 다른 학생은 '통일은 섞는 거예요'라고 했다고 가정해 보자. 전자의 경우에 통일은 '물건'의 합침으로, 후자의 경우는 '색'의 섞임에 근거해서 이해된다. 이때 아동은 '합치는 것에 의한 부피감의 확장'과 '섞임에 의한 질적 변화'와 관련된 경험을 소환하게 된다. 이때 '부피감의 확장'과 관련된 정서나 '섞임에 의한 질적 변화'와 관련된 정서가 수반되며, 이것은 '통일'의 이해에 투사된다. 따라서 구체적인 경험에 근거하여 이해된 도덕적 개념에는 정서의 수반이 가능하다.

은유는 구체적인 것과 추상적인 것의 간극을 정서를 수반하여 새롭게 연결하고 구성하는 인지의 도구이다. 도덕과 수업에서 은유는 창의적 구성이라는 측면에서 학생들의 능동적 사고를 촉진할 수 있으며, 정서가 수반된 이해라는 측면에서 행위의 가능성을 촉진할 수 있는 사고이다. 이건에 의하면, 은유는 단지 문자적인 구절이나 문장을 통해 다룰 수 있는 것보다 더 영향력 있고, 생동감 있고, 풍부한 의미를 제시하기 위해 계속해서 특정한 대체對替를 만든다.[14] 은유는 '문자적'으로 다루어질 수 있는 것보다 더 풍부한 의미를 제시한다. 헨리Henle는 은유의 상징성과 의미론적 기능을 관련시켜, 새로운 상황에 대해서 언어를 확장하는 기능, 창조적인 기능, 상징화된 상황에 수반되는 감정의 측면을 해명한다.[15] 은유는 이중적인 의미론적 관계로 분석될 수 있다. 은유의 이중성은 드러난 유사성과 드러나지 않은 유사성에 주목하도록 하는 것이다. 은유의 상징성에 근거한 의미론적 접근에서 볼 때, 은유의 의미론적 구조와 그 이해에는 심리적 측면이 반영된다. 즉, 은유적 표현에는 문자적 의미의 충돌이 있으며, 그 이해를 위해서는 단서와 관습에 관한 의식이 수반된다. 이 과정에서 단서와 관습의 심리적 측면이 반영된다. 그리고 은유는 새로운 것에 이름을 붙이거나, 이미 알려진 것에 근거해서 부각되지 않은 측면에 관심을 소환하는 것이다. 이것은 새로운 이름의 부여, 특성의 부각, 관계의 설정이라는 측면에서 창의적인 것이다.

샌더스와 샌더스D. Sanders and J. Sanders에 의하면, 일상적인 삶의 익숙한 사례에서 도출되는 은유는 학생들에게 새로운 지식, 새로운 이론, 새로운 정보를 내면화하도록 돕는다. 은유는 뇌의 두 가지 분리된 사고의 과정을 연결하도록 한다. 그 연결로써 이미지가 언어화되며, 특정한 사실에 대한 이미지가 산출된다. 은유는 문자적인 것과 회화적인 것, 사실적인 것과 상상적인 것, 증명된 것과 직관적인 것을 연결시킨다.[16] 은유적 교수는 마음으로 개념을 습득하도록 능동적으로 자극하는 방법이다. 은유적 교수를 통해 지적으로는 학생들에게 이미 학습된 구체적인 것과 개념을 연관 지을 수 있게 하며, 정서적으로는 새로운 지식이 자신의 삶의 경험에 들어맞기 때문에 자연스럽게 자기 동기화시킨다.[17] 은유는 구체적인 회화적 사고와 추상적인 문자적 개념을 창의적으로 연결하도록 한다. 그리고 문자적 언어 이전의 회화적 사고는 자신의 삶과 관련된 정서가 자연스럽게 수반되도록 한다. 은유적 이해의 근원 영역은 회화적이라는 측면에서 영상적 표현 양식 혹은 이미지라고 볼 수 있다. 그 이미지가 대상 영역과 관련되는 과정에는 다양한 연결과 구성이 가능하다.

은유적 이해는 정서를 수반한 연결과 구성이라는 측면에만 한정되지 않는다. 은유적 이해에서 대상 영역을 이해하기 위해 설정된 근원 영역의 차이는 개념이나 문제에 접근하는 관점과 실천에도 영향을 미친다. 예를 들어, 스텐버그Stenberg에 의하면, 지능을 어떤 은유에 근거하여 이해하느냐에 따라, 지능은 개인의 내적인 면에 중점을 두고 이해되기도 하고, 개인의 외적인 면에 중점을 두고 이해되기고 한다. 지능에 관한 지리적, 컴퓨터적, 생물학적, 인식론적 은유는 개인의 내적인 측면에 초점을 맞추는 반면에, 인류학적, 사회적 은유는 개인의 외적인 영향을 강조하게 된다.[18] 지능을 어떤 은유에 근거하여 이해하느냐에 따라, 지능은 가르쳐질 수 있는 것인가에 대한 상이한 관점을 낳게 된다. 또한 가르쳐질 수 있는 것이라면, 어떻게 접근해야 하는지에 대해 상이한 접근과 실천을 낳게 된다. 이처럼 은유적 이해는 그 수행에도 영향을 미치게 된다.

은유적 연결은 개인의 창의적 연결임과 동시에 은유의 근원 영역이 문화 속의 개인에 근거한다는 점에서 타인과의 공유된 연결이 된다. 은유적 교수는 익숙하지 않은 것과 익숙한 것을 창의적으로 연결하는 기본적인 의사소통의 도구이다. 또한 명료하게 경험한 것에서 불명료하게 부여된 것을 학습하는 도구이다. 따라서 도덕과 수업에서 은유적 이해는 단절을 연결하여 구성하는 발견적 이해의 인지적 도구라고 할 수 있다. 은유는 구체적인 경험과 추상적인 도덕적 개념의 단절을 연결시킨다. 그리고 표현된 교육 내용에서 드러난 것과 감추어진 의미의 단절을 연결시킨다. 그 연결은 '문화 속의 개인의 경험'에 근거한 번역이라는 점에서 개방적인 연결이다. 그리고 개방적인 연결은 개인적으로 볼 때는 의미를 부여할 수 있는 창의적 연결이다. 이러한 단절의 창의적 연결을 가능케 하는 인지적 도구로서의 은유가 도덕과 수업에 반영될 때, 그 수업은 정서를 수반하는 수업에 가까워질 수 있다. 정서를 수반하는 도덕과 수업은 인지와 정서, 그리고 행위의 가능성을 포괄하는 통합적인 도덕과 수업에 가까워질 수 있다.

은유적 이해의 활용: 정직

은유는 구체적인 경험에 근거하여 추상적인 개념을 연결하고 구성하는 인지 도구이다. 도덕과 수업에서 은유적 접근은 추상적인 도덕적 내용을 학생들의 경험에 근거하여 연결하도록 한다. 은유적 이해는 근원 영역을 통한 목표 영역의 이해이며, 근원 영역은 언어적 표현을 가능케 하는 도식적으로 인식 주체에게 내면화된 경험이다.

여기서 근원 영역은 일종의 도식적 원형prototype을 의미한다. 벤슨Benson에 의하면, 원형은 특정한 속성의 가장 좋은 예시로서 제시된 대상들의 적절한 표본에서 나온다. 이러한 원형적 표상들은 구성적이고, 구조적인 정보를 구체화시킨다.[19] 리드Reed에 의하면, 도식은 더 보편적이고, 여러 가지 다양한 구체적 보기를 표상한다. 특정 범주를 구성하는 많은 구체적 보기를 표상하는 원형과 매우 흡사하다.[20] 은유적 이해는 경험의 평균적인 도식적 표상에 근거한 추상적 개념의 이해로 볼 수 있다. 추상적 개념의 이해를 위해서는 이러한 도식적 원형으로서의 근원 영역의 소환과 확장이 고려되어야 한다. 은유에 의한 도덕과 수업을 위해서는, 먼저 도덕적 개념이나 도덕적 문제와 관련된 도식적 근원 영역의 소환이 요구된다. 근원 영역이 소환된 이후에는 근원 영역에 대한 더 세밀한 이해가 요구된다. 근원 영역의 세밀한 이해는 목표 영역의 세밀한 이해를 위한 투사를 가능하게 하기 때문이다. 그리고 근원 영역의 이해가 정서를 수반한 이해가 되기 위해서는 그 근원 영역에 최대한 근접하는 것이 요구된다. 이를 위해서는 자신이 그 근원 영역이 되어 보는 시점의 전환이 필요하다. 시점의 전환 후에는 자신이 그 대상이 되어 도덕적 사태를 살펴보는 것이 요구된다. 이를 통해 가치중립적인 근원 영역은 사람들 사이의 도덕적 문제로 연결된다. 그리고 자신에게 의미 있게 이해된 도덕적 개념이나 사태의 이름을 부여하여 추상화하는 것이 요구된다. 나아가 그 이해의 다양한 전개를 창의적이고 이상적으로 구성하여 자신과 타인에게 설득하는 과정이 요구된다.

이를 구체적으로 다음과 같은 과정과 요소로 정리할 수 있다.

○근원 영역의 소환(잘 아는 것 찾아보기)

도덕과 수업의 교육 내용에 대한 은유적 이해를 위해서는 구체적 경험 대상의 소환이 요구된다. 추상적인 도덕과 교육 내용의 구체화 과정에서 학생들은 이미 내면화되고 체득된 근원 영역을 소환해야 한다. 그 근원 영역에는 언어적 표현 이상의 신체적·정서적 경험이 함의되어 있다. 따라서 학생들은 교육 내용과 관련된 근원 영역을 확인하고, 이를 통해 정서가 수반된 도덕적 이해를 시작하게 된다. 이 과정은 다음과 같은 요소로 제안될 수 있다.

- 회화적으로 표현하기: 도덕과 수업 내용과 관련된 구체적 경험이 소환 되도록 자극하며, 이를 회화적으로 표현하도록 한다(예: 이 글을 읽고 마음에 떠오르는 그림을 그려 보세요).
- 관련된 강조점 찾기: 회화적 표현에는 주변적 정보와 핵심적 정보가 동시에 표현된다. 따라서 핵심적 정보에 집중하고 그것을 표현함으로써 정보를 판단해 보도록 한다(예: 그림에서 가장 중요한 부분을 표시하고 설명해 보세요).
- 강조점을 도식화하기: 교육 내용과 관련해서 발견한 강조점을 도식적으로 표현하도록 한다. 도식적으로 표현된 원형은 구체적인 대상의 발견을 위한 토대가 된다(예: 그 설명을 가장 간단한 그림으로 나타내 보세요).

○근원 영역의 이해(잘 아는 것 살펴보기)

근원 영역에 대한 세밀한 탐색이 목표 영역으로 투사되었을 때, 그 목표 영역의 의미를 더 상세히 드러낼 수 있다. 예를 들어, 정의正義를 저울이라는 근원 영역을 통해서 이해했다면, 저울의 다양한 종류에 대한 탐색, 저울의 세부 사항에 대한 탐색은 정의의 의미를 더 명확히 밝혀 줄 수 있다. 공유된 도덕적 이해를 위해서는 교육 내용에 대한 근원 영역의 이해가 상세화되어야 할 뿐 아니라, 가능한 포괄적이어야 한다. 이를 위해서 다른 학생들과의 근원 영역의 유사성을 비교하는 것이 요구된다. 이 과정에서 교육 내용을 은유적으로 이해하기 위한 근원 영역은 포괄적으로 확장된다.

- 도식의 구체적인 대상 찾기: 교육 내용과 관련된 도식적 이해를 구체화시킬 수 있는 대상을 찾아보도록 한다. 이 과정에서 구체적인 대상과 관련된 경험의 소환이 이루어진다(예: 그 그림을 대표하는 것(물건, 물질, 동작, 소리, 동물, 식물 등)에는 어떤 것이 있나요?).
- 다른 대상 확인하기: 근원 영역이 사적인 것으로 한정되지 않고 공유된 이해를 가능하게 하도록 다른 사람의 근원 영역을 확인하도록 한다. 이 과정에서 근원 영역은 더 포괄적으로 된다(예: 친구들이 선택한 것에는 어떤 것들이 있나요?).
- 나의 대상과 비교하기: 다른 학생의 근원 영역을 확인하고 나의 근원 영역과 유사점과 차이점을 비교함으로써, 자신의 근원 영역을 수정하거나 보완할 수 있다(예: 내가 선택한 것과 비교해서 공통점과 차이점은 무엇인가요?).

○ 근원 영역으로의 전환(잘 아는 것 되어 보기)

근원 영역의 세밀한 이해는 근원 영역을 은유적으로 투사하여 목표 영역을 이전보다 더 의미 있게 하기 위한 것이다. 여기서 자신이 그 근원 영역이 된다면, 근원 영역에 대한 경험은 자신과 분리되지 않은 채 목표 영역에 투사될 수 있다. 이것은 은유를 인지적 투사에 한정하지 않고 정서가 수반된 투사를 가능하게 하는 과정으로 이해할 수 있다. 예를 들어, 내가 '마음은 거울이다' 라는 은유에 근거해서 마음을 이해했다고 해보자. 이 경우, 내가 거울을 관찰하는 것보다는 내가 거울이 되었을 때, 거울에 대한 경험은 자신과 분리되지 않고 인지적으로나 정서적으로 공유된다.

- 대상이 되기: 내가 그 대상이 되고, 대상이 된 자신을 표현해 봄으로써 근원 영역에 대해 주목하지 못했던 점들이 부각될 수 있다. 이것은 대상 영역의 상세한 이해를 위한 토대가 된다(예: 내가 그것이 되어 봅시다. 그리고 내가 무엇인지를 친구들에게 표현해 봅시다).
- 대상의 행위 검토: 근원 영역은 사람들 사이의 일과 관련됨으로써 도덕적 의미를 지니게 된다. 근원 영역의 대상을 물활론적으로 이해하여 사람들에게 미치는 활동을 검토하도록 한다(예: 내가 그것이 되었을 때, 사람들에게 어떤 일을 하고 있나요?).
- 행위에 대한 반응 보기: 그 행위가 사람들에게 미치는 영향을 확인함으로써, 행위의 가치를 인식하게 된다. 이를 위하여 다른 사람의 정서적 반응을 살펴보도록 한다(예: 그 일을 했을 때, 사람들의 표정이나 몸짓, 말들은 어떨까요?).

○ 근원 영역의 추상화(이름 지어 보기)

이 단계는 교육 내용과 관련해 소환된 경험을 수준을 달리하는 추상적인 도덕과 교육 내용과 연결하는 과정이다. 이 추상화 과정은 사회 속에서 인식 주체의 경험을 통하여 의미 있는 도덕적 이해를 형성하거나, 기존의 도덕적 가치에 의미를 부여하는 과정으로 이해할 수 있다. 이것은 학습 내용을 구체화한 것을 상향적으로 이동하도록 하는 과정이다. 이를 통해서 학생들은 구체적 현상 이면의 추상적 의미를 발견하게 되며, 이 순간을 '자신의' 도덕적 이해를 가능하게 하는 일종의 통찰의 순간으로 볼 수 있다.

• 대상을 사람으로 바꾸기: 대상을 사람으로 바꿈으로써, 대상을 통한 이해는 사람들 사이의 도덕적 행위로 변화된다. 이 과정에서 대상에 수반된 정서는 도덕적 행위에도 수반된다(예: 내가 그것이 되어서 한 일과 비슷한 사람들 사이의 일은 무엇이 있을까요?).

• 사람들의 행위를 비교하기: 구체적인 도덕적 행위의 공통점을 확인함으로써, 도덕적 행위의 포괄적 이해를 가능하게 한다. 이는 행위의 추상화를 위한 단계로 고려될 수 있다(예: 그 일들의 공통점은 무엇인가요?).

• 행위에 이름 짓기: 구체적인 행위를 포괄할 수 있는 이름을 명명함으로써, 도덕적 행위는 추상적 가치와 연결된다. 이렇게 연결된 추상적인 도덕적 가치는 명제적 표현에 한정되지 않는다(예: 그 공통점에 이름을 붙인다면, 무엇이라고 할까요?).

○ 추상화의 이상적 구성(가장 아름답게 표현하기)

추상적인 도덕 교육 내용을 구체적 경험에 근거하여 이해하였다면, 이것을 창의적으로 구성하여 표현하는 것이 요구된다. 이것은 도덕적 이해의 표현이라는 측면과 더불어 그 표현이 이상화되어 자신과 타인에게 설득되는 측면을 염두에 둔 것이다. 또한 이것은 단 하나의 옳은 답을 찾는 것이 아니라, 자신이 이해한 도덕적 개념을 창의적으로 표현하는 것이다.

• 이름을 이상적으로 표현하기: 도덕적 개념을 은유적 이해에 근거하여 이해했다면, 정서가 수반된다. 정서가 수반된 이해가 세상에서 이상적

으로 나타나는 모습을 회화적으로 표현하도록 한다(예: 그 이름을 가장 아름다운 그림으로 그린다면, 어떤 모습으로 그려지나요?).

• 이상의 실제화 탐색: 도덕적인 이상에 가깝게 되기 위해서 요구되는 일들을 반성적으로 탐색하도록 한다. 여기에는 자신의 발견을 설득하고자 하는 정열이 담겨 있다(예: 우리 생활에서 이 이야기를 진짜로 보기 위해서 필요한 것은 무엇인가?).

수업안(164-169쪽 참조)에서는 이러한 은유적 이해 과정과 양식을 '정직'과 관련된 수업에 활용하는 방안을 예시하고자 한다. 이때 아동의 이해 수준을 고려하여, '근원 영역의 소환'을 '잘 아는 것을 찾아보세요'로, '근원 영역의 이해'를 '잘 아는 것을 자세히 살펴보세요'로, '근원 영역으로의 전환'을 '잘 아는 것이 되어 보세요'로, '근원 영역의 개념화'를 '이름을 지어 보세요'로, '개념의 창의적 표현'을 '가장 아름다운 모습으로 표현해 보세요'로 제시한다. 그리고 각 과정에 있는 표현 양식들을 질문의 형식으로 바꾸어 제시한다.

요컨대, 도덕적 상황에는 그 사회의 도덕적 의미가 들어 있다. 그 드러난 표현에는 감추어진 도덕적 의미가 있으며, 감추어진 의미의 이름이 도덕적 가치이다. 따라서 도덕적 가치는 도덕적 상황의 감추어진 의미이며, 도덕적 상황은 도덕적 가치의 드러난 표현이다. 도덕과 수업의 일차적 목적은 그 상황이나 가치의 의미 있는 이해이다. 의미 있는 도덕적 이해는 존재론적인 경험에 근거하여 도덕적 가치를 인식하는 과정이다. 은유는 존재론적인 경험에 근거하여 가치를 인식하고, 그 인식을 다시 세상에 구체화하는 인지적 도구이다. 인지의 도구로서 은유는 형식적으로 공통적이지만, 내용적으로는 개인적이다. 그러나 그 내용을 구성하는 근원 영역은 그 사회의 환경과 문화에 영향을 받는 개인을 전제로 한다. 그

○수업안

♠정직이란

정직은 한자어로서, 바를 '正,' 곧을 '直' 입니다. '正' 은 '一' 과 '止' 가 합쳐진 글자입니다. 하나를 지켜서 멈춘다, 정도를 지킨다는 의미입니다. 뜻은 '바르다, 비뚤어지거나 어그러지지 아니하다, 공평하다, 바로잡다' 등입니다. '直' 은 '十' 과 '目' 과 'ㄴ' 이 합쳐진 글자로 'ㄴ' 은 숨긴다는 의미를 담고 있습니다. '열 눈이 보는 바, 아무리 숨겨도 드러나지 아니함이 없다' 로 풀이하고, '바르게 봄' 을 뜻합니다. 그래서 정직은 '거짓이나 꾸밈이 없는 바르고 곧은 마음' 을 뜻합니다. 정직은 나에 대한 정직, 다른 사람에 대한 정직, 자기가 하는 일에 대한 정직 등이 있습니다. 정직하기 위해서는 바르지 못한 마음이나 잘못된 유혹을 이겨 내려는 용기가 필요하고, 또 마땅히 해야 할 일에 정성과 최선을 다하는 성실한 자세도 필요합니다.[21]

♠잘 아는 것을 찾아보세요.

* 이 글을 읽고 마음에 떠오르는 그림을 그려 보세요.

* 이 그림에서 가장 중요한 부분을 찾아 표시해 보세요.

* 그림에 표시한 부분을 말로 설명해 봅시다.

· 표시한 부분의 설명:

* 이 설명에서 사용된 말들 중에서 중요하다고 생각되는 순서로 나열해 보세요.

· (1순위:) - (2순위:) - (3순위:) - (4순위:)

* 이 중에서 가장 중심이 되는 말은 어떤 것인가요? (그 말을 가운데 써 보세요.)

* 그 말을 가장 간단한 기호(아주 단순한 그림)로 나타내 보세요.

* 그 기호로 나타낼 수 있는 것(물건, 물질, 동작, 소리, 동물, 식물, 등 잘 알고 있는 것)에는 어떤 것들이 있을까요? 예를 들어 보세요.

· 예: ①   ②

③   ④

♠ 잘 아는 것을 자세히 살펴보세요.

* 위에서 고른 예들 중에서 처음에 그린 그림과 가장 가까운 것은 무엇인가요?

· 처음 그림과 가장 가까운 것:

＊친구들이 가장 가깝다고 선택한 것에는 어떤 것들이 있나요?

· 친구들이 선택한 것들:

＊그것들 중에서 내가 선택한 것과 비교해서 비슷한 것과 다른 것으로 분류해 보세요.

· 비슷한 것:

· 다른 것:

＊비슷한 것을 내가 선택한 것과 비교해서 닮은 순서로 정리해 보세요.

많이 닮은 것	→	조금 닮은 것

＊내가 선택한 것과 비교해서 비슷한 것의 공통점은 무엇인가요?

· 공통점

＊그 공통점을 가장 많이 가진 것은 무엇인가요?

· 가장 많은 공통점을 가진 것:

＊그것은 무엇으로 이루어져 있나요? 또는 어떤 일을 하고 있나요? 마인드맵으로 만들어 보세요.

♠잘 아는 것이 되어 보세요.

＊내가 이제 그것이 되어 봅시다. 그리고 내가 무엇인지를 친구들이 알 수

있도록 하기 위해 어떤 몸짓을 할까요?

* 내가 이제 그것이 되었을 때, 어떤 마음(기분, 느낌, 감정 등)이 드는지
꾸미는 말을 사용해서 표현해 보세요.
· 꾸미는 말을 사용한 나의 마음: (   ) 마음

* 내가 그것을 보았을 때와 내가 그것이 되었을 때의 차이점은 무엇인가
요?

내가 그것을 보았을 때	내가 그것이 되었을 때

* 내가 그것이 되었을 때, 어떤 일을 하고 있나요?
· 그것이 되어 한 일:

* 내가 사람들에게 그 일을 했을 때, 사람들의 표정이나 몸짓은 어떠했나
요?

* 내가 그것이 되었을 때, 사람들에게 하고 싶은 말은 무엇인가요?
· 사람들에게 하고 싶은 말:

* 내가 그것이 되어 어디서, 무엇을 하고 있는지 그림으로 그려 보세요.

♠이름을 지어 보세요.

* 내가 그것이 되어서 한 일과 비슷한 사람들 사이의 일은 무엇이 있을까
요?

내가 그것이 되어서 한 일	비슷한 사람들 사이의 일

* 그 사람들이 한 일은 무엇이며, 그 일에 이름을 붙인다면 무엇이라고 할
수 있을까요?

비슷한 사람들 사이의 일	그 일의 간단한 이름

* 그 일들의 공통점은 무엇인가요?

· 공통점:

* 그 공통점에 이름을 붙인다면, 무엇이라고 할까요?

· 공통점의 이름:

* 그 이름에 꾸미는 말을 붙인다면, 어떻게 붙일 수 있을까요?

· 꾸미는 말:

♠가장 아름답게 표현해 보세요.

* 꾸미는 말이 들어간 이름을 그림으로 그린다면, 어떤 모습으로 그려지
나요?

* 이 그림에서 더 아름다운 세상을 만들기 위해서, 조금 바꾸고 싶은 것이 있나요?
· 어느 부분을 바꾸고 싶은가요?
· 어떻게 바꾸고 싶은가요?

* 가장 아름답게 바뀐 그림에 제목을 붙인다면, 무엇이라고 할 수 있나요?
· 제목:

* 우리의 생활에서 이 이야기가 진짜이기 위해서 필요한 것은 무엇인가요?
· 실제 생활과 이 이야기의 차이점:
· 차이점을 줄이기 위해 필요한 일:

* 그 차이점을 줄이기 위해서 나는 무엇을 할 수 있나요?
· 내가 할 수 있는 일:

* 그 그림이 삽화로 들어가면 가장 어울리는 것은 무엇인가요? 그리고 내가 등장하는 이야기를 만든다면, 어떤 이야기가 되나요?

러므로 은유적 이해는 개인적이지만 주관적인 것은 아니다. 이것은 은유에 근거한 단절의 연결과 창의적 구성이 공유 가능하다는 것을 함의한다. 은유에 근거한 도덕과 수업은 일종의 공유 가능한 발견이며, 그 발견은 자신과 타인에게 설득하고자 하는 정서를 수반하게 된다. 이러한 정서를 수반한 이해는 자신의 도덕적 주장이 된다. 도덕과 수업이 은유적이해에 근거하여 이루어질 때, 단절의 다양한 연결이라는 도덕적 발견이 가능하게 되며, 도덕적 발견은 설득이라는 정서를 수반하게 된다. 따라서 정서를 수반한 도덕적 이해라는 도덕적 행동의 가능 근거로서의 측면과 학생의 능동적 사고라는 실제적 측면에서 은유에 근거한 도덕과 수업은 하나의 수업 방안으로 의의를 가진다.

8. 서사적 이해를 활용한 수업

도덕과 수업에서 교사가 흔히 접하게 되는 문제 중 하나는 교수하고자 하는 개념들을 이미 학생들이 사용하고 있다는 점이다. 도덕과 수업에서 교수하고자 하는 최상위의 개념은 옳음과 그름 혹은 좋음과 나쁨에 관한 것이다. 그 하위의 개념으로는 정직, 자주, 성실, 절제, 책임, 용기, 효도, 예절, 협동, 민주적 대화, 준법, 정의, 배려, 애국·애족, 평화·통일, 생명 존중, 자연애, 사랑 등의 주요 가치 덕목들이 있다.[1] 비록 학생들이 명확히 정의하지는 못하더라도, 수업을 시작하기 전에 이미 학생들은 세상을 도덕적 관점에서 이해하는 수단으로 이 개념들을 사용하고 있다. 이로 인해 도덕과 수업에서는 수업 시작 단계에서 학습 목표 제시와 동시에 수업이 마무리되는 현상이 발생하기도 한다. 만약 교사가 '배려의 의미를 이해할 수 있다'라는 학습 목표를 제시한다고 해보자. 학생들은 이미 그것을 사용하고 있기 때문에 스스로 그 목표에 도달했다고 생각한다. 만약 사정이 그렇다면, 그 이후의 과정은 불필요한 반복과 지루한 확인으로 다가온다. 그리고 도달한 목표를 위한 반복과 확인에 반응하는 일은 매우 부담스러운 학습 과정이 된다. 이 문제를 해결하는 가장 단순한 방법은 학생들이 사용하고 있는 개념을 수용하면서, 학습 목표를 제시하지 않는 접근법을 찾는 것이다.

그러한 하나의 단초를 어머니가 아이에게 이야기[2]를 들려주는 상황에서 찾을 수 있다. 어머니는 아이에게 이야기를 들려주면서, 자신이 들려주는 이야기를 듣고 어떤 목표에 도달해야 하는지 말하지 않는다. 아이는 어머니의 이야기를 부담 없이 들으면서, 이미 알고 있는 개념을 활용하여 그 이야기를 이해하고 상상하고 느낀다. 이 모습을 도덕과 수업의 장면에서 생각해 본다면, 교사는 자신이 쓴 이야기를 들려주는 어머니라고 할 수 있다. 도덕과 수업을 위해 교사는 교육 과정의 지도 요소에 근거하여 교수할 내용을 선정한다. 교수할 내용이 정해지면 교사는 먼저 그 내용을 이해한다. '이 지도 요소는 무엇인가?' '이 지도 요소는 도덕적 삶에서 왜 중요한가?' '이 지도 요소의 의미와 중요성을 어떻게 나타내야 하는가?' 등을 고민한다. 교사는 수업을 통해 이러한 자신의 이해를 학생들이 공감할 수 있도록 표현한다. 이 표현에는 교사 자신이 이해한 의미의 일관성 있는 구성, 수업의 전개라는 시간의 계열, 그리고 학생의 능력 등이 고려된다. 그래서 도덕과 수업은 교사가 이해한 의미를 학생의 능력을 고려하여 시간의 계열 속에서 일관성 있게 표현한 텍스트이다. 텍스트의 이해는 이해하는 독자, 이해의 대상인 텍스트, 이해하는 활동이 사회적 맥락 속에서 상호 작용하며 이루어진다.[3] 수업이라는 이야기를 이해하는 독자로서 학생들은 획득된 개념을 사용하면서 이 텍스트와 상호 작용한다. 수업이라는 텍스트를 이야기 형식으로 고려할 때, 교사는 학생들이 사용하는 개념을 활용하면서 학습 목표를 제시하지 않는 수업을 모색할 수 있다. 이를 위해 수업을 이야기 모형으로 접근한 이건의 교수 이론을 소개하고 정리한다. 그리고 이를 활용하여 이미 알고 있는 것을 명료화하는 수업, 목표를 제시하지 않는 수업, 정서적 의미를 염두에 두는 도덕과 수업 방안을 구체화한다.

이야기 형식으로서의 수업

  도덕과 수업을 위해서는 먼저 수업이란 무엇인가라는 질문에 답해야
한다. 이건은 수업을 이해하는 지배적인 은유로 '조립 라인 모형assembly
line model'을 본다. 조립 라인에서는 최종적으로 생산될 물건을 계획하고,
이를 생산하기 위해 조립해야 할 부품을 결정하고, 이 부품을 조립할 수
있는 노동자를 선발하고 조직하여, 만족스럽게 생산되었는지를 평가한
다. 수업을 이에 비유할 때, 먼저 목표를 정하고, 그 목표를 성취하기 위
해 필요한 내용을 결정하고, 그 내용을 효과적으로 조직하는 방법을 선
택한 후에, 목표가 달성되었는지 평가한다.[4] 이건은 이 조립 라인에 근거
한 수업의 이해에서 '목표 – 내용 – 방법 – 평가'라는 공학적 모형이 비
롯되었다고 본다. 그리고 조립 라인에 근거하여 공학적으로 수업을 이해
하기보다는, '이야기 형식story form'에 근거하여 수업을 이해할 것을 제안
한다. 이야기를 말하는 것은 의미를 수립하는 방식이며, 그 의미에는 그
"인지적" 의미와 "정서적" 의미가 들어 있기 때문이다.[5] 공학적 모형으
로 수업을 이해하면, 학생들은 교사가 설정한 목표에 이르는 논리적 과
정을 벗어나서는 안 된다. 수업 자체에서 논리적 과정이 강조된다면, 학
생들의 사고는 논리적 사고에 제한된다. 여기서 정서적 의미는 획득되기
어려우며, 정서적 측면은 수업을 이야기 형식으로 비유할 때 부각된다.
이건이 제시하는 이야기 형식 모형은 공학적인 과정 속에서 목표에 도달
하기 위해 이야기를 활용하기보다는 수업을 하나의 이야기로 보는 것이
다.

  수업을 이야기 형식으로 접근하기 위해서는, 수업을 구성할 때 이야기
형식의 특성을 반영해야 한다. 이건에 의하면, 먼저 수업의 시작에서는
기대를 설정해야 하며, 결말에서는 이 기대를 만족시켜야 한다. 그리고
이 기대와 결말이 전체적인 형식 속에서 밀접하게 결합되도록 수업이나
단원의 시작과 끝을 구성해야 한다. 그리고 이야기 형식 모형은 배경이

되는 상반을 기준으로 내용을 선정하고 조직한다.[6] 이야기 형식의 수업은 이야기의 특성을 수업에 반영하는 것이다. 이를 위해서 상반된 추상적 개념에 근거하여 주제를 구성하고, 이야기 형식으로 단원 구성을 계획하며, 시작에서 설정한 갈등이 결론에서 만족스럽게 해결되도록 한다. 이야기 혹은 서사는 경험을 이해하고 표현하고 소통하는 통합적인 방식이다.[7] 그래서 도덕과 수업을 이야기로 볼 때, 수업은 교사가 이해하고 경험한 것을 이해시키고 표현하고 소통하는 방식이 된다. 학생은 수업이라는 이야기를 이해하고, 상상하고, 느낀다. 학생들이 수업이라는 이야기를 통해 도덕적 원리 혹은 개념을 이해할 때, 그 이해는 더 명료하고 의미 있는 것이 될 수 있다.

　이야기 형식으로 도덕과 수업을 이해할 때, 도덕과 수업의 난점은 감소될 수 있다. 아이들은 이야기를 이해할 수 있는 개념을 가지고 있으며, 이야기를 통해서 자신이 가지고 있는 개념을 명료화한다. 그리고 아이들은 이야기를 들을 때 정서적으로 반응하면서 흥미 있게 듣는다. 따라서 도덕과 수업을 이야기로 이해한다면, 학생들은 수업 자체에 흥미를 가지며, 명료한 이해에는 정서가 담길 수 있다. 또한 아이들에게 이야기를 들려줄 때, 도달해야 할 목표를 말하지 않는다. 이것은 도덕과 수업에서 목표를 설정하고 수업을 하지 않을 수도 있다는 측면을 정당화할 수 있다. 수업을 이야기 형식으로 이해할 때, 학생들에게 요청되는 사고는 논리적 사고라는 제한된 범위를 넘어설 수 있다. 우한용에 의하면, 서사는 물질 차원에서 확인되는 것이 아니기 때문에 상상력으로 재구성할 때라야 그 세계가 제 모습을 드러낸다. 그리하여 서사의 이해에는 상상력의 작용이 필수적인 항목이 된다.[8] 따라서 수업을 이야기로 볼 때, 논리적 사고뿐 아니라 교사의 이야기를 수용하는 유력한 인지 도구로서 상상력의 활용이 가능하게 된다.

　이건은 이야기 형식으로 수업을 구성할 때 상상력의 활용을 강조한다. 그것은 먼저 상상력 자체의 교육적 의의 때문이다. 이건은 상상력에 관한 역사적 전개를 살펴보면서 상상력의 의미를 정리한다. 상상력은 대상을 그렇게 현존할 수 있는 것으로 생각하는 능력이며, 마음의 의도적인 작용이다. 상상력은 새로운 것을 생성하는 근원이며, 지각과 의미의 구성에 관련되며, 합리적 생각을 훨씬 풍부하게 하는 능력이다.[9] 상상력이 대상의 현존을 생각하는 의도적인 능력이라는 것은 이미 형성된 관점을 반영하여 대상의 개인적 의미를 수립하고 구성하도록 한다. 이것은 이미지 형성과 관련된다는 점에서 개념을 정서적으로 소통할 수 있도록 한다. 그리고 상상력은 새로운 생성의 근원이자 지각과 의미 구성에 관련되기 때문에, 합리성을 저해하지 않으면서 새로운 가능성을 탐구할 수 있도록 한다. 그리고 교육에서 중요하게 고려되는 정서의 발달은 정서와 상상력의 결합에서 더 분명해진다.[10] 그래서 상상력은 합리성을 저해하지 않으면서 정서가 수반된 의미 있는 지식을 가능케 한다.

상상력을 활용하는 교수의 교육적 의의는 이야기 형식의 수업과 관련지을 때 더욱 분명해진다. 이건은 상상력을 서사적 양식에서 의미를 형성하는 핵심적 능력으로 본다.[11] 수업을 이야기 형식으로 구성한다는 것은 서사적인 양식을 따른다는 것이다. 서사적인 양식은 의미 형성을 자극하고 계발하기 위한 것이다. 이야기 형식은 사건의 연쇄를 의미 있게 하고, 논리적이면서도 정서적인 이해를 위한 것이다.

상상력은 개인적인 의미 구성, 합리적인 새로운 가능성의 탐구, 정서가 담보된 의미 형성이라는 교육적 가치를 가지는 능력이다. 이러한 상상력의 교육적 가치는 도덕과 수업에서 더욱 부각될 수 있다. 이건에 의하면, 다른 사람의 삶을 의미 있게 만드는 수단, 지식의 인간적 의미, 희망, 걱정, 그리고 의도 등에 대해 학생들이 상상력을 사용하도록 하면, 그것은 도덕성과 관련된 문제에 초점이 맞추어진다.[12] 도덕적 행동을 위해서는 인물과 사건을 도덕적 관점에서 구성한, 의미 있는 도덕적 지식이 전제되어야 한다. 상상력은 자신, 타인, 상황 등을 사실적으로 지각하고, 이에 직접적으로 나타나지 않는 새로운 의미와 가능성을 탐구한다.

이 구성에 포함된 요소들과 선택한 대안을 이미지화하여 인간적 정서가 있는 도덕적 앎을 가능케 한다. 이 과정이 이야기 형식과 융합될 때, 부담 없는 학습이 이루어질 수 있다. 이것이 상상력을 활용하는 이야기 형식의 도덕과 수업이 가지는 의의이다.

인지 도구와 수업 구성 계획

상상력을 활용하는 이야기 형식의 도덕과 수업의 의의를 인정하더라도, 이를 초등학교 도덕과 수업에 반영하기 위해서는 초등학생의 특성을 고려해야 한다. 이건에 의하면, 다른 신체적·지적 특성과 마찬가지로, 상상력은 나이와 경험에 따라 변한다. 나이와 경험에 따라 공통적인 특성도 있지만, 상이한 특성도 있다. 그래서 상상력을 활용하고, 자극하고, 계발하기 위해 적합한 기술과 구성 계획을 수립하기 전에, 학생들의 상상적인 삶에서 전형적인 일반적 특성을 살펴보아야 한다.[13] 이러한 이해에 근거하여, 이건은 상상적인 이해의 특성을 구분하여 제시한다. 역사적 과정에서 발달된 이해의 방식과 순서에 따라 누적적으로 정교화되는 상상적 이해의 발달 특성을 제시한다.

이건은 사회적 도구가 이해의 도구로 전환된다는 비고츠키Vygotsky를 수용하여, 역사적으로 전개된 문화적 도구가 개인에게도 반복되며, 이것이 인지 도구화 되어 이해의 발달에 영향을 미치는 것으로 본다.[14] 현생 인류와 그 조상에게 정신의 진화는 뇌와 문화의 공동 발달의 산물이었다. 뇌의 주요한 성장과 관련해서 더 많은 도구 사용의 증거를 찾을 수 있다.[15] 이건에 의하면, 다른 유기체와 차별되는 인간의 특성 중 하나는 출생 후의 급격한 뇌 성장이다. 이 뇌 성장의 많은 부분은 상징과 관련된다. 인간은 소리라는 단순한 음성적 상징을 의미와 결합시키고, 이어 이미지라는 문자적 상징을 의미와 결합시킨다. 이 문자적 상징을 읽고 쓰도록 가르치는 것은 상대적으로 쉬운 문제이지만, 그 사용을 즐기도록 하는 것은 어려운 문제이다. 문식성이라는 부호화와 해독 기술의 습득을 넘어 그 기술을 통해 큰 기쁨과 능력을 얻을 수 있도록 하는 것이 중요하다. 신체의 음성을 사용한 언어적 의사소통 그리고 그 언어를 신체 밖의 문자적 상징으로 재현한 의사소통 이후에 인간은 이론적 사고라는 기법을 배운다. 이론적 사고는 구체적 대상에서 개념과 이론을 도출하고, 특정 규칙에 따라 도출한 것을 다루고, 그 결과를 다시 개별 대상에 적용하는 것이다.[16]

이에 따라 이건은 음성성 도구, 문식성 도구, 그리고 이론적 도구를 중심으로 상상력의 발달 특성을 제시한다. 먼저, 음성성 도구와 관련하여, 음성이라는 신체적 도구는 처음 고안된 단순한 목적을 넘어 인지적 도구로 사용된다. 이에 해당하는 구체적인 인지 도구들은 이야기, 은유, 상반된 쌍, 운율, 리듬, 유형, 농담과 유머, 심상, 잡담, 놀이, 신비, 초보적인 문식성 도구 등이 있다.[17] 문식성을 습득한 학생들이 지니게 될 주요한 인지 도구로는 현실감, 극단적 경험과 실재의 한계, 영웅과의 제휴, 경이감, 수집과 취미, 지식과 인간적 의미, 서사적 이해, 반항과 이상을 추구하는 능력, 맥락 바꾸기, 문식적 시각, 초보적인 이론적 사고 도구 등이 있다.[18] 이론적 사고를 계발하면 지니게 될 주요 인지 도구로는 추상적 실재의 인식, 행위 원인의 인식, 일반적 개념과 예외의 파악, 권위와 진리의 탐구, 메타 서사적 이해 등이 있다.[19] 이러한 인지 도구들은 정신적 삶의 주된 도구이다. 이 인지 도구들은 학생에게 세상에 관한 지식을 의미 있게 만들어 문제 해결에 도움을 주는 단서이다. 이러한 도구들은 상상력을 활용하도록 하는 데 유익한 인지 도구로서, 학습 과정에서 그 배치를 고려해야 한다. 상상력을 활용하는 접근의 교수에서는 이러한 주요 인지 도구에 초점을 맞춘 이야기 형식의 교수 구성을 강조한다. 상상력의 활용과 관련된 단계에서 초등학교에 해당하는 시기는 문식성 도구의 단계이다. 대개 7세나 9세부터 14세나 16세 사이에서 나타난다.[20] 이건은 이 시기의 상상적 이해의 특성을 반영한 수업 구성 계획을 "낭만적 구성Romantic Framework"으로 제시한다.[21]

낭만적 구성을 위해서는 먼저 "영웅적 특성"을 확인한다. 교사는 교수할 제재에 인물을 경이롭게 만드는 핵심적인 영웅적 특성이나 가치, 정서가 있는지를 찾는다. 그리고 그것을 지각하고, 느끼고, 사고하도록 하기 위해서 그 영웅적 특성을 포착하는 이미지를 고려한다. 다음으로 "서사적 구조로 제재 조직하기"에서는 이야기 형식으로 내용을 조직한다. 이를 위해 먼저 제재에서 확인된 영웅적 특성을 극적으로 구조화시키는 이야기를 고려한다. 이 이야기의 조직을 통해 학생들에게 무엇을 표현할지 고려한다. 더불어 학생들이 그 이야기 구조에서 어떤 이미지를 포착할지, 극단적 경험과 실재의 한계가 나타나는지, 이상과 도전은 무엇인지, 어떤 유머를 찾을 수 있는지, 학생들이 상세히 탐구할 부분은 무엇인지를 고려한다. 그리고 이야기의 전체 구조에서 극적 사건이나 갈등을 고려한다. 이를 통해서 제재의 영웅적 특성을 방해한 것이 무엇인지를 부각시켜 정서적 관점에서 제시될 내용을 생각한다. "마무리"에서는 학생들이 만족감을 느끼면서 제재를 마무리하는 방법을 고려한다. 이를 위해서 제재의 의미를 차분히 호소하거나 극적 긴장을 해결하는 방법이나 활동을 고려한다. 또는 더 향상된 인지 도구를 활용하여 제재를 새롭게 이해할 수 있도록, 이론적 사고에 수반된 인지 도구를 고려한 활동을 고려한다. 끝으로 "평가"에서는 제재의 이해, 중요성의 파악과 상상력의 활용 등을 평가한다.

이야기 형식의 활용: 배려

도덕과 교육 과정에 포괄적으로 나타나는 배려를 가장 직접적으로 언급하는 내용은 "남을 배려하고 봉사하는 삶"이다. 교사는 교육 과정 생산자가 제시한 텍스트를 해석하여 자신의 수업이라는 작품을 생산한다. 그러나 그 작품 자체에 완결된 의미가 있는 것이 아니라, 학생들에게 텍스트로 제시되어 수용될 때 비로소 의미가 발생한다. 교육 과정에 제시된 배려라는 가치를 수업으로 표현하기 위해서는 일상적 이해가 고려되어야 한다. 배려라는 단어는 일상적으로 가족, 친구, 연인, 이웃, 동료, 자기 자신을 배려한다고 말할 때 사용된다. 이때 사용되는 배려는 상대의 입장을 자신의 입장보다 우선시하고, 타인의 어려움이나 필요에 응답해 주는 것을 의미한다.[22] 우리는 자신을 위해 무엇인가를 성취하기 위해서가 아니라 배려 받는 자를 보호하거나 그의 복지를 증진하기 위해 배려의 행동을 하는 것이다.[23] 정의는 사람들 사이의 평등, 상호성, 공정의 이상을 반영하지만, 배려는 애착, 사랑하고 사랑받음, 반응하고 반응됨의 이상을 반영한다.[24] 따라서 배려의 가장 기본적인 도식은 배려하는 사람이 배려 받는 대상을 상대적으로 중시하는 반응이라고 볼 수 있다. 배려에서 확인할 수 있는 핵심적인 영웅적 특성은 상대에 대한 우선적 반응이 보통 이상으로 나타난 삶이다.

상대에 대한 일상 이상의 우선적 반응을 수업이라는 이야기로 시작하기 위해서 먼저 학생들에게 이 제재와 관련된 이미지를 소환하도록 한다. 이것은 수업의 시작 단계에서 제재를 가능한 비연역적으로 접근하여 의미를 파악하려는 것이다. 제재를 비연역적으로 접근함으로써 목표의 제시로 인한 문제를 완화하려는 것이다. 이것은 먼저 현실감이라는 인지 도구를 활용할 수 있도록 실세계에서 이야기를 찾는다. 이에 터하여 수업을 구성한다면, 먼저 배려와 관련된 현실감 있는 이야기를 통해 제재를 이미지로 형성하고, 이 제재와 관련된 영웅적 특성을 인간적 정서라는 측면에서 접근하도록 한다. 이를 위해 학생들이 극단적 경험과 실재의 한계, 영웅과의 제휴, 경이감 등의 도구를 활용할 수 있는 이야기를 제시한다. 이때 제재를 상반이라는 관점에서 이해할 수 있도록 하는 이야기를 함께 제시한다. 그리고 수집과 취미라는 도구를 활용할 수 있도록 유사한 사례를 찾아보게 한다. 두 번째로, 학생들이 이 제재와 관련된 인간적 의미를 탐구해 보도록 한다. 배려라는 제재의 인간적 의미를 찾도록 정서의 관점에서 제시할 수 있는 이야기를 고려한다. 그리고 반항과 이상을 추구하는 상상적 능력을 자극하기 위해 관습적으로 생각하기 어려운 제재의 독창적인 사용과 관련된 유머 있는 이야기를 제시한다. 세 번째로, 서사적 이해의 도구를 활용해 제재에 대한 이해가 자신과 세상에 관련되도록 한다. 이를 위해서 일련의 사건이나 사실에 대한 연속적인 설명을 탐구하도록 한다. 그리고 학습의 맥락을 바꾸면서 학생들이 문식적 시간을 활용하도록 카드를 작성해 보도록 한다. 끝으로 평가에서는 제재의 이해와 상상력의 활용을 고려한다. 또한 평가가 수업과 분리되지 않도록 영웅적 특성이 반영된 이야기를 제시한다. 이를 학습한 내용과 관련지어 이해하면서, 상상력을 활용하여 대안을 제시하도록 한다. 그리고 이러한 학습 결과를 자신과 관련지어 이해하는지 평가한다.

181-186쪽에 제시된 수업 구성을 통해서 교사가 수업에서 표현하고자 한 전체적인 이야기는 우리에게는 상대를 우선하여 반응하는 마음이 있다는 것이다. 이를 표현하기 위해서 배려에 대해서 가지고 있는 이미지를 구체화하고, 이것을 활용하여 다른 대상에게 반응하고 우선하는 마음이라는 영웅적 특성을 상반을 통해서 표현한다. 이어 그 마음이 가지는 인간적 정서를 생각해 보고, 그것이 어떻게 일련의 사건으로 이어질지 생각해 보도록 한다. 요컨대, 상대에게 우선하여 반응하는 경이로운 마음이 있다는 것을 질문을 통해 상상적으로 접근해 보자는 것이다.

○수업안

♠**각각의 이야기를 △, ○, □를 사용하여 가장 간단한 그림으로 나타내어 보세요.**

· 어느 버스 회사에서는 돈이 부족하여 모든 버스를 에어컨이 있는 신형 버스로 교체할 수가 없었습니다. 고민하던 버스 회사의 직원들은 승객들이 더위를 식힐 수 있도록 의자와 손잡이에 여러 개의 부채를 매달아 놓았습니다.

· 비행기를 타고 가던 한 승객이 화장실을 가려고 했습니다. 화장실에 가려면 옆 자리에서 피곤한 모습으로 자고 있는 다른 승객을 깨워야 했습니다. 옆에 있던 사람을 깨우지 않기 위해 그 사람은 의자를 조심스럽게 넘어 화장실에 갔습니다.

· 공원에서 특이한 모습을 보았습니다. 어떤 사람이 강아지를 데리고 산책하고 있었는데, 그 강아지는 바퀴가 달린 보조 기구를 뒷다리 부분에 착용하고 있었습니다.

· 오늘 식당에서 어머니가 한 곳을 계속해서 보고 계셨습니다. 바로 3살 정도 된 동생에게 7살 정도 된 언니가 밥을 먹여 주고 있는 모습이었습니다.

♠**다음의 두 이야기를 비교해 보세요.**

〈조심해서 돌아가렴〉

늙고 병든 사람을 산 채로 산에 버리는 풍습이 있던 시절, 한 농부에게 늙으신 어머니가 있었습니다. 너무나 가난하였던 농부는 어머니를 산에 버려야겠다고 결심하고 어머니를 등에 업고는 산 속으로 들어갔습니다. 어머니는 아들 등에 업힌 채 손에 잡히는 대로 나뭇가지를 꺾어 길모퉁

이마다 하나씩 버렸습니다. 그것을 본 아들이 말했습니다. "어머니는 몸도 불편하시고 기운도 없어서 먼 길을 걷지 못하시잖아요. 나뭇가지로 표시를 한다고 해도 되돌아오실 수는 없어요." 아들의 말에 어머니는 "내가 돌아가려고 그러는 게 아니란다. 나야 살 만큼 살았으니 호랑이 밥이 되어도 괜찮지만 너는 아직 젊고 또 어린 아들딸이 있으니 꼭 돌아가야 하지 않겠니?" 그리고는 말을 이으셨습니다. "산은 깊고 날은 저물어 가는데 행여 네가 돌아가는 길을 잃을까 봐 표시를 해 두는 거란다."[25]

〈여우와 황새〉
여우가 황새를 저녁에 초대해서 수프 외에는 아무것도 준비하지 않고 수프를 크고 얕은 접시에 담아서 내놓았다. 여우는 점잔을 빼면서 향연의 주인 노릇을 하며 본보기라도 보이듯이 수프를 핥기 시작했다. 이것은 여우에게 매우 쉬운 일이었다. 하지만 황새는 부리 끝을 접시에 조금 담그는 것밖에 할 수 없었다. 이처럼 형편없는 음식 대접을 받았는데도 황새는 여우에게 훌륭한 저녁 식사였다고 하면서 자신도 그에 대한 답례를 해서 경의를 표하겠다고 하고 얼른 그 자리를 떴다. 2, 3일 후, 황새는 답례하는 뜻에서 여우를 초대했는데, 식탁에는 유리병에 넣은 고기 조각만 내놓았다. 그 유리병의 목 부분은 가늘고 깊어서 황새 자신은 별 무리 없이 먹을 수 있었지만, 여우는 병 언저리에 붙어 있는 약간의 고기만 핥아먹을 수 있었다.[26]

* 첫 번째 이야기의 어머니와 같은 행동에 해당하는 사례들을 찾아보세요.

* 두 번째 이야기의 여우나 황새와 같은 행동에 해당되는 사례들을 찾아보세요.

＊여우나 황새의 행동과 비교할 때, 어머니의 행동에 이름을 붙인다면 무 엇이라고 할까요?

＊사람들은 왜 어머니와 같은 행동을 하기도 하고, 여우나 황새와 같은 행 동을 하기도 할까요?

♠**다음의 두 상황에서 어떤 일들이 벌어질지 생각해 보세요.**

오래 전 중국 공산당 최고위급 사절단이 영국을 방문했습니다. 이때 엘리 자베스 여왕은 만찬을 베풀었지요. 영국 왕족, 그것도 여왕과의 만찬이라 니 얼마나 매너와 격을 갖추어야 하는 자리겠습니까? 그런데 헤드테이블 에 앉은 중국 사절단 중 한 명이 실수를 범하고 말았습니다. 서양식 식사 매너에 익숙하지 않았던 그 사람은 식탁 위에 놓인 핑거볼(손 씻는 물 그 릇)에 담긴 물을 마시는 물로 오해해 여왕 앞에서 그 물을 마신 것입니다. 그도 그럴 것이 깨끗한 그릇에 레몬까지 띄워져 있었으니 오해를 할 만도 합니다. 이를 본 사람들은 아연실색하며 어찌할 바를 몰라 했습니다.[27]

〈상황 ①〉
그때 여왕이 태연스럽게 핑거볼을 두 손으로 들고 마셨습니다. 여왕이 그 렇게 하자 같은 자리에 앉았던 영국 관리들도 줄줄이 핑거볼을 마시는 다 소 기이한 풍경이 연출되었지요.

〈상황 ②〉
그때 여왕이 그 모습을 보고 인상을 찌푸렸습니다. 여왕이 그렇게 하자 같 은 자리에 앉았던 영국 관리들도 모두 인상을 찌푸리는 풍경이 연출되었 지요.

* 〈상황 ①〉에서, 그 후 중국 사절단은…

* 〈상황 ②〉에서, 그 후 중국 사절단은…

* 나의 생활 속에서 이와 유사한 상황이 벌어질 수 있다면, 어떤 상황일까요? 그때 내가 여왕이라면, 어떻게 행동할까요?

♠주인공의 행동이 어떻게 계속 이어질까요?

크리스마스를 일주일 앞둔 날, 얼마 전 회사가 망해 실업자가 되어버린 래리 스튜어트는 이틀이나 굶은 상태였다. 그는 무작정 눈에 띄는 식당에 들어갔다. 너무도 춥고 배가 고파 앞뒤 따질 겨를이 없었다. 식사는 마쳤지만 돈이 없었다. 그는 지갑을 잃어버린 것처럼 괜히 주머니만 뒤적이며 시간을 끌었다. 식당주인 테드 혼은 들어올 때부터 절박한 표정이었던 래리를 예의 주시하고 있었다. 상황을 파악한 테드는 자기 지갑에서 20달러를 꺼내 들고, 래리의 테이블 쪽으로 가서 슬쩍 돈을 떨어뜨렸다. 그리고는 몸을 숙여 바닥에 놓인 20달러를 다시 주웠다.

"이 돈을 찾고 있었군요. 손님께서 떨어뜨리신 것 같은데요."

래리는 눈물나게 고마웠다. 그는 식당을 나오면서 기도했다. '저도 남을 도울 수 있는 자리에 서게 된다면 꼭 돕겠습니다. 남모르게 내게 친절을 베풀어준 이 식당주인처럼….'

그 후 래리는 케이블 TV와 IT분야에서 성공한 사업가로 변신했다. 그리고 1979년 겨울, 처음으로 남을 도울 수 있었다. 드라이브-인 식당(자동차에 탄 채 주문하고 음식을 받아갈 수 있는 식당)에서 주문을 받는 종업원이 얇은 옷차림으로 추위에 떨고 있었다. "돈 몇 푼 벌겠다고 바깥에서 고생하는 그녀가 안쓰럽더군요. 그래서 20달러를 내고 거스름돈을 가지라고 했어요. 그런데 갑자기 그녀의 입술이 바르르 떨리더니 뺨 위로 눈물이 흘러내리는 게 아닙니까! '선생님, 이 돈이 제게 어떤 의미가 있는지 모르실 거예요.'라더군요. 래리는 그 길로 은행으로 달려가 200달러를 인출했다. 그리고 차를 타고 돌아다니면서 도움이 필요해 보이는 사람들이 눈에 띌 때마다 조금씩 돈을 주었다. "나 자신에게 주는 크리스마스 선물이었답니다."[28]

＊모든 사람이 '래리 스튜어트'와 같다면, 나의 행동이 어떻게 이어질까요? 먼저, 내가 한 친구에게 카드를 만들어 주고, 그 친구는 그 카드를 작성하여 또 다른 친구에게 전해 준다. 마지막 친구는 처음 출발했던 나에게 카드를 작성하여 전해 준다.

(출발)	나는 ①_____에게 _____을 한다.
⋮	①은 ②_____에게 _____을 한다.
	②는 ③_____에게 _____을 한다.
	③은 ④_____에게 _____을 한다.
(도착)	④는 나에게 _____을 한다.

♠아래 이야기의 군인들처럼 '세상의 수통'을 그대로 남아 있게 하면서 '갈증을 느끼지 않을 수 있는' 방법을 가능한 많이 찾아보세요?

〈수통 하나로 전 소대원이 마시다〉

한바탕 전투가 끝나 모두들 지쳐 쓰러져 있는 가운데, 부상당한 병사 하나가 애타게 물을 찾고 있었습니다. 그런데 물을 가진 사람이라고는 전투에 직접 참여하지 않은 군종 목사뿐이었습니다. 목사는 자기의 수통을 그 병사에게 주었습니다. 병사는 허겁지겁 수통을 입으로 가져갔습니다. 그러다가 문득 뒤를 돌아보니 모든 소대원이 자기를 바라보고 있는 것이 아니겠어요? 그들의 애타는 눈빛을 보자 병사는 도저히 물을 마실 수 없었습니다. 그들 또한 자기와 마찬가지로 목이 탈 것이 분명했기 때문이었습니다. 병사는 수통을 소대장에게 넘겼습니다. 소대장은 수통을 받더니 입에 대고 꿀꺽꿀꺽 소리를 내며 시원스레 마셨습니다. 그리고서 수통을 처음 그 병사에게 돌려주었습니다. 병사는 '이젠 마셔도 되겠지' 하며 물을 마시려다가 수통의 무게를 느껴 보았습니다. 이상했습니다. 물은 조금도 줄지 않았던 것입니다. 그는 금방 소대장의 마음을 짐작하였습니다. 그래서 소대장처럼 꿀꺽꿀꺽 소리를 내며 물을 마신 다음 수통을 다음 병사에게 넘겼습니다. 서른 명이 넘는 전 소대원이 돌아가며 수통의 물을 꿀꺽꿀꺽 마셨습니다. 그런 다음 마지막으로 수통은 주인인 군종 목사에게로 돌아갔지만 그때까지 수통의 물은 처음 그대로 남아 있었습니다. 아무도 물 한 모금 마시지 않았지만 서른일곱 명 중에 갈증을 느끼는 사람은 아무도 없었습니다.[29]

♠아래 (예)를 참고하여 자신이 생각하는 '배려'의 의미를 정리해 보세요?

(예) 배려는 '목마른 사람들이 갈증을 느끼지 않으면서 세상의 물통을 비우지 않으려는 마음이다.'

(예) 배려는 '잠든 승객이 깨지 않도록 조심스럽게 의자를 넘어가는 마음이다.'

9. 상상적 이해를 활용한 수업

도덕과 수업은 도덕적 행동을 실현하는 내적 성향인 도덕성의 함양을 직접적으로 지향한다. 도덕적 존재의 이해와 표현의 성향인 도덕성은 교육 내용을 매개로 함양된다. 도덕성을 함양하기 위해서는 교육 내용을 알고 싶어 해야 하고, 교육 내용이 인식 주체와 관계되어야 한다. 흥미 및 인식 주체와의 관계를 고려한 표현 과정과 양식은 도덕과 수업에서 중요한 고려 사항이다.

상상적 이해

도덕과 수업에서 흥미를 가능케 하는 표현 양식을 살펴보기에 앞서, 일상생활에서 흥미와 관련된 일화를 살펴보자.

한 아이에게 두발자전거 타기를 가르치려고 애쓰는 아버지가 있었다. 하지만 아이는 세발자전거 타기가 더 편하고 쉬웠다. 아이는 두발자전거 타기를 가르치려고 애쓰는 아버지를 이해할 수 없었다. 사실 아이는 두발자전거 타기에 별로 관심도 없었다. 두발자전거 타기는 세발자전거 타

기에 비해 너무 힘들었기 때문이다. 그래서 포기하려고 했다. 아이가 힘
들어하는 모습을 본 아버지는 두발자전거에 보조 바퀴를 달아 주었다.
보조 바퀴를 달자, 포기하고 싶은 마음이 조금씩 줄어들었다. 두발자전
거는 가고서는 것이 자유롭고, 경사진 곳도 잘 오르내릴 수 있었다. 더
익숙하게 되자, 빠른 속도로 달릴 때 스치는 바람이 아주 상쾌했다. 이제
아이는 아버지와 함께 공원에서 자전거를 타는 주말을 기다리게 되었다.

이 일화에는 자전거를 타도록 하는 흥미와 자전거를 타는 흥미가 있
다. 마찬가지로 수업에도 학습을 위한 흥미와 흥미를 낳는 학습이 있다.
흥미를 낳는 학습에 관한 설명은 헤르바르트Herbart에게서 찾을 수 있다.
흥미는 특정한 사실에 자발적으로 주의를 기울일 때 수반되는 특별한 정
신 상태를 뜻한다. 이 상태는 이전의 앎이 새로운 학습 내용과 연결될 때
나타난다.[1] 이해가 흥미를 낳는 것이다. 하지만 교육의 실천에서 이해를
위해 흥미를 가지도록 하는 문제는 여전이 남아 있다. 주의와 기대가 없
는 경우에, 이를 어떻게 가지도록 할 것인가의 문제이다. 듀이Dewey에 의
하면, 활동이 지속되기 위해서는 작용 조건 및 행위자의 성향, 능력, 습
관에 대한 고려가 요구된다. 학습을 위한 흥미는 개인의 능력을 발휘하
는 양식을 지속시키는 것이다.[2] 학생의 능력이 적절히 작용하도록 할 수
있다면, 흥미는 유지된다. 학습을 위한 흥미를 위해서는 능력을 발휘하
여 몰두할 수 있는 유목적의 활동이 필요하다. 이러한 흥미에 관한 설명
에서 흥미는 학습 내용과 분리되지 않는다. 학습 내용을 이해하는 데서
흥미가 수반되고, 흥미를 위해서는 능력을 발휘하여 학습 내용을 이해할
수 있는 과정이 제공되어야 한다. 그래서 '학습에 의한 흥미'와 '학습을
위한 흥미'는 '학습 내용의 이해'에서 만난다. 흥미는 내용을 이해하는
것에 수반되고, 이해하고 싶게 내용이 제시될 때 흥미가 유지된다. 도덕
과 수업에서 흥미의 문제는 학습 내용을 자발적으로 이해에 이르도록 제
시하는 표현의 문제이다. 이 표현과 관련하여 아래의 글을 살펴보자.

〈어느 마을에서 있었던 일〉

장애인 종합 복지관 건립 계획이 알려지자, 근처 주민들이 집값이 떨어진다고 시 당국과 시 의회 등에 장소 변경을 요구하면서 집단으로 반대하였습니다.

결국, 몸이 불편한 내 동생은 멀리 떨어진 곳까지 다니게 되어 많이 아쉬워했습니다. 그러면서, '종합복지관 홈페이지'에 들어가 지난 번 읽었던 글을 다시 읽었습니다.

"상대를 이해하려면

내가 낮고 작아져 그가 되어야 합니다.

같은 눈높이를 갖지 않고서는

상대방의 참모습을 알 수 없습니다.

상대를 제대로 알려고 한다면

언제나 내가 그의 한쪽 날개가 되어주는

공감의 이해가 필요합니다.

결코 하나의 날개로는 날아오를 수 없기에"

나는 이야기를 구청에서 주최하는 글쓰기 대회에서 소개했습니다. 며칠 후 아버지께서 웃으시며 지역 신문을 들고 오셨습니다. 왜냐하면…

＊ 마지막 부분에서 생략된 내용은 무엇일까요?

여기서 "마을 주민들의 태도에 대해 어떻게 생각하나요?"라는 질문은 하지 않는다. 만약 그렇게 물었다면 학생들은 '한정된 답'을 요구한다고 생각하기 때문에 이 질문에 흥미를 갖지 않을 것이다. 이미 이루어진 판단에 대한 확인을 요구한다면, 그것은 심문에 가깝다. 도덕적 결정을 확인하려는 질문에서 학생들은 자신의 경험을 소환하지 않거나, 깊이 생각하지 않거나, 간파된 언어적 정답만을 제시한다. 흥미를 고려한 도덕과 수업을 위해서는 적어도 확인 이상을 요구하는 양식으로 학습 내용이 표현되어야 한다. 학습 내용에 대한 자발적 숙고를 가능케 해야 한다. 이는 도덕적 상상을 통해 이루어질 수 있다. 콜즈Coles에 의하면, 도덕적 상상을 통해 아이들은 정서적이고 지적인 모든 자원을 사용하여 옳고 그른 것을 숙고한다. 아이들의 경험과 그에 따른 숙고를 통해서 도덕적 상상력은 점점 넓고 깊게 발달하게 된다. 도덕적 상상력은 크고 작은 결정, 행해진 행동, 그 후의 끊임없는 생각에 의해서 강화되고, 이를 통해서 더욱 확실하게 되고, 실현되고, 발달하게 되고, 훈련된다.[3] 그래서 도덕적 상상은 정서적이고 지적인 경험을 사용한 자발적 숙고를 가능케 한다.

흥미의 문제와 더불어 도덕과 수업에서 상상적 이해가 요구되는 이유는 수업 내용이 주로 추상적 개념이기 때문이다. 추상적인 개념은 신체적이고 물리적인 개념처럼 직접적으로 이해된 영역을 투사하여 이해된다. 이 과정에서 직접적 경험의 구조는 추상적 대상의 이해에 반영되며, 이에 근거하여 추상적 개념은 구체화된다. 추상적 규범을 구체화하거나, 구체적 사례를 추상적 규범으로 연결하는 것은 상상적 이해이다. 도덕적 상상은 구체와 추상이라는 두 수준의 논리적 간극을 연결하는 인식 능력으로 작용한다. 더불어 도덕적 영역에서 상상이 요구되는 또 다른 이유는 도덕적 사고에는 선택이 포함되기 때문이다. 선택을 위해서는 미래의 가능한 결과를 구체적으로 그려보아야 한다. 미래의 가능한 결과를 도덕적으로 고려하기 위해서는 다른 사람의 입장에서 그들의 이익을 배려해야 한다. 그리고 대상에 대한 속성 추출을 넘어서 '보이지 않는 것'을 숙고해야 한다. 이 과정에서 도덕적 문제의 가장 바람직한 모습이 구체화되는 도덕적 이상화가 이루어진다. 도덕적 이상화는 나의 이해를 바탕으로 가장 바람직한 문제 해결 상황을 그려보는 것이다. 도덕적 이상화는 인식 주체가 이루어지기를 바라는 상황이다. 이처럼 도덕적 이상을 구성하기 위해서도 도덕적 상상을 활용한다.

상상적 이해의 활용: 정직

상상적 이해는 자신의 경험을 구체화하고, 그 원형에 근거하여 논리적 간극을 연결하는 이해이다. 경험을 구체화하여 원형을 형성하는 상상적 이해는 명제적 정의를 넘어 정서가 담긴 이해를 가능케 한다. 그리고 논리적 간극을 연결하는 상상적 이해는 논리적 판단을 넘어 바람이 담긴 이해를 가능케 한다. 따라서 도덕적 개념 이해에 정서를 담고, 도덕적 행위 결정에 바람을 담기 위해서는 상상적 이해를 활용하는 과정과 양식으로 수업이 구성되어야 한다.

○도덕적 문제의 인식

일반적으로 도덕과 수업은 도덕적 문제의 제시에서 시작된다. 도덕적 문제는 도덕적 원리를 구현한 원형적인 사례로 제시되기도 하고, 도덕적 갈등 사태로 제시되기도 한다. 어떤 목적에서 제시되든, 그것은 자신의 경험과 관련지어 도덕적 문제로 인식되어야 한다. 어떤 대상을 문제로 인식하는 경우는 인식 주체의 원형적 도식과 대상이 논리적인 간극을 가지고 있는 경우이다. 만약 교육 내용이 전형적인 도덕적 사례라면, 그 내용이 부분적으로 제시될 때, 학습자는 자신의 원형과의 논리적 간극을 발견한다. 만약 교육 내용이 비전형적인 도덕적 사례라면, 학습자는 자신의 원형과 그 내용 자체의 논리적 간극을 발견하게 된다. 이러한 논리적 간극과 자신의 내면화된 경험을 관련시키기 위해서는 상상이 요구된다. 상상은 논리적 간극이 있는 경우에 소환되기 때문이다. 그래서 도덕적 문제는 발견을 요구하는 간극을 가지는 형식으로 제시될 때, 상상하기가 조장될 수 있다. 도덕적 문제에서 논리적 간극을 인식하는 방법으로 비교하기, 분류하기, 추측하기 등이 사용될 수 있다. 비교하기는 도덕과 관련된 문제와 도덕과 무관한 문제를 제시하여 그 차이점을 찾는 것이다. 분류하기는 제시된 몇 가지 대상들 중에서 서로 어울리는 것을 찾도록 함으로써 원형에 근거하여 범주화하도록 한다. 추측하기는 학생들에게 도덕적 문제 중 일부를 생략하여 제시하고, 그것을 도덕적 문제로 완성해 보도록 한다. 어떤 방식으로 도덕적 문제가 제시되든, 그것이 상상을 자극하여 발견을 요구하는 형식으로 제시될 때, 학생들은 도덕적 문제에 관여하게 된다.

○ 도덕적 문제의 경험적 이해

일반적으로 도덕적 문제는 옳은 행동을 결정하기 위한 목적으로 제시된다. 객관주의적 입장은 이 목적을 원리의 적용으로 해결하려고 한다. 그러나 도덕적 문제는 주체의 이해와 무관하게 속성을 추출하기 위한 대상은 아니다. 그보다는 학생들의 이해를 통해 도덕적 의미를 인식시키기 위한 대상이다. 학생은 그 문제를 통해서 자신이 가지고 있는 원형적 개념을 소환하여 도덕적 의미를 파악한다. 이 과정에서 학생은 도덕적 문제를 자신에게 의미 있는 문제로 이해한다. 그러므로 도덕적 문제에 관한 접근은 주체에게 의미 있게 이루어지고 다루어져야 한다. 이를 위해서 그 문제와 관련된 학생들의 다양한 경험이 소환되어야 한다.

경험적 이해를 위해서는 교육 내용과 관련된 자신의 원형이 소환되어야 한다. 소환된 원형에 의해서 학생은 제시된 교육 내용과 자신의 경험의 유사성을 발견한다. 만약 제시된 도덕적 문제를 나의 경험과 관련된 구성 없이 그 자체로만 분석한다면, 그것은 나의 문제가 아니라 단지 '그들의' 문제로서 객관적 분석의 대상이 될 뿐이다. 반면에, 제시된 도덕적 문제를 유사한 경험과 관련시켜 이해하고 표현한다면, 그것은 분석의 대상이 되는 '그들의' 문제가 아니라 이해를 요구하는 '나의' 문제가 된다. 그러므로 도덕과 수업은 도덕적 문제의 제시 다음에 그 문제를 자신의 경험과 관련시켜 의미 있게 이해하는 과정이 요구된다.

학생들이 도덕적 문제를 의미 있게 이해하기 위해서는 그것이 어떤 형식으로든 자신과 관련되어야 한다. 일반적으로 도덕적 문제는 학생과 직접적으로 관련되지 않는 인물이나 상황으로 주어진다. 이 문제를 나와 관련시키기 위한 방법으로, 나와 관련된 인물로 바꾸어 보기, 나와 관련된 인물로 바꾸고 생략된 부분을 완성해 보기, 쉬운 말로 바꾸어 보기 등을 들 수 있다. 나와 관련된 인물로 바꾸어 보기를 통해 도덕적 문제의 틀을 그대로 유지한 상태에서 도덕적 문제에 등장하는 인물이나 대상 등을 자신과 관련된 인물이나 대상으로 대체해 보게 한다. 나와 관련된 인물로 만들어 보고 생략된 부분을 완성해 보기를 통해 일인칭으로 변형된 도덕적 문제의 일부를 삭제하고 그것을 학생들이 직접 채워 보도록 한다. 쉬운 말로 바꾸어 보기는 도덕적 문제에 사용된 추상적 개념들을 구체적인 용어로 대체하도록 한다.

도덕적 문제나 교육 내용이 원형적 경험과의 유사성에 의해 나와 관련된 의미 있는 문제로 이해되었다면, 그 이해를 이미지로 형상화하는 것이 필요하다. 이미지의 형상화를 통해서 주체는 세계를 고립적으로 지각하는 것이 아니라, 현재의 경험을 과거와 연결하고, 미래의 조건을 정하게 된다. 이를 통해 주체와 세계는 관련되고, 세계상世界相의 정립을 통해 자신이 처한 세계를 수용하고 이해하게 된다.[4] 도덕적 상황의 이해와 표현에서도 이미지의 형상화를 통해 자신이 이해한 세계를 표현하게 된다. 이미지를 형상화하기 위한 방법 중 하나가 시각화하기이다. 벨Bell에 의하면, 시각화하기는 심상을 시각적인 양상으로 전개하는 것이다. 여기서 시각화는 두 가지 양태로 구분된다. 먼저, 출현conjuration은 대상 자체의 실제적 공간과 시간에서 상상자의 현재로 이동하는 것이다. 전위transposition는 상상자가 다른 장소와 시간에 있는 자신을 시각화하는 것이다.[5] 이러한 시각화하기는 도덕적 문제 사태를 자신의 상황 속으로 가져와서 구성해 보도록 하거나, 자신이 그 상황 속에 있다고 상상해 보도록 하는 것이다. 도덕적 이해에 대한 이미지를 형상화하는 방법으로 시점을 다르게 생각해 보기, 상징적으로 표현해 보기, 이미지를 시, 그림, 만화 등으로 표현해 보기 등을 들 수 있다. 시점을 다르게 생각해 보기를 통해 상상자의 현재로 과거의 사건을 옮겨 보거나, 과거나 미래로 상상자의 현재의 사건을 이동시켜 상상해 보도록 한다. 상징적으로 표현해 보기를 통해 특정 단어나 인물, 혹은 이야기에 관한 자신의 이미지를 상징적으로 표현해 보고, 그 표현이 무엇인지를 서로 상상해 보도록 한다. 그리고 이렇게 형상화된 이미지를 시, 그림, 만화 등의 다양한 형식으로 표현해 보도록 할 수 있을 것이다.

이러한 형상화 과정에 이어 도덕 교육의 내용에 대한 자신의 이해를 추상화하도록 한다. 이러한 추상화는 자신의 이해를 은유적으로 표현함으로써 이루어진다. 예를 들어, 만약 내가 '정직'이라는 추상적 개념을 이해하려면, 그 개념에 대한 구체적인 정신적 표상이 있어야 한다. 정신적 표상이 없는 언어적 명제는 의미 없는 문자적 정의에 그칠 수 있기 때문이다. 푸른 것과 분리된 푸름은 생각할 수 없고, 달리는 대상과 분리된 뛰기를 상상할 수 없는 것과 마찬가지이다. 특히, 추상적인 도덕적 개념인 경우는 더욱 그렇다. 그러므로 추상적인 도덕적 개념을 이해했다는 것은 그 사례를 생각할 수 있고, 구체적인 표상을 형성할 수 있다는 의미이다. 내면화된 심상을 통해서 도덕적 문제의 이해가 이루어졌다면, 이 이해는 은유적 투사를 통해 추상적 규범의 이해로 수직적으로 상승할 수 있다. 추상적 규범의 이해는 경험의 은유적 이해를 통해서 이루어지기 때문이다. 이러한 은유적 이해를 위한 상상하기는 이름 짓기, 줄여가기, 정의 내리기 등의 형식으로 이루어질 수 있다. 이름 짓기는 구체적인 예와 유사한 몇 가지 예를 찾고, 그것을 포괄할 수 있는 이름을 붙여보도록 함으로써, 평균적 표상이 추상적 개념으로 이어지도록 하는 것이다. 줄여가기는 다양한 사례들을 분류하고 범주화하여, 이에 근거하여 개념을 이해하도록 한다. 정의 내리기는 도덕적 개념에 대한 은유적 이해를 표현하도록 하여 개념을 이해하도록 한다.

○ 도덕적 문제의 이상화

도식적 상상은 도덕적 이상화를 위한 틀을 제공한다. 티어니Tiemey는 "이상들은 좋은 삶의 상상적 구체화이거나, 좀 더 정확히 말하면, 세상의 해석과 자아가 좋은 삶이라고 선택한 관점에서 자신의 반응을 조직하기 위한 절차"라고 하였다.[6] 이러한 이상은 되고 싶은 사람, 맺고 싶은 관계, 살고 싶은 세상에 관한 모델을 낳는 도식이다. 이러한 이상들은 해석의 구조와 동기의 구조라는 두 가지 구조로서 작용한다. 해석의 구조로서 이상은 대상을 '~로서' 보도록 하며, 동기의 구조로서 이상은 단순히 상황을 기술적으로 보는 현실성과 더불어 바람이 포함된다. 바람이 포함된 현실의 지각은 규정과 기술, 존재와 당위, 의지와 경향 사이의 전통적인 구분을 분명하지 않게 한다.[7] 이처럼 이상화는 바람이 포함된 현실의 지각 방식이다. 예를 들어, '살인하지 말라'는 원리는 '전쟁 없는 지구'라는 이상으로 표현될 수 있다. '너의 가족을 부양하라'는 '나의 가족을 위한 교외의 집'이라는 이상으로 표현될 수 있다. 그러므로 이상은 개념적인 보편화에 구속되지 않고, 도식적으로, 실제 자아의 목표에 구속된다. 그래서 이상들은 자아에 대해 권위를 가진다. 이상들은 최선의 자아의 목적을 기술하기 때문에 규정적이다. 이상들은 자아의 구조 내에서 동기로 바뀔 수 있는 객관적 경험을 질서 짓는 방식이면서 반성적인 자아 이해의 형식이다.[8] 특히 제시된 도덕적 문제가 도덕적 갈등 사태라면, 그 갈등 사태에 대한 이상적 상황을 상상해 보도록 하는 것이 필요하다. 도덕적 문제의 해결 과정에서 창조로서의 도덕적 상상이 반영되며, 비원형적인 상황과 원형의 다름을 극복하도록 한다.

도덕적 문제의 이상화에서 상상하기를 자극하는 방법으로 가정하기가 있다. 벨에 의하면, 가정하기는 대상이나 사태를 비현실적이거나 비사실적으로 제시하는 것이다. 이러한 가정하기에는 신념과 재해석이 수반된다.[9] 그러므로 가정하기에는 경험의 가상적 조합과 구성 능력이 요구된다. 그러나 이러한 가정하기는 논리적으로 가능하고 경험적으로 필요한 것이 되어야 한다. 즉, 현실 세계와 관련을 가지며, 가능한 세계와 유사성을 가져야 한다. 이러한 가정하기의 형식은 물활론적인 상상과 무한화하기로 구분할 수 있다. 물활론적인 상상은 대상에게 자연적인 능력을 넘어선 능력이 있는 것으로 가정하는 것이다. 무한화하기는 다양한 상태에 있는 자아를 가정하는 것이다. 이러한 가정하기를 일반적으로 '만약 ~라면'의 형식으로 표현할 수 있다. 도덕적 문제에 대한 이러한 가정은 그 문제의 표면에 나타나 있지 않은 본질을 더 잘 이해하여, 그 문제에 대한 상세한 심상을 형성시킬 수 있다. 이러한 가정하기는 상상자의 경험적 제한 속에서 이루어지게 된다. 이러한 가정하기의 구체적 형식으로는 다른 능력을 가진 것으로 가정하기, 내가 다른 능력을 가지고 있는 것으로 가정하기, 다른 가능성을 가정하기 등을 들 수 있다. 다른 능력을 가진 것으로 가정하기는 도덕적 문제와 관련된 사람이 현실적인 능력이나 한계 이상을 가진 것으로 상상해 보는 것이다. 내가 다른 능력을 가지고 있는 것으로 가정하기는 도덕적 문제와 관련해서 나의 능력이 현실적인 능력이나 한계 이상인 경우를 상상해 보는 것이다. 다른 가능성을 가정하기는 도덕적 문제와 관련해서 내가 처한 문화나 환경과는 다른 경우를 상상해 보는 것이다.

　다음으로, 가능한 결과를 생각해 보기를 들 수 있다. 윌킨슨Wilkinson에 의하면, 사람들이 신중하게 비교하기 전에 그 결과를 그려볼 수 있어야 한다. 그 결과를 상상할 수 없다면, 비교할 수도 없다. 그러므로 상상할 수 있는 능력은 도덕적 반성의 전제 조건이다. 만약 상상력을 결여한다면, 윤리적 삶의 어떤 가능성도 없다.[10] 즉, 나의 선택의 질은 나의 상상하기의 정확성에 의해서 결정된다. 이러한 선택을 위한 가능한 결과의 표현은 도덕적 상상을 통해서 이루어질 수 있다. 이러한 가능한 결과를 상상하기에는 다른 사람의 입장에서 생각하기가 포함되어야 한다. 레디포드Reddiford는 "도덕적 상상하기는 상황을 자신의 관점에서 기술하는 것

을 보류하고 다른 사람의 관점에서 이해하는 것"이라고 한다.[11] 먼저 상
상하기가 도덕적인 관점이 되기 위해서는 다른 사람의 삶에 대한 영향이
고려되어야 하며, 동시에 그 결과가 다른 사람의 삶에 미치는 영향이 고
려되어야 한다. 이러한 다른 사람의 삶에 대한 고려는 도덕적 상상을 좀
더 보편화 가능하도록 한다. 도덕적 보편화는 보편적 원리의 객관적 적
용에 있는 것이 아니라, 다른 사람의 삶을 고려하는 상상에 있다. 그래서
레디포드는 아동에게 두 가지 상상적인 방향이 요구된다고 한다.[12] 즉,
도덕적 판단에 따른 행동이 다른 사람에게 미치는 영향과 다른 사람이
그렇게 행동했을 때 발생할 수 있는 결과를 고려하는 것이다. 이러한 이
해를 통해서 다른 사람의 불행과 고통에 대한 도덕적 배려와 동정을 이
해하는 것이다. 그리고 다른 사람의 입장이 되기 위해서는 그 사람을 관
찰하는 것이 아니라 내가 그 사람이 되는 상상하기가 필요하며, 이것은
도덕적 상상하기를 통해서 이루어질 수 있다. 이러한 가능한 결과를 생
각해 보기 위한 방법으로는, 연결하는 말로 이어보기, 다른 사람의 입장
에서 생각하기, 이야기 바꾸어 보기, 가장 아름다운 이야기로 만들기를
들 수 있다. 연결하는 말로 이어보기는 도덕적 문제에 제시되지 않은 부
분을 학생들이 연결하는 말을 넣고 상상해 봄으로써 그 문제의 가능한
원인과 결과를 구체화하도록 하는 것이다. 다른 사람의 입장에서 생각하
기는 도덕적 문제와 관련된 등장인물의 입장에서 어떤 생각을 하게 될지
상상해 보도록 하는 것이다. 이야기 바꾸어 보기는 제시된 도덕적 문제
와 관련된 내용을 자신이 바라는 가장 바람직한 내용으로 바꾸어 보도록
하는 것이다. 가장 아름다운 이야기로 만들기는 학생들이 관련된 도덕적
문제를 가장 아름다운 이야기로 바꾸어 보거나, 혹은 도덕적 개념과 관
련된 가장 아름다운 이야기를 만들어 보는 것이다. 이상에 터한 정직에
대한 수업안은 198-204쪽을 참조하라.

○수업안

♠**도덕적 문제의 제시**

＊비교하기: 다음 두 글에는 어떤 차이점이 있는지 비교해 봅시다.

·민태는 어제 현숙이에게 천 원을 빌렸습니다. 오락실에 가기 위해서였
  습니다. 돈을 빌려 주지 않으려는 현숙이에게 내일 꼭 갚겠다고 약속을
  했습니다. 오늘은 민태가 아버지께 용돈을 받는 날입니다. 그런데 민태
  아버지께서는 회사일 때문에 어제 집에 들어오시지 못했습니다. 걱정을
  하며 등교 준비를 하던 민태는 할 수 없이 어머니께 천 원을 달라고 하였
  습니다. 무엇 하는 데 쓸 거냐는 어머니의 물음에, 민태는 미술 준비물
  을 사야 한다고 거짓말을 했습니다.
·민태는 어제 현숙이에게 천 원을 빌렸습니다. 오락실에 가기 위해서였
  습니다. 돈을 빌려 주지 않으려는 현숙이에게 내일 꼭 갚겠다고 약속을
  했습니다. 오늘은 민태가 아버지께 용돈을 받는 날입니다. 그런데 민태
  아버지께서는 회사일 때문에 어제 집에 들어오시지 못했습니다. 걱정을
  하며 등교 준비를 하던 민태는 할 수 없이 어머니께 천 원을 달라고 하였
  습니다. 무엇 하는 데 쓸 거냐는 어머니의 물음에, 민태는 오락실에 가
  기 위해 현숙이에게 빌린 돈을 갚아야 한다고 말했습니다.

＊분류하기: 아래의 보기들 중에서 어울리는 것을 생각해 봅시다.
·정직, 똑바로 섬, 길, 앞.
·정직, 바름, 어려움, 떳떳함.
·교장선생님, 두려움, 실망, 용서.
·친구, 솔직함, 망설임, 보호.

· 의사, 위로, 치료, 환자.

· 선물, 돈, 환호, 선생님.

· 혼자 있음, 누가 봄, 솔직함, 자신.

＊추측하기: 아래의 글에서 생략된 부분을 완성해 봅시다.

· 순희 할머니는 순희 아버지의 진찰 결과를 애타게 기다리고 계십니다. 그런데 순희네 가족은 할머니께서 순희 아버지의 진찰 결과를 듣고 충격을 받으실까 봐 더욱 걱정입니다. 순희 아버지의 병은 수술을 해도 낫기가 어려운 상황입니다. 순희 할머니를 만난 담당 의사 선생님께서 "＿＿＿＿＿＿＿＿＿＿＿＿＿＿＿＿＿＿＿"라고 말씀하셨습니다.

♠도덕적 문제의 경험적 이해

＊나와 관련된 인물로 바꾸어 보기: 다음 두 글을 읽고 의사 선생님께서 하신 말씀에 대해 생각해 봅시다.

· 순희 할머니는 순희 아버지의 진찰 결과를 애타게 기다리고 계십니다. 그런데 순희네 가족은 할머니께서 순희 아버지의 진찰 결과를 듣고 충격을 받으실까 봐 더욱 걱정입니다. 이런 사정을 잘 알고 있는 담당 의사 선생님께서 순희 할머니께 "아드님의 병은 치료받기가 좀 고통스러울 뿐입니다. 치료를 받으면 좋아질 테니 너무 염려하지 마십시오."라고 말씀하셨습니다. 그러나 사실은, 순희 아버지의 병은 수술을 해도 완전히 낫기가 어려운 상태였습니다.

· 나의 할머니는 나의 아버지의 진찰 결과를 애타게 기다라고 계십니다. 그런데 우리 가족은 할머니께서 나의 아버지의 진찰 결과를 듣고 충격을 받으실까 봐 더욱 걱정입니다. 이런 사정을 잘 알고 있는 담당 의사 선생님께서 나의 할머니께 "아드님의 병은 치료받기가 좀 고통스러울

뿐입니다. 치료를 받으면 좋아질 테니 너무 염려하지 마십시오."라고 말씀하셨습니다. 그러나 사실은, 나의 아버지의 병은 수술을 해도 완전히 낫기가 어려운 상태였습니다.

＊나와 관련된 인물로 만들어 보고 생략된 부분을 완성해 보기: 빈 곳에 자신의 경험이나 생각을 채워봅시다.

· 나는 어제 짝에게 천 원을 빌렸습니다. (　　　)에 가기 위해서였습니다. 돈을 빌려 주지 않으려는 짝에게 내일 꼭 갚겠다고 약속을 했습니다. 오늘은 나의 아버지께 용돈을 받는 날입니다. 그런데 아버지께서는 회사 일 때문에 어제 집에 들어오시지 못했습니다. 등교 준비를 하던 나는 할 수 없이 어머니께 천 원을 달라고 하였습니다. 무엇 하는 데 쓸 거냐는 어머니의 물음에, 나는 (　　　　　　　)라고 말했습니다.

＊쉬운 말로 바꾸어 보기: 다음의 말을 내가 저학년이었다면, 어떻게 말했을까요?

"… 우유갑을 던진 사람이 자기 잘못을 숨기는 것, 그것을 보고도 모르는 척하는 행위도 잘못입니다. 자신을 속이는 것은 자신의 양심을 버리는 것입니다. 오늘의 잘못을 뉘우치지 않고 자신에게 솔직하지 못한 사람은 반드시 후회하게 될 것입니다. 한 번 정직하지 못한 말과 행동을 한 사람은 그것을 감추기 위하여 거짓된 말과 행동을 계속해야 하기 때문입니다. 또, 정직하지 못한 것이 알려지면, 주변 사람들로부터 믿음을 잃게 될 것입니다…"

＊시점을 다르게 생각해 보기: 다음 두 이야기에서 의사와 링컨이 서로 바뀌었다면 어떻게 되었을지 생각해 봅시다.

· 순희 할머니는 순희 아버지의 진찰 결과를 애타게 기다리고 계십니다. 그런데 순희네 가족은 할머니께서 순희 아버지의 진찰 결과를 듣고 충격을 받으실까 봐 더욱 걱정입니다. 이러한 사정을 잘 알고 담당 의사 선생님께서 순희 할머니께 "아드님 병은 치료 받기가 좀 고통스러울 뿐입니다. 치료를 받으면 좋아질 테니 너무 염려하지 마십시오."라고 말씀하셨습니다. 그러나 사실은, 순희 아버지의 병은 수술을 해도 완전히 낫기가 어려운 상태였습니다.

· … 어른이 되어 링컨이 의회 의원 선거에 출마했을 때였습니다. 당에서는 그에게 2백 달러의 선거 자금을 지원해 주었습니다. 그런데 링컨은 선거가 끝나자, 곧바로 199달러 25센트를 편지와 함께 당으로 돌려보냈습니다. 그는 편지에 이렇게 썼습니다. "나는 선거 기간 중에 말을 타고 다녔으므로 비용이 전혀 들지 않았습니다. 다만, 한 노인에게 음료수를 대접하느라 75센트를 지출했을 뿐입니다. 그래서 나머지 돈을 반납합니다." 링컨의 이러한 정직성은 당원들을 감동시켰고, 결국 그는 대통령 후보로 추대되었습니다.

* 상징적으로 표현해 보기: 다음의 단어들을 기호나 그림으로 만들어 보고 서로 맞추어 봅시다.
· 잘못을 하고 솔직히 말하지 않는 친구
· 친구의 잘못에 대해 어떻게 해야 할지 고민하는 나
· 할머니를 위로하는 의사
· 어머니께 거짓을 말하는 아이
· 정직한 친구에게 환호하는 반 아이들
· 망설임
· 링컨
· 정직한 행동

· 정직한 행동의 결과

* 이미지를 시, 그림, 만화 등으로 표현하기: '정직한 링컨,' '화가와 호루라기'를 읽은 후, 자신의 마음을 시, 그림, 만화 등으로 표현해 봅시다.

* 이름 짓기: 아래의 사례와 유사한 예라고 생각되는 것을 찾고 그 이름을 지어봅시다.
· 오락실에 가기 위해 빌린 돈을 갚기 위해 준비물을 사야 한다고 어머니께 돈을 받는 친구

  (   ) + (   ) + (   )

  = (   )

* 줄여가기: 아래의 사례들을 비슷한 것끼리 묶어 줄여가면서, 그것을 함께 표현할 수 있는 말을 찾아봅시다.

1.
1.
2.
3.
1. 우유를 창밖으로 던지고 교장선생님께 말하는 친구.
2. 어머니께 오락실에 가기 위해 빌린 돈을 갚아야 한다고 말하는 친구.
3. 젖은 책 값을 물어주기 위하여 3일 동안 일한 링컨.
4. 친구의 잘못에 대해 고민하는 나.
5. 할머니께 아들의 병에 대해 다르게 말하는 의사.
6. 거리에서 지갑을 주운 아이들.
7. 돈을 주지 않고 온 가게에 돈을 돌려준 친구에게 환호하는 반 아이들.
8. 복도에서 뛰다가 선생님께 급한 심부름을 간다고 말하는 친구.
9. 늑대가 나타났다고 계속 소리치는 양치기 소년.

* 정의 내리기: 세상에 있는 바르고 곧은 것을 찾아보고, 그것과 같다고 생각하는 행동을 생각해 봅시다.

(보기) 바르고 곧은 것: 곧은 나무

　　　　같은 행동이나 사람: (돈을 돌려주는 친구는) 곧은 나무이다.

· 바르고 곧은 것:
· 같은 행동이나 사람:

♠도덕적 문제의 이상화

* 다른 능력을 가진 것으로 가정하기: 만약 정직하게 말하지 않는 경우에 사람들의 얼굴에 '거짓'이라는 말이 나타난다면, '은진이의 걱정,' '의사의 위로,' '민태의 약속,' '양치는 소년과 늑대'의 이야기는 어떻게 달라질지 생각해 봅시다.

* 내가 다른 능력을 가지고 있는 것으로 가정하기: 내가 정직하지 않은 사람을 알아 볼 수 있다면, 어떤 일을 할 수 있을지 생각해 봅시다. 또 내가 거짓을 말하는 경우에 나의 얼굴에 '거짓'이라는 말이 나타난다면, 다르게 행동했을 나의 경험을 생각해 봅시다.

* 다른 가능성을 가정하기: 만약 정직한 사람을 칭찬하지 않는 별에 간다면, 내가 그 별에서 해야 할 일은 무엇일지 생각해 봅시다.

* 연결하는 말로 이어보기: 다음의 글 이후에 일어날 일을 생각해 봅시다.
· 순희의 아버지 병은 수술해도 완전히 낫기가 어려웠지만, 의사 선생님

은 순희의 할머니에게 치료받으면 좋아질 것이라고 말했다. (그래서)…

· 민태는 오락실에 가기 위해 빌린 돈을 갚아야 했다. 그래서 어머니께 미술 준비물을 사야 한다고 거짓말을 했다. (그래서)…

· 나는 돈을 내지 않고 물건을 가져온 가게로 돌아가 돈을 지불하고 왔다. 그래서 친구들은 나의 모습에 환호를 보냈다. (그래서)…

* 다른 사람의 입장에서 생각하기: 다음의 내용에서 등장인물이 하고 싶은 말은 무엇일지 생각해 봅시다.

· '은진이의 걱정'을 읽고 내가 그 등장인물이라면 어떤 말을 할지 생각해 봅시다(담임선생님, 동수, 은진이, 교장선생님).

* 이야기 바꾸어 보기: 다음의 내용에서 내가 등장인물이 되어 가장 아름다운 이야기로 바꾸어 봅시다.

· '민태의 약속'을 내가 등장인물 중 한 명이 되어 가장 바람직한 상황으로 바꾸어 생각해 봅시다.

* 가장 아름다운 이야기 만들기: 다음의 말과 관련되거나 연상되는 단어를 나열하고, 그 단어를 이용해서 하나의 아름다운 이야기를 만들어 생각해 봅시다.

· 정직-( )-( )-( )-( )-( )-( )

요컨대, 도덕적 이해는 제시된 도덕적 문제에서 가장 바람직한 도덕적 모습을 자신과 관련지어 이해하면서 그 실현을 욕구하는 것이다. 상상은 보이는 것에 근거하여 단절된 부분을 연결하면서 보이지 않는 부분을 창조적으로 구체화하려는 능력이다. 도덕적 상상은 자신의 경험에 근거하여 도덕적 상황과 도덕적 개념을 연결하고, 도덕적 상황에서 보이지 않는 자신의 이상적 모습을 구체화한다. 도덕과 수업에서 이러한 상상적 이해가 활용될 때 내면화된 경험에 근거하여 자신의 바람이 담긴 도덕적 이해가 이루어지며, 이 도덕적 이해는 새로운 이해를 위한 내면화된 경험으로 환원된다. 이 과정의 순환을 통해서 도덕적 이해는 심화될 수 있다.

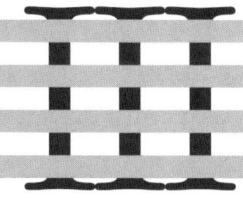

도덕과 수업
표현의 이해

10. 도덕과 수업 현상의 비평적 접근

교사는 다른 교사의 수업을 본다. 수업을 평가하기 위해서도 보고, 수업을 이해하기 위해서도 본다. 그래서 수업 보기는 평가로서 수업 보기와 이해로서 수업 보기로 구별된다. 평가로서 수업 보기에서는 수업 목표 도달 여부에 초점을 맞추면서 수업의 효율을 측정한다. 이해로서 수업 보기에서는 수업 현상의 이해에 초점을 맞추면서 수업의 본질을 해석한다. 이 두 관점 모두 수업 보기에서 간과될 수 없지만, 한 관점만이 지배적으로 강조된다면 수업에 관한 담론은 제약된다. 현재 수업 보기의 관점은 평가로서 수업 보기가 지배적이다. 이 방식은 수업 목표 도달에 효율적인 것으로 알려진 지침의 적용 여부를 평가할 수 있다는 장점이 있다. 하지만 이는 동시에 한계이기도 하다. 이 장에서는 평가로서 수업 보기의 한계와 이에 대한 대안으로 부각되는 수업에 대한 비평적 접근을 살펴본다.

평가로서 수업 보기

우리는 같은 대상을 다르게 본다. 같은 대상에서 다른 속성을 보기도

하고, 같은 속성을 다른 의미로도 본다.[1] 수업 보기도 마찬가지다. 같은 수업을 보더라도, 본 사람에 따라 본 것과 그 의미는 다르다. 하지만 '수업 참관록'으로 대표되는 학교 현장의 지배적인 수업 보기는 가능한 같은 대상을 같은 의미로 보도록 한다.[2] 수업 참관록의 형식은 수업 참관자들이 수업을 여러 국면들로 쪼개어 쉽게 재단하거나 평가할 수 있도록 한다.[3] 이때 재단하거나 평가하는 기준은 탈맥락적인 기성旣成의 지침이다.

탈맥락적 지침에 의한 수업 보기에서 수업은 주로 그 지침들의 적절한 활용 여부에 의해 평가된다. 만약 효율적인 지침들이 활용되었다면, 그 수업은 일반화의 대상이 된다. 그렇지 않다면, 그 수업은 지도의 대상이 된다. 일반화나 지도는 소위 '수업 평가,' '수업 장학,' '수업 협의,' '수업 강평' 등에서 이루어진다. 여기서 대부분의 논의들은 수업에 적용된 기법을 조사하여 그 적절성을 평가하는 관점에서 이루어진다. 이러한 수업 평가에는 '형식적인 평가 관행 및 제도'라는 문제가 있다.[4] 수업 보기가 본연의 역할을 하기 위해서는 부차적 목적에 따라 탈맥락적인 지침의 적용 여부를 조사하는 관행은 변해야 한다.

특히 도덕과에서는 이러한 평가로서 수업 보기의 한계가 더 드러난다. 예를 들어, 도덕과 수업에서 '정의를 이해하고, 정의로운 사례를 구체적으로 제시할 수 있다'라는 수업 목표를 설정했다고 해보자. 이 수업에서 학생이 정의로운 사례를 제시할 수는 없지만, 도덕과 수업에 흥미를 가지게 되었다고 해보자. 이 경우, 학습 목표 도달이라는 관점에서 좋은 평가를 받기는 어렵다. 명시된 목표의 도달 정도에 근거하여 수업을 평가하는 경우, 명시되지 않았거나 도달 여부를 측정할 수 없는 결과는 평가에 반영되지 않기 때문이다. 또 다른 예로 도덕과 수업에서 학습 목표를 제시하지 않고 단원명만 안내했다고 해보자. 수업 평가의 관점에서 이는 권장되는 목표 제시의 지침과는 거리가 있다. 학생이 습득해야 할 내용과 성취해야 할 행동으로 목표를 진술하는 것이 권장되기 때문이다. 만

약 공개 수업에서 이 지침을 따르지 않았다면, 그 교사는 '조사자' 역할
을 하는 참관자에게 '지도'를 받게 된다. 하지만 그 교사는 목표를 제시
하는 것이 도덕과 수업의 관심이나 흥미를 반감시킬 수 있다고 생각했을
수도 있다. 또는 도덕과 수업의 학습 결과를 행동적 목표로 제시하면 주
입의 가능성이 높아진다고 생각했을 수도 있다. 이처럼 목표 도달을 위
한 실행 지침의 적용만으로 수업 보기를 제한하면, 수업 장면의 다양한
이해에는 한계가 있다.

수업을 실행 지침의 성공적 적용으로만 접근하는 것은 소위 실용적 교
수론으로 수업 현상을 다루는 것이다.[5] 여기서 개별 수업은 효율적 지침
을 적용한 모범적 수업을 기준으로 비교·평가된다. 수업 보기의 목적은
목표를 실현하기 위한 제 지침들이 얼마나 잘 적용되었는가를 확인하는
것이다. 목표를 실현할 수 있는 지침들이 잘 적용되었다면, 그 수업은 좋
은 수업으로 평가된다. 결국 수업 보기는 지침들을 잘 적용한 수업을 나
의 수업으로 복제하기 위한 것이 된다. 따라서 수업 보기는 끊임없는 복
제를 위한 과정일 뿐이다.[6] 모범적 수업 행위의 효율성을 확인하고 같은
수업으로 복제하는 데 관심을 두기 때문이다.

평가로서 수업 보기가 수업을 보는 효율적인 방법임은 분명하다. 그러
나 효율적인 방법만이 전부는 아니다. 예를 들어, 문학 작품을 평가하는
가장 효율적인 방법은 그 작품에 대한 전문가의 평점이나 판매량을 조사
하는 것이다. 그러나 독자는 작품에 대한 객관적 자료에만 의존하지 않
는다. 직접 작품을 읽고 이해한다. 비록 자료의 설명과 자신의 이해가 동
일하다 하더라도, 이해의 과정이 생략된 설명은 의미 없는 전달일 뿐이
기 때문이다. 수업 보기도 마찬가지이다. 요구된 한 관점만으로 수업을
보고 설명하고 평가한다면, 그것은 전달받은 척도로 수업을 재단하는 것
이다. 이때 동일한 수업은 동일한 척도에 의해서 동일하게 평가된다. 이
러한 평가는 외부의 권위에 의해서 부여된 평가 도구를 전제한다. 따라
서 평가 도구 자체에 대한 반성에는 소홀하며, 수업의 다양한 의미를 드

러내기에도 부족하다. 다양한 관점에서 수업이 조명될 때, 수업자조차 의식하지 못했던 수업의 감추어진 의미들이 부각될 수 있다.

비평으로 수업 보기

수업을 보는 것도 어렵지만 수업을 보여 주는 것은 더욱 어려운 일이다. 그래서 학교 현장에서 수업 참관이 허락되는 경우는 '수업 장학,' '학부모 공개 수업,' '학년 공개 수업,' '대표 수업,' '지도 장학,' '수업 개선 교사 공개 수업' 등에 한정된다. 허락된 수업 참관 후에는 '수업 협의회'를 개최한다. 수업 협의회는 주로 수업자의 '수업 반성'과 장학자의 '지도 조언'으로 진행된다. 대개 수업자는 '부족한 수업을 보여 주어 죄송하다'는 요지로 발언한다. 장학자는 '수업 참관록의 각 관점에서 볼 때 이런 점은 잘 되었고 이런 점은 개선되어야 한다'는 요지로 발언한다. 다른 참석자들은 별 다른 의견을 제시하지 않는다. 다만 수업에 대한 장학자의 발언이 지나치게 비판적인 경우, 다른 참석자들이 참관한 수업을 지지하는 발언을 하기도 한다. 그 역할은 해당 학년의 부장 교사나 협의회의 사회자가 맡는다. 이어 '수업 참관록'을 제출하면 수업 협의회는 끝난다. 제출된 '수업 참관록'은 장학의 근거 자료로 보관된다.

이러한 공식적인 수업 참관보다는 비공식적인 참관이 더 의미 있는 경우도 있다.

서울 S 초등학교에 근무할 때였다. 약 4년간 다른 학교에 근무하다가 새로 그 학교에 발령을 받았다. 학교를 옮겼기 때문에 다소 긴장하면서 3월을 바쁘게 보내고 있었다. 더욱이 2년간 학교를 떠나 파견 근무를 마친 후라 수업이 다소 어색하고 낯설었다. 그러던 어느 날 옆 반에 있는 박 교사가 수업 중에 갑자기 뒷문을 열고 들어와서 교실 뒤에 빈 의자를 놓고 앉는 것이었다. 처음에 들어올 때는 급한 공문 때문이거니 하고 생각했는데, 곧 그 생각이 틀렸음을 알았다. 수업이 끝날 때까지 나의 수업을 참관했다. '비록 학년 부장이긴 하지만, 나보다 2년이나 후배인데…'라는 생각이 들었다. 하지만, 처음이자 마지막이겠지 하는 생각을 하면서 부담스러운 한 시간의 수업을 마쳤다. 그런데 그 다음 주에도 교과 전담 시간으로 수업이 없으면, 교실에 불쑥 찾아와서 내 수업을 참관하곤 했다. 사람이란 당하고 살 수만은 없는 것 아닌가? 그래서 나도 박 교사와 똑같이 했다. 수업이 없을 때 처리하던 공문이나 기타 사무는 미루어 두고, 박 교사의 수업을 참관하기 시작했다. 다행히 교실도 가깝고 동학년이라 방과 후에 서로의 수업에 대해 이런저런 이야기를 나눌 수 있었다. 박 교사와의 수업에 대한 부담 없고 제한 없는 긴 대화를 통해 서로의 수업을 이해할 수 있었다.

왜 수업에 대한 이야기가 불편하지 않고 길게 이어질 수 있었을까? 잘 준비된 협의회보다 부담 없는 이야기가 수업에 대한 더 많은 이해를 가능케 했을까? 비유적으로 생각해 보자. 우리는 함께 영화를 본 사람들과 이런저런 대화를 나눈다. 이때 대화의 토픽은 하나의 관점에 한정되지 않는다. 배우의 연기, 영화의 줄거리, 감독의 연출, 영상미, 대사의 의미, 홍보 전략, 영화의 장르, 인물의 특성, 역사적·사회적 배경 등을 토픽으로 대화한다. 이 대화의 과정에서 영화의 의미가 드러난다. 다행히 그 대화 후에 영화에 대한 비평을 접한다면, 영화의 의미를 더 잘 이해하게 된다. 영화의 장면은 점점 흐려지지만, 영화에 대한 이해는 더욱 짙어진다. 보았지만 보지 못한 것을 보게 된다. 문학 텍스트 읽기도 마찬가지다.[7] 하나의 문학 텍스트를 다양한 관점에서 읽을 때, 처음에 읽지 못한 의미가 읽혀진다.

수업도 다양한 관점에서 접근하면, 수업의 장면은 흐려지더라도 수업의 의미는 오히려 짙게 드러날 수 있다. 이렇게 본 것의 의미를 드러내는 수업 보기의 방법이 수업 비평이다. 수업 비평은 양적 연구와 대비되는 질적 연구인 교육 비평에서 출발한다.[8] 교육 연구에서 질적 연구법의 사용을 주장한 아이즈너Eisner는 교육 비평이라는 방법을 사용하였다. 그에게 비평이란 자신이 알아낸 것, 본 것, 느낀 것을 적절히 평가하여 남에게 전달하는 행위이다. 이 비평을 위해서는 비평할 대상을 알아내는 일, 보는 일, 느끼는 일이 선행되어야 한다. 이를 '감식鑑識, connoisseurship'이라 하고, 교육 영역에서 지각 대상들 사이에 존재하는 미묘한 질적 차이를 구별하는 능력을 '교육적 감식안'이라 한다. 그리고 교육적 감식가가 자신의 감식안을 통해 본 것을 다른 사람과 나누기 위해서 언어로 드러내는 것을 교육 비평이라 한다.[9] 따라서 교육 비평은 교육 영역에서 비평자가 파악한 질적 차이를 드러내어 전하는 일이다.

하지만 유현종에 의하면, 교육에서 비평의 문제를 다룬 많은 연구들은 아이즈너의 교육 비평론에 대한 충실한 소개 및 해석에 치우쳐 교육 비평의 다양한 모습들을 보여 주지 못하고 있다.[10] 그래서 그는 교육 비평의 실제 모습을 보여 주고자 한다. 이를 위해 수업 보기를 지배하는 권력 및 이데올로기 차원으로 인해 수업에서 보이지 않는 부분을 사유한다. 그가 주목한 보이지 않는 부분은 수업의 예술성이다. 수업의 의도, 수업에서 사용하는 다양한 표상 형식, 수업에서 느끼는 미적 경험에서 수업의 예술성을 본다. 수업의 예술성에 근거하여, 예술 비평의 관점을 수업 비평의 관점으로 전환하여 사회과 수업을 예술 비평적으로 접근한다.[11] 이러한 비평적 접근을 통해, 목표 도달의 효율성에 한정하지 않고 수업을 보면서 가시적인 것에 감추어진 수업의 의미를 드러내고자 한다. 이혁규에 의하면, 수업 비평은 교사와 학생들이 함께 구성해 가는 수업 현상을 하나의 분석 텍스트로 하여, 수업 활동의 과학성·예술성·수업 참여자의 의도와 연행·교과와 사회적 맥락 등을 종합적으로 고려하면서 수업을 기술·분석·해석·평가하는 비판적이고 창조적인 글쓰기이다.[12] 학교 현장의 지배적 접근법과 비교할 때, 수업 비평은 수업 현상을 이해하고 해석하는 것을 목적으로 하며, 비평문의 형식으로 기술한다는 점에서 차별된다. 이 차이는 실증적 수업 보기를 전제하지 않고, 지각한 수업 현상의 본질을 해석하려는 시도에서 비롯된다. 그 시도는 수업을 객관화하여 검증하려는 선입견을 괄호 치는 곳에서부터 시작된다.

수업 현상의 해석적 글쓰기: 수업 비평

선입견을 괄호 치고 참관자의 의식에 주어진 체험을 통해 수업의 의미를 이해하려는 수업 비평은 현상학적 방법과 연관된다.[13] 현상학자들은 현상학적 방법을 통해 현상 속에서 본질을 보는 것이 가능하다고 한다.[14] 현상학적 방법은 선입견 없이 대상을 인식하고 그 구조를 드러내어 현상을 본질로 환원하는 탐구이기 때문이다. 이러한 탐구를 통해 직관적 경험의 기원을 되물음으로써 의미의 궁극적(최종적) 기반을 확보하는 것이다. 그것은 저 깊은 곳에 은폐되어 있는 것을 드러내고, 자연적 태도에서 당연히 주어진 것으로 받아들이는 태도의 배후에 의미 지향적 작용이 있다는 것을 환기시키는 것이다.[15] 이를 수업 보기로 환원하면, 수업 현상은 수업에서 나타난 것과 그것을 나타나게 한 것으로 이루어진다. 참관자가 체험하는 수업 현상은 참관자의 지향적 의식 작용에 의해 나타난다. 따라서 수업의 이해를 위해서는 수업에서 본 대상과 그것을 가능케한 의식 작용의 본질을 밝혀야 한다. 수업 보기에서 본 것과 그것을 보이도록 한 것의 본질을 밝히려는 시도는 곧 수업의 현상학적 접근이라 할수 있다.

수업의 현상학적 접근은 실용적 관점을 추구하지 않는다. 여기서는 대상 자체가 언급되며, 대상에 대한 변화 의지와 개선 의지는 인식 과정에서 보류된다. 수업에 법칙을 부여하기보다는 수업 자체가 갖고 있는 법칙성을 연구한다.[16] 교육학 분야에서 현상학을 수용하려는 취지도 실증

주의적 연구 방법 내지 인식론에 대한 비판에 있다. 이를 통해 교육이라
는 인간 행위 속에서 쉽게 드러나지 않거나 문제시되지 않았던 차원들인
인식 주체들의 구성 행위, 교육적 맥락에 대한 이해, 교육 당사자들의 상
호 주관적 관계 등을 포착하려는 것이다.[17] 따라서 수업 현상의 본질을
규정하기 위해서는 목표 도달을 위한 공학적 효율성이라는 지배적인 선
입견을 유보해야 한다. 참관자는 실증적 방법으로는 수업을 객관적으로
재단할 수 없다는 한계를 인정하면서 수업을 보아야 한다. 수업을 특정
방법론으로 재단하지 않고, 다원적 태도를 견지하면서 수업의 본질을 탐
구해야 한다. 이는 수업 비평이 시도하는 관점이다. 수업 비평은 현상학
적 방법에 터하여 수업 현상을 인식의 대상으로 삼아 그 자체에 존재하
는 본질을 충분히 조명하려 한다.

한편, 수업 비평에서 참관자는 비평적 글쓰기를 통해 의식에 나타난
수업 현상을 해석하고 그 이해를 텍스트화 한다. 비평적 글쓰기를 통해
참관자의 이해를 텍스트화 함으로써 참관자의 이해는 또 다른 읽기의 대
상이 된다. 리케르에 의하면, 텍스트의 의미는 텍스트 뒤에 있는 것이 아
니라 그 앞에 있다. 그것은 숨겨진 무엇이 아니라, 드러난 무엇이다.[18] 이
처럼 텍스트의 의미는 창작자에게만 제한되는 것이 아니다. 어떻게 읽을
지 또는 어떻게 해석할지는 열려 있다. 상충되는 해석이 가능한 이유는
텍스트에 대한 절대적 해석이 존재하지 않기 때문이다.[19] 해석은 대립되
는 해석이 가능하다는 것을 받아들인다. 대립적 해석의 가능성은 다양성
을 전제로 하며, 다양성과 조화의 연속된 융합을 의미한다.[20] 따라서 참
관자가 수업자의 행위를 텍스트로 놓고 해석했다면, 참관자의 이해는 글
쓰기를 통해 해석을 위한 텍스트로 환원된다. 즉, 참관자의 이해 행위가
글쓰기로 고정화됨으로써 또 다른 해석의 대상이 된다. 수업자의 행위가
텍스트의 구현 방식을 가진 것으로 간주되었다면, 역으로 참관자의 행위
도 텍스트로 구현되는 것이다.[21] 따라서 수업이라는 행동을 텍스트로 해
석한 참관자의 이해 행위를 다시 텍스트로 생산함으로써 참관자의 의식

을 넘어선 새로운 의미가 노출된다.[22] 이러한 탐구 과정에서 수업의 본질
은 수업자와 참관자들 사이에서 상호 주관적으로 이해된다. 수업 비평에
서 시도하는 수업 현상의 해석적 글쓰기는 수업자, 참관자, 그리고 다른
독자 간에 상호 이해의 지평을 확장시키는 텍스트를 생산하려는 것이다.

요컨대, 수업 비평은 수업이라는 텍스트의 의미를 미결정 상태로 두고
참관자가 해석적 글쓰기로 수업 현상을 보는 것이다. 수업 현상을 해석
한 글쓰기가 도덕과 수업에 요구되는 이유는 도덕과 수업에는 실증적으
로 측정할 수 없는 부분이 있기 때문이다. 도덕과 수업의 내용은 객관적
사실에 한정되지 않으며, 수업의 목적은 인간됨과 관련된다. 이 부분은
수업 보기에서 비실증적, 비정량적, 비객관적 접근을 요구한다. 실증적
으로 다룰 수 없는 내용을 양적으로 환산하여 객관적 효율성만을 기준으
로 측정할 수 없기 때문이다. 도덕과 수업을 비평적으로 접근하여 수업
에 담긴 내용을 해석하는 과정에서 수업자와 참관자의 교육 내용에 대한
이해가 심화될 수 있다. 궁극적으로 이렇게 심화된 이해는 수업으로 환
원된다. 따라서 도덕과 수업 현상의 해석적 글쓰기인 수업 비평은 수업
자와 참관자의 심화된 이해와 표현을 가능케 하는 수업 보기이다.

II. 도덕과 수업 비평

도덕과 수업 비평은 해석적 글쓰기로 도덕과 수업 현상을 보는 것이다. 도덕과 수업 현상을 다양한 관점에서 해석하고 글로 표현함으로써 도덕과 수업에 대한 담론은 확장될 수 있다. 도덕과 수업에 대한 다양한 담론의 가능성을 메타 서사적 관점, 의미론적 관점, 놀이 체험의 관점에서 예시한다.

도덕과 수업 비평: 도덕과 수업의 메타 서사적 이해

도덕 교육에서는 도덕적 삶과 관련된 가치를 다룬다. 이때 도덕적 가치를 직접 언급하여 전달할 수도 있지만, 그 가치를 간접적으로 표현하여 스스로 깨닫도록 할 수도 있다. 예를 들면, '진리 추구'를 가르치기 위해서, 그것이 무엇인지를 명시적으로 정의하여 전달할 수도 있다. 반면에, 소크라테스처럼 무지를 드러냄으로써 진리의 추구를 가르칠 수도 있다.[1] 또는 키르케고르처럼 서로 어긋나는 저자의 모습을 보임으로써 독자 자신의 삶의 태도를 반성하도록 할 수도 있다.[2] 이들은 '진리 추구'라는 가치를 직접적이고 명시적으로 언급하지 않은 채 표현한다. 이 표

현 자체가 도덕적 가치이며, 그 표현에 대한 이해는 가치의 공감적 수용
이다.

　이를 위해 도덕과 수업은 시간의 흐름 속에서 도덕적 가치를 공감적으
로 표현한다. 서사는 이 시간의 흐름과 공감적 표현이라는 측면을 공유
한다. 전형적으로 서사는 어떤 시간에서 출발하고, 일련의 연관된 중간
사건을 거쳐서, 정점에 달한 사건으로 종결된다. 여기에는 출발점, 일련
의 중간점들, 그리고 끝점으로 구성된 '근원 – 경로 – 목표' 도식이 있으
며,[3] 이 도식은 서사의 구조이면서 동시에 수업의 구조이다. 따라서 도덕
과 수업은 시간의 제약 속에서 도덕적 가치를 공감적으로 표현하는 일종
의 서사이다.

　또한 서사는 "사건을 다른 사람에게 말하는" 일련의 언어적, 상징적,
행위적 활동이다.[4] 서사는 그 텍스트 속에 현실을 지배하는 법칙과 갈등
하는 인물의 구체적 사례를 담으며, 인물과 서술자의 목표가 교차한다.[5]
도덕과 수업에서 교사는 일련의 연속적 활동을 통해서 도덕적 가치를 표
현하며, 수업이라는 텍스트 속에는 인물에 해당하는 내용과 서술자인 교
사의 목표가 교차한다. 이 점에서도 도덕과 수업은 서사적 맥락으로 이
해될 수 있다. 더불어 서사의 기능에는 경험을 정리하는 기능과 경험의
한계를 뛰어넘는 기능이 있다. 서사는 경험을 정리하는 언어적 처리 과
정에서 소거와 강조, 그리고 가정을 통해서 경험을 뛰어넘게 된다.[6] 도덕
과 수업은 경험을 정리하는 표현이기도 하지만, 동시에 미래를 현재로
끌어와 경험을 넘어 표현하는 서사이다.

　도덕과 수업 자체를 서사로 본다면, 서사는 평가의 대상이기보다 비평
의 대상이다. 어떤 것이 더 좋은 수업인가를 재단하기에 앞서, 일차적으
로 수업이라는 이야기가 이해되고 해석되어야 한다. 비평의 관점에 초점
을 맞춘다면, 수업 보기의 공통적인 방법론을 제시하기는 어렵다. 비평
의 방법은 얼마든지 있을 수 있고, 어떤 것도 비평의 유일무이한 방법일
수는 없다.[7] 하지만 엘리스Ellis에 의하면, 비평의 강조점은 텍스트에 두어

야 한다.[8] 비평가들이 텍스트와 상관없이 자신들의 관점만으로 접근한다면, 비평의 과정은 텍스트와 무관하게 진행된다. 문학과 문화 비평에서 말하는 해석학은 텍스트 속에서 텍스트(또는 텍스트인 것처럼 보이는 문화 활동)의 의미를 발견하려는 접근 방법이다.[9] 문학 작품의 비평적 이해는, 작가는 전달하고, 텍스트는 감추고, 독서는 밝혀내는 해석의 원칙에 의존한다. 즉, 우리는 무엇이 어떻게 말해졌는가를 설명하려고 애써야 하고, 무엇이 왜 감추어졌는가를 밝혀내려고 애써야 하고, 무엇이 누구를 통해서 밝혀지는지 알아내야 한다.[10] 도덕과 수업을 도덕적 가치의 서사적 표현으로 본다면, 수업을 통해 교사가 가치를 어떻게 말하려고 했는지를 설명해야 하고, 드러난 수업을 통해서 감추어진 것을 밝혀내려고 애써야 하고, 수업이라는 표현을 참여적으로 탐사하여 그 의미를 드러내야 한다. 그래서 도덕과 수업을 보는 것은 곧 수업을 읽는 것이다.

도덕적 가치를 공감적으로 표현한 다매체적인 서사로 도덕과 수업을 보면, 수업 보기는 수업을 읽는 메타 서사가 된다.[11] 메타 서사로 수업을 보는 것은 드러난 수업의 감추어진 의미에 주목하는 글쓰기이다. 그리고 이러한 글쓰기를 통해서 교사의 이해, 그 이해의 구성, 그 구성의 소통적 측면을 발견하려는 것이다. 도덕적 가치를 시간의 계열 속에서 다매체적으로 표현한 하나의 서사로서 김 교사의 수업을 읽는다.

○김 교사의 토론 수업[12]

김 교사는 '토론 학습으로 도덕 교육 해내기' 라는 주제로 수업을 보여주었다. 김 교사는 평소 토론 학습으로 도덕 교육을 하는 것에 관심이 많았다.

"저는 토론 학습에 관심이 있어요. 그런데 도덕과 교육에서 알려진 토론 학습은 주로 콜버그가 제시한 토론 학습이라는 생각이 들어요. 그것을 적용하기 위해서는 교사에게 많은 시간의 교육이 필요하다고 들었어요. 단기간에 되는 것도 아니고… 그래서 토론 학습을 쉽게 수업에 적용할 수 있는 방법을 찾아보고자 해요. 소위 교사가 써 먹기 좋고 아이들도 흥미로워 할 수 있는 프로그램이 필요하다고 생각해요."

김 교사가 토론 학습을 선택한 근거는 교사로서의 경험이다.

"아이들은 논쟁을 즐기는 성향이 있고, 요즘 아이들에게 교사의 말보다는 또래 친구들의 채근과 담금질이 더 구속력 있게 다가올 수도 있을 거란 생각은 굳이 콜버그의 이론을 빌리지 않더라도 토론 학습이 설득력을 갖기에 충분하다고 생각해요."

수업에 쉽게 적용할 수 있는 토론 학습을 고민하는 김 교사의 수업은 노래로 시작된다. 교사가 수업 준비를 하는 동안 학생들은 노래를 부른다.

"우리 모두 다 같이 토론을, 우리 모두 다 같이 토론을, 우리 모두 다 같이 즐거웁게 토론해, 우리 모두 다 같이 토론을…."

그리고 아이들 전체와 교사는 손을 머리 위로 들며 가위 바위 보를 한다. 이긴 학생들은 "아싸"를 외친다. 하지만, 교사가 지금 한 가위 바위 보 게임은 연습이라고 하자, 학생들은 장난스럽게 불만을 표시한다. 이 게임을 몇 차례 반복하면서 마지막까지 남은 학생들 중 한 명이 교사의 손에 있는 종이 하나를 뽑아 전체 학생을 향해 읽는다. 그리고 다른 학생들은 그 문제에 답한다.

"예절에 벗어나는 옷이라도 편한 옷이면 좋다. 반론하기"

"편하더라도 만약에 결혼식에 추리닝 같은 것을 입고 가면 예절에 어긋
난다."

이 과정이 몇 차례 반복되는 동안 친구들의 발표에 동의하는 학생은
박수를 친다. 학습 주제가 아직 잘 파악되지 않았다고 판단한 교사는 같
은 활동을 다시 반복한다. 이어서 김 교사는 가족 여행에서 찍은 아들 사
진을 프로젝션 TV를 통해서 보여 주며, 아들의 표정에 주목하도록 한다.
밝은 표정이 아니었던 아들의 표정에 대해서 물어보고 나서, 왜 그런 표
정인지를 설명한다. 아들의 옷차림에 대해 서로 의견이 상충했고, 아들
이 김 교사의 의견을 따라야 했기 때문이라고 소개한다. 그리고 김 교사
는 그 학급의 '꼬마 탤런트'로 소개된 학생들이 하는 역할극을 통해 문
제 사태를 제시한다. 역할극이 끝나자 김 교사는 역할극의 내용을 다시
정리해 준다.

"아버지의 승진을 축하하는 자리입니다. 그 자리에는 지우가 좋아하는
분들이 오십니다. 너무 잘 됐지요. 지우가 어떻게 하면 되나요. 자, 토론
하는 거예요. 지우가 만약 자기가 원하는 편한 차림인 티셔츠를 입고 모
임에 간다면…."

이어서 '물레방아 발표'를 한다. 각 모둠에서 한 명씩 다른 모둠으로
가서 이 문제에 대한 자신의 의견을 발표하도록 한다. 이 활동이 끝나고
학생들은 다시 자기 모둠으로 돌아온다. 교사는 오늘의 논제가 '지우가
원하는 옷을 입게 해야 한다'라고 소개하고, 찬성 측과 반대 측에서 주장
할 사람을 정하도록 한다. 그러면서 교사는 토론은 싸우는 것이 아니며,
배려하는 토론이 중요하다는 점을 강조한다. 학생들은 '예절 바른 토론'
노래에 맞추어 4명씩 한 모둠을 구성하고, 교사는 '덩덩 쿵타쿵….' 장구
를 친다. 모둠 구성이 끝나자, 교사는 시간을 정해 주고 '입론' (45초) 활

동을 시작하도록 한다. 찬성 팀과 반대 팀 순으로 각각 자신들의 주장을 펼치고, 듣는 학생들은 이를 메모한다. 이어서 교사는 학생들에게 '작전 타임'(1분 30초) 시간을 주고 나서, '반론하기'(2분) 활동을 하도록 한다. 이 활동이 끝나자 교사는 '협상하기'(3분) 활동을 하도록 한다. 그리고 각 모둠별 토론 결과를 발표한다. 그 후 주제와 관련된 몇몇 학생의 개인적 경험을 확인한다. 마지막으로 김 교사는 '부모님들이 원하시는 대로 노력을 해야겠지요'라고 수업을 정리하면서, 각자의 토론 활동에 대한 점수를 부여하여 평가한다.

○놀이를 담고 싶은 토론 — 상이한 가치의 공존

김 교사가 학생과 함께 쓰고자 하는 수업 이야기는 역할극을 통해서 본격적으로 시작된다. 적절한 옷차림을 제재로 하여 토론이라는 구성으로 이야기를 이끌어 간다. 그리고 토론 활동 참여에 대한 자기 평가와 점수 부여를 통해서 수업 이야기를 마무리한다. 토론이라는 일련의 규칙을 통해 수업 이야기를 구성하며, 옷차림을 통해 예절이라는 추상적인 가치를 메시지로 드러내고자 한다.

김 교사가 이해한 토론은 규칙 준수라는 형식이며, 이 형식은 수업 이야기를 구성하는 틀이다. 공정한 절차와 공정하게 배분된 시간에 따라 이루어지는 토론은 규칙 준수를 위한 것이다. 그러나 규칙 준수라는 명시적이고 직접적인 활동을 통해 배려라는 메시지가 간접적으로 전해진다. 토론이라는 형식이 내면화될수록 배려라는 가치가 체득된다. 따라서 형식의 직접적인 교수는 내용의 간접적인 교수를 감춘 것이며, 형식에 대한 이해는 내용에 대한 체득을 함의한다. 개념적으로 분리되는 형식과 내용은 수업의 장면에서는 분리되지 않고 섞인다.

김 교사는 적절한 옷차림을 통해 예절이라는 가치를 드러내고자 하였다. 수업의 시작 부분에서 교사와 학생들은 시간과 장소에 적합한 옷차림을 중심으로 이야기를 이끌어 갔다. 그리고 중간쯤에서 교사는 이러한 전개를 정리하기 위해서 칠판에 '시간과 장소'라고 판서를 하였다. 또한 학생들은 수업 이야기의 곳곳에서 아버지와 상사의 모임이라는 측면을 강조하였다. 그러나 수업 이야기가 끝에 가까워질수록, 그 주제는 바뀌었다. 토론의 내용을 발표하고 정리하는 과정에서, 논의의 초점이 사회적 관습에 대한 고려에서 아버지에 대한 배려로 바뀌었다. 곧 적절한 옷차림은 사회적 관습을 상징하는 것에서 아버지에 대한 배려를 상징하는 것으로 바뀌었다. 도덕적 삶과 관련된 옷차림이라는 상징 속에는 예절이라는 가치가 드러나 있었고, 효도라는 가치가 숨겨져 있었다. 교사는 수업이라는 표현에서 옷차림이라는 제재를 가지고 예절을 드러내었지만, 그 메시지는 효도였다. 만약 반대로 수업자가 효도를 드러내었다면, 그 수업이 전하는 메시지는 예절로 바뀔 수도 있었다. 도덕과 수업에서 제시된 도덕적 상황은 구분된 가치의 이름으로 접근되지만, 수업 속에 감추어진 메시지는 하나의 상황에 적어도 두 가치가 섞여 있다. 도덕과 수업에서는 개별 가치의 교수를 목표로 하지만, 실제 상황이 상징하는 의미는 두 가치가 섞여 다면적으로 이해된다.

김 교사가 토론이라는 수업 형식을 통해 드러낸 것은 놀이와 같은 수업이었다. 그러나 아이들의 실제 놀이와는 조금 달랐다. 아이들의 놀이에서는 규칙을 위반하는 순간까지 놀이의 규칙은 의식되지 않는다. 그저 놀이를 규정하는 구성 규칙에 따라 이루어지는 활동을 할 뿐이다. 그리고 규칙이 위반되어 제재를 받을 때까지는 벌칙 규칙도 의식되지 않는다. 김 교사의 수업에서는 토론의 구성 규칙과 안내 규칙이 학생들에게 직접적으로 제시된다.[13] 교사의 입장에서, 놀이 수업을 위해서는 그 놀이를 즐길 수 있는 규칙들을 강조할 수밖에 없었다. 그래서 김 교사의 수업에 나타난 놀이는 운동 경기와 같았다. 아이들이 방과 후에 하는 놀이는 체육 시간에 하는 운동 경기와는 달리 그들만의 축제의 성격을 띤다.[14] 운동 경기를 왜 하는가에 대해서는 이유를 제시할 수 있지만, 아이들이 왜 땅따먹기 놀이를 하는가에 대해서 합리적 이유를 제시하기는 어렵다. 그저 재미있기 때문에 할 뿐이다. 도덕과 수업도 운동 경기가 아닌 축제의 성격을 지닌다면, 단지 도덕과 수업이 재미있기 때문에 할 수도 있다. 토론 규칙이 의식되지 않고 이루어질 때, 그것은 재미있는 놀이가 될 수 있다. 김 교사가 토론 규칙을 강조하고, 반복하고, 숙달시키는 것은 그것을 의식 뒤로 사라지게 하기 위함이다. 토론에 대한 강조를 드러낸 김 교사의 수업 속에는 놀이와 토론의 섞임이 있다.

김 교사의 수업에서는 토론이라는 절차가 치밀하게 구성되어 있었고, 각 절차는 정확하게 계산되어 있었다. 그리고 수업의 시작과 중간, 끝은 논리적으로 관련되어 있었고, 그 표현은 노래와 이동, 발표로 수식되어 있었다. 그리고 시작과 중간, 끝은 짜임새 있게 구성되어 있었으며, 예절을 표현하기 위해서 계산되어 있었다. 김 교사의 수업은 마치 주장을 위한 도구적 서사와도 같았다. 그러나 한 편의 아름다운 시는 여러 편의 이념적인 시보다 더 오랜 기억과 감동을 준다. 한 편의 아름다운 수필은 여러 편의 논설문보다 더 오랜 기억과 감동을 준다. 그럼에도 불구하고, 김 교사가 도구적 서사와 같은 수업을 한 것은 다의적으로 해석될 수 있는 수업에 대한 제약이 있음을 나타낸다. 정교한 계산에 따라 화려한 기법을 적용하여 치밀하게 조직된 수업을 벗어나 소박하지만 학생들에게 해석의 여지를 남겨두는 수업에 대한 제약이 학교 현장에서 적용되는 수업 평가의 관점에 있다는 것을 나타낸다. 김 교사의 수업은 지배적인 수업 평가에서 벗어나지 못하는 학교의 모습을 드러난 표현 속에 감추고 있다.

김 교사의 도덕과 수업이라는 서사는 토론이라는 구성을 통해 예절이라는 가치를 논리적으로 드러내고자 했다. 그러나 김 교사의 수업에서 도덕적 가치의 내용과 형식의 공존을 읽을 수 있었고, 도덕적 영역에서 습관적이고 명시적인 앎이 선행되어야 하지만 동시에 그것이 잊혀져야 한다는 상반된 공존을 읽을 수 있었고, 도덕적 상황에서 둘 이상의 가치들이 공존함을 읽을 수 있었고, 저자성 있는 수업을 하면서 수업 평가 관점을 충족하려는 부담이 공존함을 읽을 수 있었다. 김 교사의 수업 이야기는 '놀이를 담고 싶은 토론 — 상이한 가치의 공존'이라는 메시지를 전한다.

비평자가 토론이라는 형식이 내용의 간접적인 전달이라고 비평한 데 대해, 김 교사는 형식적인 측면에서 토론을 했음을 밝힌다. 비평자가 도덕과 수업에서 개별적 가치 교수를 목표로 하지만 실제로 상징하는 의미는 다면적으로 이해된다고 한 것에 대해, 김 교사는 수업에서 융통성 있게 목표 정하기, 활동 정하기, 활동 내용 변경하기가 필요했다고 한다. 특히 각본에 따라 수업이 진행된 것에 대한 아쉬움을 표했다. 그리고 비평자가 토론 규칙을 의식하지 않을 정도로 익숙하게 놀이와 같은 도덕과 수업을 지향했다고 한 것에 대해, 김 교사는 토론 학습 방식의 습관화 필요성을 제시한 것으로 받아들였다. 또한 비평자가 지배적인 수업 평가를 의식했다고 비평한 것에 대해, 김 교사는 아름다운 수업을 엮어 가고자 하는 교사로서의 바람이 있었다고 밝힌다.

이러한 수업자의 재비평을 통해서 토론에 대한 수업자의 이해와 비평자의 이해가 일치하지 않았음을 확인할 수 있다. 토론 학습을 수업자는 내용을 담는 형식으로 접근했고, 비평자는 내용의 간접적인 표현으로 이해했다. 한편, 재비평을 통해서 수업자의 대안을 확인할 수 있었다. 비평자가 제시한 놀이와 같은 토론의 모습에 대하여, 수업자는 즉석 토론의 필요성을 제시했다. 토론 준비표를 미리 작성해 보게 한 것이 수업 전에 정답을 예견하게 해서 적극적인 토론 활동을 방해했다고 하면서, 대안으로 즉석 토론을 제시하였다. 또한 수업자와 비평자는 여운을 남기는 아름다운 수업에 대한 바람을 공감할 수 있었다. 이러한 수업 비평과 재비평의 과정이 계속된다면, 수업자는 자신이 읽지 못한 수업의 의미를 읽을 수 있고, 비평자는 자신이 해석하지 못한 수업의 의미를 확인할 수 있을 것이다. 이러한 순환적 과정은 수업이라는 서사를 낳는 확장된 이해가 된다.

도덕과 수업 비평: 의미론적 이해

전달을 강조하는 도덕과 수업에서는 교사가 전달하고자 하는 교육 내용이 효과적으로 정확하게 전달되는 것이 중요하다. 따라서 이 수업에서 교수 텍스트는 교사가 전달하고자 하는 내용에 대한 '논리적 기술'이 된다. 반면에, 수용을 강조하는 도덕과 수업에서는 교사가 이해한 의미가 학생들에 의해 공감적으로 수용되는 것이 중요하다. 따라서 이 수업에서 교수 텍스트는 학생들의 수용을 기대하는 '공감적 표현'이 된다. '전달'을 강조하는 수업을 '논리적 기술'로, '수용'을 강조하는 수업을 '공감적 표현'으로 본다면, 이 두 경우에는 상이한 의미론적 관점이 반영된다.

교육 내용이 정확히 전달되기 위해서는 대상과 논리가 강조되어야 한다. 어떤 대상의 객관적 속성이 있고, 그 객관적 속성은 명제적 정의에 의해 결정되어야 한다. 대상과 논리에 의해 객관적 관계가 형성된다. 인식 주체는 이 관계를 확인하는 존재이지 형성하는 존재는 아니다. 따라서 이 경우에 도덕과 수업은 객관주의적 의미론을 전제하게 된다. 객관주의적 의미론에서 강조되는 것은 대상과 논리이다. 즉, 대상을 강조하는 지시 의미론이나 논리를 강조하는 추론 의미론을 수용하게 된다. 지시 의미론을 반영하는 경우, 도덕과 수업은 '사회의 규범'을 전달하는 수업을 지향하게 된다. 반면에, 추론 의미론을 반영하는 경우, 도덕과 수업은 '판단의 형식'을 전달하는 수업을 지향하게 된다. 어떤 경우이든 수업 내용은 '전달'을 위한 효과적 기술로 간주된다.

'공감적 표현'에서는 의미가 교사의 교수 텍스트에서 완성되는 것이 아니라 학생들의 수용에서 발생한다. 여기서 강조되는 것은 대상이나 논리가 아니다. 대상과 기호와의 관계는 고정된 것이 아니라, 인식 주체에 의해서 연결될 때 발생한다. 실제로 어떤 텍스트의 해석에는 사회적 배경, 교육, 상황적 특성뿐 아니라 전개념, 지식, 개념이 영향을 미친다.[15]

따라서 교사의 교수 텍스트는 말 그대로 텍스트의 차원에 머물게 되며, 의미를 표현한 것이지 의미가 완결된 것은 아니다. 이 경우에는 도덕적 의미 발생에 있어서 해석체를 강조하는 인지 의미론적 관점을 반영하게 된다.[16] 인지 의미론적 관점에서 수업 내용은 '수용'을 위한 '표현'이지 완성된 의미의 기술은 아니다. 강조점은 도덕적 내용이 아닌 학생들의 수용에 있다. 수용의 측면에서 본다면, 모든 텍스트는 생산되었을 때 도덕적 의미가 발생하는 것이 아니라 학생들의 반응에 의해 의미가 발생한다. 그래서 '의미'의 문제에 있어서, '전달'을 강조하는 도덕과 수업이 '의意'에 비중을 둔다면, '수용'을 강조하는 도덕과 수업은 '미味'에 강조점을 둔다.[17] 환언하면, 전자가 도덕적 대상과 판단의 논리라는 반응 이전에 완성된 의미를 강조한다면, 후자는 학생의 반응으로 수용되는 의미를 강조하게 된다.

텍스트의 의미는 사회적으로 결정된 의미S-meaning와 개인적인 의미I-meaning로 구별할 수 있다.[18] 도덕과 수업에서 앎은 정서를 수반해야 한다는 점에서 이 두 의미가 선택될 수 있다. 객관주의적 의미론의 경우에는 인지의 경험적 실제보다는 인식론적 가정에 근거한다. 이 의미론을 수업에 반영하는 경우, 사회적으로 결정된 의미는 전달될 수 있어도 개인적인 의미의 공감적 수용은 이루어지기 어렵다. 비유적으로 말하면, 예술 작품에 대한 기술로는 미적 체험이 이루어지기 어렵다. 예술 작품의 표현에 대한 공감적 수용에서 미적 체험은 이루어진다. 마찬가지로 도덕적 의미도 교사의 기술에 의한 전달이 아닌, 표현의 수용에서 발생한다. 따라서 개인적인 의미에서 본다면, 대상이나 논리의 전달이 아니라 그것의 해석체인 학생의 수용에 강조점을 두어야 한다.

의미 수용을 위한 교수 텍스트를 생산하기 위해서는 먼저 교사의 의미 표현이 전제되어야 한다. 그리고 교사의 의미 표현을 위해서는 학습 주제에 대한 교사의 해석과 번역이 선행되어야 한다. 이때 해석과 번역의 텍스트는 다양하다. 교사는 생산자이기에 앞서 이 텍스트에 대한 감상자가 된다. 교사에게 텍스트의 지위를 가지는 대상은 추상적인 도덕적 주제를 표현한 것이다. 교사는 추상적인 학습 주제를 추상과 구체 사이에서 해석하게 된다. 구체적 표현과 명제적 진술 사이에서의 접점을 자신의 해석과 번역으로 산출하게 된다. 교사의 해석과 번역은 학생들을 가정한 해석과 번역이다. 학생들을 가정한 해석과 번역은 추상적 개념의 구체화로 표상된다.[19] 그러므로 수용 의미와 관련된 비평의 토픽은 도덕과 수업의 주제에 대한 교사의 번역 양상으로 접근할 수 있다. 또한 교사가 해석한 개념의 표현에는 학생들을 염두에 둔 효과 구조가 반영된다. 해석의 표현 자체가 효과 구조의 반영이며, 효과 구조는 내용의 표현을 제약하게 된다. 따라서 의미 수용과 관련된 토픽은 교수 텍스트의 표현에 반영된 효과 구조의 양상으로 접근할 수 있다.

그러나 교사의 해석과 그 해석의 표현에 반영된 효과 구조에서 도덕과 수업의 의미가 발생하는 것은 아니다. 이에 대한 학생들의 공감적 수용과 반응 구조에서 발생하는 것이다. 도덕과 수업의 의미는 수업 전에 이루어지는 것이 아니라 수업의 과정과 수업 후에 나타나는 것이다. 교사의 수업은 학생들의 수용에서 그 의미가 발생되는 것이지, 수업 전에 의미가 고정되는 것은 아니다. 도덕과 수업 비평의 의미론적 접근은 도덕적 의미가 표현된 효과 구조와 수용 의미를 낳는 반응 구조의 측면에서 접근할 수 있다. 의미론적 관점에서 도덕과 수업 보기의 토픽은 표현된 의미와 수용된 의미, 그리고 표현의 효과 구조와 수용의 반응 구조로 제시될 수 있다.

○하 교사의 '친구의 소중함' 수업

하 교사는 1학년 2학기 바른 생활 2제재 "사이좋은 친구"의 1차시의 수업을 보여 준다. 처음 수업의 시작은 다소 어수선하다. 한 학생이 없어져서 교사의 수업은 늦게 시작된다. 교실 앞에는 프로젝션 TV가 켜 있고, 칠판에는 하얀 전지가 두 장 붙어 있다. 그리고 그 전지 옆 칠판의 오른쪽 끝에는 '친구는'이라는 예쁜 글자 밑에 나뭇잎 모양의 테두리를 한 액자 모양의 종이가 붙어 있다. 그리고 그 밑에는 모둠이 표시된 상자 모양의 주사위가 있다. 본격적인 수업은 없어진 학생이 양호실에 있다는 교사의 해명과 '김밥'이라는 제목의 플래시 노래방을 보면서 함께 노래를 따라 부르며 시작된다.

하 교사: 친구는 뭐지요?

학생들: 친구는 친구다, 친구는 반갑다, 친구는 천사다, 친구는… (개별적으로, 약간은 소란스럽게 발표한다.)

하 교사: 선생님은 친구는 가위라고 생각해요.

학생들: 에에-. (시시하다는 듯)

하 교사: 왜 그렇게 생각하는지 물어봐 주세요.

학생들: 왜 그래요?

하 교사: 친구는 내가 가위가 없을 때 빌려줘요, 안 빌려줘요? 그래서 선생님은 친구는 가위라고 생각해요. 왜냐, 내가 가위가 없을 때 빌려주니까(이미 잘라 두었던 카드 위에 '가위'라고 쓰고, 칠판에 붙여둔 흰 전지의 우측 상단에 붙인다).

하 교사는 '친구는 무엇이다'라는 활동을 예시하고, 학생들에게 발표를 시킨다. 학생들의 발표가 몇 차례 이어지고, 교사는 그것을 앞에서와 마찬가지로 카드에 써서 흰 전지 위에 붙인다.

하 교사: 우리 반 친구들이 발표를 너무 하고 싶어 하니까, 자, 그럼, 선생님처럼 자기는 친구가 뭐라고 생각하는지 나와서 쓸 거예요. (카드를 보여 주며) 쓴 사람들은 선생님한테 보여 주세요.

(학생들 10여 명의 이름을 부르고 앞으로 나오도록 한다. 칼라 펜과 카드를 나누

어 주고 학생들에게 쓰도록 한다. 교사는 그것을 받아서 전지 위에 붙인다.)

학생들의 카드에는 다양한 생각이 표현된다. 예를 들면, '천사,' '예쁘다,' '도움,' '사랑,' '풀,' '착하다,' '똑똑하다,' '손,' '마음,' '꽃,' '좋고 아름답다,' '선생님,' '엄마' 등으로 표현된다. 이어서 교사는 학생들의 표현에 대해서 질문을 한다.

하 교사: 선생님을 봐 주세요. 지금 선생님은 생각이 이렇게 여러 가지인 줄 몰랐어요. 자 봅시다. 여기다가 친구는 '사랑'이라고 한 친구는 왜 사랑이라고 했는지 얘기해 줄 수 있어요? 미경이.

미경이: 친구는 뭐 없는데, 빌려 주니까 사랑이라고 한 거예요.

하 교사: 미경이는 그 마음이 사랑이라고 생각한 거예요.

이와 같은 질문과 답이 몇 차례 이어진다. 간혹 자신이 왜 그렇게 썼는지 답하지 못하는 경우, 다른 친구들에게 대신 설명할 기회를 준다. 이어서 교사는 학생들과 게임을 시작한다.

하 교사: 여러분들이 이런 친구인지 아닌지 한번 알아 볼 거예요. 게임을 할 거예요.

학생들: 와!

(교사가 미리 준비한 두 개의 큰 주사위를 나누어 준다. 하나의 주사위에는 숫자가 표시되어 있고, 다른 주사위에는 요일이 표시되어 있다. 이 두 주사위를 던져 모둠과 요일별 반장에 해당하는 두 학생을 결정한다.)

하 교사: 자, 두 학생이 뽑혔어요.

(두 학생을 교탁 앞에 있는 의자에 앉힌다.)

학생들: 대환이하고 지영이다.

하 교사: 대환이하고 지영이 둘이 앉아 있어요. 여기 말한 것들 중에서

이 친구들이 그런 사이인지. 이 친구들은 가위를 빌려주는 사이다. 동그라미와 엑스로 표시할 거예요.

이 두 학생은 교사가 앞에 붙여 놓은 카드에 해당하는 것이 둘 사이에 있는지 질문을 할 때마다 동그라미와 엑스로 반응을 한다. 엑스로 반응하는 경우, 같은 짝이나 모둠이 아니었기 때문에 그런 것이 없다고 대답한다. 만약 짝이나 모둠이 될 기회가 주어진다면, 그런 것을 주고받을 수 있을 것이라고 답한다. 교사는 이 활동이 끝나자 앞에 붙여 놓은 카드를 비슷한 것끼리 분류한다.

하 교사: 그럼, 우리 비슷한 것끼리 모아서 붙여 볼까요. (교사는 비슷한 것끼리 붙인다.) 친구는 빌려주는 거고, 사랑하는 마음을 가지고 있는 거고, 어려울 때 도와주는 것이라고 했고. 그렇다면 사이좋은 친구는 무엇인지 여기 있는 것으로 말을 만들어 볼까요. (학생들과 교사의 활동을 통해 완성한다.)

○친구의 의미: 분리된 공간을 사라지게 하는 존재

하 교사가 근무하는 학교의 '교수-학습 참관록'에 따라서 이 수업을 평가한다면, 어떤 평가가 내려질까? 이 교사의 수업을 수업 참관록에 근거하여 평가했을 때, 이 교사의 수업이 개선점이 많은 수업으로 평가되었다고 해보자. 그 평가 역시 수업을 이해하는 하나의 관점이다. 그러나 탈맥락적인 기성旣成의 관점에서 제시된 수업 참관록만이 유일한 기준은 아니다. 수업을 이해하는 가능한 관점들 중에서 의미의 문제에 초점을 맞춰 하 교사의 수업을 이해해 보고자 한다. 즉, 교사는 어떤 의미를 표현하려고 했으며, 수업에서 수용된 의미는 무엇인가? 교사의 의미 표현과 학생의 수용에 반영된 의미 발생의 구조는 무엇인가?

하 교사의 수업은 "다른 사람 생각하기" 영역의 "친구와 사이좋게 지내기"라는 지도 내용 요소와 관련된다. 특히 1차시라는 점에서 "친구의 소중함 알기"를 학습 내용으로 한다. 이 수업에서 관련된 영역, 지도 내용 요소, 학습 내용을 언어적으로 설명하고 전달할 수도 있다. 그러나 그렇게 기술하는 경우, 언어적 정의가 전해질 수는 있어도 의미가 수용될 수 있을까 하는 문제는 도덕과 수업을 하는 교사의 고민이다. 하 교사도 이 추상적인 대상을 어떻게 표현할까를 고민한다. 하 교사는 그 고민 해결의 단서를 바로 제재명인 "사이좋은 친구"에서 찾는다. 교사는 '친구의 소중함'을 '친구 사이에 있는 좋은 것'으로 번역한다. 그래서 친구들 '사이'라는 공간적 개념에 놓여 있는 가치 대상 찾기로 수업을 시작한다. 교사는 '친구는 뭐지요?'라는 질문 이후에 '선생님은 친구는 가위라고 생각해요'라고 답한다. '친구는 둘 사이에 좋은 것이 있는 것이다'라는 친구의 의미를 간접적으로 표현한다.

친구의 의미를 서술하지 않고 공간 속의 대상 개념으로 전환하여 표현하는 것은 이후의 수업 장면에서도 나타난다. 교사는 '친구는 무엇이다'라는 카드 붙이기 활동 이후에 두 학생을 앞으로 나오도록 한다. 그리고 그 학생들 사이에 카드에 쓴 것들이 '있는지 없는지'를 표시하게 한다. 이 두 학생과 그것을 목격하는 다른 학생들은 친구들 사이에 '있고 없음'이라는 공간 속의 대상 개념에 근거해서 친구의 의미를 수용하게 된다. 따라서 교사는 추상적 개념을 구체화시켜 표현하고, 그 구체화된 표현을 통해서 학생들에게 추상적 개념을 의미화하고자 한다. 이러한 교사의 번역은 학생들에게 부분적으로 수용된다. 학생들은 카드 붙이기 활동을 통해 친구 사이에 있는 것들을 제시한다. 학생들은 자신과 타인 사이의 관계를 연결시키는 대상으로 '풀,' '손,' '꽃'을 제시한다. 이러한 대상은 친구 사이의 분리된 공간을 연결시키는 대상이다. 여기서 학생들은 공간적 구체물로 표현된 도덕적 의미를 수용하게 된다.

그런데 '친구의 소중함'에 대해 '마음,' '사랑,' '희망'이라고 반응한 것에 주목할 필요가 있다. 이 학생들은 교사의 기대와는 다르게 반응한다. 즉, 교사는 구체화를 통한 추상적 개념의 이해를 의도했는데, 학생들은 추상적 개념에 대해 추상적 개념으로 반응한다. 이 학생들은 친구의 소중함과 같은 수준이나 그 이상의 다른 추상적 개념으로 반응한 것이다. 또한 '친구'에 대해 '예쁘다,' '친하다,' '착하다,' '똑똑하다,' '좋고 아름답다'라고 반응을 보인 경우이다. 이 학생들도 교사의 표현과는 상이한 관점에서 반응을 한다. 교사는 친구의 소중함을 공간적 구체물로 표현했지만, 학생들은 '친구'에 대해 가치를 부여한다. 공간적 구체물로 표현된 추상적인 도덕적 개념에 대해 학생들은 다른 추상적 개념으로 대체하거나 그 자체를 대상화시켜 가치를 부여한다.

이러한 학생들의 상이한 세 가지 수용은 분류하기를 통해서 결합된 의미로 구성된다. 교사는 "우리 비슷한 것끼리 모아볼까요"라고 한다. 이러한 분류하기에서 '친구의 소중함을 상징하는 구체물'과 '친구의 소중함이라는 개념'이 합해진다. 이것은 친구에 대한 도덕적 의미의 구성으로 볼 수 있다. 교사가 표현한 의미는 '친구는 두 개체 사이의 공간을 유용한 것으로 연결시키는 관계'이다. 그리고 이에 대한 학생의 반응은 '나에게 필요한 것을 주는 대상이기 때문에 좋은 것이다'라는 의미로 수용된다. 결국 '공간적 대상 확인'이라는 교수 텍스트의 의미는 '대상 이동의 방향성'이라는 반응으로 나타난다.

하 교사는 '사람들 사이에는 분리된 공간이 있다,' '분리된 공간은 필요한 것으로 채워질 수 있다,' '학교에서 필요한 것으로 채워진 공간을 가진 관계가 친구이다'라고 표현한다. 이는 학생들의 삶에서 갖는 친구의 의미를 교사가 번역하고 표현한 것이다. 이에 대한 학생들의 반응은, '친구 사이에 있는 것,' '친구와 유사한 것,' '친구의 가치 특성'이라는 세 가지 상이한 의미로 수용한다. '빈 곳을 소중한 것으로 채운 관계'가 친구의 소중함에 대한 표현 의미였다면, 수업에서 나타난 의미는 '가치 있는 대상이 이동하는 관계'였다. 즉, 교수 텍스트에서 표현하고자 한 것이 '공간의 채움'에서 발생하는 가치였다면, 수업에서 발생한 의미는 '공간 속에서의 이동'에서 발생하는 가치였다.

채움이란 존재 사이의 공간적 간격을 연결하는 것이고, 궁극적인 지향점은 더 이상 채울 여지가 없는 공간적 분리의 사라짐에 있다. 교사의 표현에서 감추어진 의미가 공간의 채움이라면, 공간의 채움에 대한 비평자의 의미는 공간의 사라짐에 대한 추구이다. 이것은 학생들의 반응에서도 표현된다. 학생들은 교사의 이해처럼 좋은 것을 확인하는 것으로 반응하기도 하고, 다른 추상적 개념으로 대치하기도 하고, 친구라는 추상적 개념에 가치를 부여하기도 한다. 이 과정에서 분리된 공간은 사라진다. 많은 것을 채워서 사라지기도 하고, 다른 추상적 개념으로 대체되어 사라지기도 하고, 가치화됨으로써 사라지기도 한다. 요컨대, '채워진 공간'이라는 '친구의 소중함'에 대한 교사의 번역과 표현은 이 수업을 통해서 '사라진 공간'이라는 의미로 다가온다.

교사는 교수 텍스트를 구성할 때, 자신의 번역에 대한 학생의 의미 반응을 염두에 둔다. 교사의 교육 내용에 대한 표현에는 의미 수용의 효과 구조가 상정된다. 하 교사의 수업에서 제시된 교수 텍스트에도 몇 가지 의미 발생의 효과 구조가 상정된다.

먼저, 하 교사는 은유적 이해를 효과 구조로 상정한다. 하 교사는 학생들에게 추상적인 친구의 소중함이라는 의미를 은유적으로 표현한다. 이 표현을 위해서 하 교사는 그 친구의 소중함을 구체화시킬 수 있는 대상을 찾는다. 이는 '친구는 무엇인가요?'라는 질문 속에 나타난다. 물론 이 질문은 친구에 대한 개념적 정의를 묻는 질문이 될 수도 있다. 그러나 하 교사는 그 질문에 대한 반응의 제약 요소로서 '가위'를 제시한다. '친구는 가위이다'라는 제약 요소를 통해서 학생들은 교사가 가정한 은유적 이해라는 효과 구조에 반응한다. 일부 학생은 그 제약 요소에 따라 추상적 개념의 구체화 대상을 찾는다. 그러나 일부 학생은 그것의 대체, 즉 일종의 환유적 대상을 찾는다. 또 다른 학생은 교사의 은유적 이해라는 효과 구조에 대해 친구에 대한 가치 판단을 제시한다. 사실에 대한 가치 판단으로 반응한다. 교사의 효과 구조에 대한 반응 구조와 부합하는 학생도 있고 그렇지 않은 학생도 있다. 교사가 상정한 효과 구조에 대해 상이한 반응 구조로 반응하면서, 학생들은 교사의 텍스트에 대한 상이한 의미를 수용하게 된다. 즉, 교사의 표현에 대한 동일한 범주의 반응, 상이한 범주의 반응, 상이한 관점의 반응으로 수용된다.

둘째, 유사성에 근거한 범주화를 효과 구조로 상정한다. 하 교사는 학생들이 붙인 카드에 대한 분류하기를 시도한다. 이때 하 교사는 대상들과의 유사성에 근거하여 분류한다. 즉, 카드를 순차적으로 분류하면서, 같은 범주로 분류할 수 있는 것과 다른 범주로 분류해야 하는 것을 학생들과 함께 찾는다. 이 범주화는 일종의 원형에 근거한 범주화로 볼 수 있다.[20] 이 과정에서 학생들은 유사성과 차이에서 발생되는 의미를 도출하게 된다. 따라서 친구의 소중함이라는 범주는 사실, 개념, 가치라는 세 가지 영역으로 범주화된다. 이 범주는 분류하기라는 방법에 의해서 이루어진다. 학생들은 친구라는 대상에 대해 세 영역으로 반응하여 의미를 수용한다. 이러한 범주화에서 학생들의 반응은 교사가 상정한 물리적 대상과의 유사성도 있었지만, 반면 가치 개념으로의 대체나 가치 부여라는 반응도 있었다. 즉, 학생들의 범주화의 층위는 교사의 가정보다 다소 추상화된 수준에 있다. 교사가 상정한 효과 구조와 상이한 반응 구조로 인하여, 교사가 표현한 의미는 다양하게 수용된다.

셋째, 서사적 구성에 의한 의미의 구체화를 상정한다. 하 교사는 친구에 대한 분류하기 활동 이후에 그 분류한 범주들이 결합된 의미를 구성하는 활동을 시도한다. 만약 분류하기 활동에서 수업이 정리되었다면, 학생들은 사실, 개념, 가치라는 분리된 영역을 하나의 의미로 구체화하지 못했을 것이다. 이것은 교사의 수업 텍스트에 대한 의미의 수용에 그치지 않고, 그 의미를 인식 주체인 학생들이 구체적으로 표현하도록 하는 활동이다. 학생들은 자신의 활동을 통해서 '친구는 엄마, 선생님, 천

사처럼 사랑의 마음으로 도와주는 거예요. 그래서 예쁘고, 착하고, 아름다워요'라는 표현을 제시한다. 학생들은 의미 수용에 대한 구체화를 서사적으로 구성한다. 여기서 서사적 구성이라는 효과 구조가 1학년이라는 학생의 특성으로 인하여 단순하게 제안된 것은 학생들의 반응 구조에 대한 교사의 경험에 근거한 것으로 보인다. 학생들은 교사의 교수 텍스트에 대한 이해를 구체화시키며, 이 구체화는 수업 전체 의미에 대한 표현이다.

하 교사의 교수 텍스트의 의미 발생의 효과 구조는 은유적 이해, 유사성에 근거한 범주화, 그리고 서사적 의미 구성이었다. 이러한 의미 발생의 효과 구조에 대한 반응에는 은유적 이해, 범주화에 의한 의미 발생, 서사적 구체화가 있었다. 또 다른 반응 구조에는 환유적 이해, 상이한 층위의 범주화, 단순한 언어적 정의 내리기가 있었다. 전체적으로, 하 교사가 표현한 친구의 의미는 '공간 속에 필요한 것이 있는 대상'이다. 그리고 그 표현의 구조는 '공간 속의 가치 대상 – 가치 대상의 의미의 추상화 – 추상화된 의미의 구체화'로 이어진다. 그래서 이에 대한 효과 구조로 '은유적 이해 – 유사성 범주화 – 서사적 구체화'가 상정된다. 여기에 대한 학생의 수용 의미와 반응 구조는 교사의 교수 텍스트의 구조와 일치하는 부분도 있고 상이한 부분도 있다. 이러한 효과 구조와 반응 구조의 같음과 다름에서 교사의 표현 의미에 대한 학생의 수용 의미가 발생하게 되고, 또한 교수 텍스트에서 표현하고자 한 '공간의 채움'이라는 친구의 의미는 '공간의 사라짐'이라는 의미로 나타난다.

하 교사는 재비평에서 이 수업이 경험에 근거한 아동의 의미 수용에 강조점이 있었다고 한다.

이번 수업의 지도안을 작성하면서 아동들의 다양한 경험에 의해서 형성된 입장을 수업에 반영하고자 하였다. 구체적으로 친구의 의미를 새기는 시간에 아동들의 경험에 의해서 형성된 개념을 확인하고, 다른 아동들과

의 관계를 알아보고, 사이좋은 친구가 되기 위한 방법을 알아보려는 과
정으로 지도안을 구성하였다.

적어도 하 교사는 학생들에게 목적지를 하나만 제시하지는 않았다. 그
목적지가 유해한 곳이 아니라면, 어디든 갈 수 있는 여행의 지역만을 표
현하였다. 그 지역에 있는 목적지를 부각시키기 위해서 교사는 은유적
사고를 효과 구조로 상정하였다. 아동들의 경험을 소환하고 활성화하기
위해 은유적 사고를 통해서 접근하였지만, 실제로 수업에서의 반응은 교
사의 예상과는 달랐다.

아이들의 반응을 예상할 때, 내가 제시한 은유적 표현을 하는 아이들이
많을 것이라고 생각했는데, 실제로 수업에서 아이들의 반응은 그렇지 않
았다. 오히려 교사의 표현에 당황하는 것 같았다. 그래서 알게 된 것은
친구의 의미는 이미 "언어"로 전달되어 있다는 것이다.

수업의 효과 구조로 은유적 이해를 상정하였지만, 그 효과 구조와 일
치하지 않는 반응 구조를 보인 학생도 있었다. 효과 구조와 반응 구조의
불일치는 수업 후 교사의 반성의 출발점이 된다. 교사는 단순히 말할 수
있는 앎이 학생들의 삶에서 어떤 의미로 수용되었는지를 반성한다. 수업
을 통해서 아동들에게 어떻게, 어떤 의미가 수용되었는지를 보기 위해
교우 관계도를 작성한다.

그래서 A4 종이를 각자 한 장씩 나눠 주고 자기를 가운데 놓고 같은 모둠
원과 나와의 관계를 표현하게 했다. 서로 좋은 친구 사이이면 쌍방향 화
살표(↔)를, 한쪽이 더 잘해주는 관계일 때는 한 방향 화살표(← 혹은
→)를 그려보게 했다.

교우 관계도를 통해서 말할 수는 있지만 의미 없는 앎의 문제가 남아 있음을 확인한다. 자신의 수업에서 '기존의 친한 친구는 소중하다' 는 의미는 수용되었지만, '모든 친구는 소중하다' 는 의미는 여전히 언어적 표현에 머물고 있음을 확인한다.

아이들은 좋아하는 친구와는 친구로 지내지만, 좋아하지 않는 친구와는 친구가 되려고 노력해야 한다는 생각을 갖고 있지 않았다. 좋아하지 않는 친구가 나쁜 점(공부를 못해요, 행동이 이상해요 등등)을 고친다면 친구가 되겠다는 생각을 갖고 있었다. 자신의 행동이 다른 아이들과 친구가 되지 못한 행동이었는지 반성하고 그것을 고쳐야 한다는 생각을 하지는 않았다.

하 교사는 현재 친한 친구 사이에 있는 공간 속의 좋은 물건을 확인하고, 그것을 통해서 학생들에게 친구의 의미를 부각시키려고 했다. 그 수업의 비평자도 그것을 볼 수 있었다. 그러나 재비평을 통해서 하 교사와 비평자는 학생들의 의미 발생에서 이동의 방향이 더 우선적임을 파악하지 못했음이 나타났다. 예를 들어, '친구는 도우미' 라고 한 학생이 '자신의 행동에 대해서 합리화하면서, 다른 친구의 잘못은 끝까지 지적한다' 고 해보자. 이 학생의 경우, '친구의 소중함' 을 '나 ← 친구' 라는 공간적 방향성의 의미로 이해한다. 이 경우, '친구의 소중함' 에는 '나 → 친구' 라는 방향의 의미도 있다는 것이 이해되지 못한 것이다. 반면에, '친구는 입' 이라고 한 학생이 '자신의 잘못을 사과하면서 다른 친구에 대한 공정한 판단도 표현한다' 고 해보자. 이 학생의 경우, '친구의 소중함' 을 '나 ↔ 친구' 의 공간적 방향성으로 이해한다. 교사의 재비평은 '친구의 소중함' 이라는 주제의 표현에서 방향성에 대한 고려와 이에 근거한 표현이 필요함을 나타낸다.

도덕과 수업 비평: 놀이 체험의 관점

도덕성은 규칙을 엄격히 준수하는 힘으로 표상되기도 하지만, 미적 대상으로 표상되기도 한다.[21] 도덕성이 힘으로 표상된다면, 도덕과 수업은 강한 힘을 기르기 위한 엄격한 훈련에 가까운 모습으로 나타난다. 반면에, 도덕성이 미적 대상으로 표상된다면, 도덕과 수업에서 타율적인 훈련의 모습은 줄어든다. 나아가 도덕과 수업은 자연적 경향성을 통해 자발적으로 참여하여 미적 대상을 체험하는 활동으로 이루어진다. 그런데 놀이는 압력보다는 자연적 경향성에 따른 활동이므로, 도덕과 수업에서 활용되는 놀이와 수업과의 연관성을 해명하기 위해서는 미적 대상으로서의 도덕성과 놀이와의 관계에 주목할 필요가 있다.

도덕과 수업과 놀이의 연관성을 이해하기 위하여, 먼저 놀이의 일반적 특성을 살펴볼 필요가 있다. 문화 자체가 놀이의 성격을 가지고 있다고 보는 호이징가Huisinga에 의하면, 먼저 놀이는 자발적인 행위이며, 명령에 의한 놀이는 이미 놀이가 아니다. 단지 놀이하는 것을 즐기기 때문에 노는 것이며, 거기에 바로 자유가 있다. 둘째, 놀이에서는 무관심성이 강조된다. "일상적인" 생활이 아니라는 점에서 놀이는 필요와 욕망의 직접적인 만족 여부를 벗어난다. 셋째, 놀이에서는 질서가 강조된다. 특히 놀이의 질서에서 어긋나면, 놀이의 특성은 사라지고, 놀이는 무가치해진다. 호이징가는 놀이의 이러한 형식적 특성과 함께 놀이의 기능을 "어떤 것을 얻기 '위한' 투쟁" 혹은 "어떤 것에 '관한' 표현"으로 제시한다.[22] 형식적 특성과 놀이의 기능을 종합하면, 놀이는 그 자체를 즐기기 위해 질서에 자발적으로 참여하는 경쟁 혹은 표현 활동으로 볼 수 있다.

호이징가를 비판적으로 계승한 카이와Caillois는 놀이의 형식적 특성으로 자유로운 활동, 분리된 활동, 확정되어 있지 않은 활동, 비생산적인 활동, 규칙이 있는 활동, 허구적인 활동을 제시한다.[23] 따라서 놀이는 그 자체의 목적을 위해 자발적으로 정한 공간과 시간에 이루어지는 규칙을 따르거나 허구적인 표현 활동으로 볼 수 있다. 놀이의 형식적 특성은 호이징가의 그것과 크게 다르지 않다. 반면, 카이와는 놀이의 분류 원칙으로 호이징가의 투쟁에 해당하는 경쟁Agôn, 표현에 해당하는 모의Mimicry에 더하여 우연Alea과 현기증Ilinx을 추가한다. 여기서 경쟁과 우연, 모의와 현기증은 밀접하게 관련된다.[24] 만약 경쟁만 있고 우연이 없다면 그것은 놀이라기보다는 경기가 되며, 모의만 있고 현기증이 없다면 그것은 놀이라기보다는 연극이 된다. 놀이는 규칙에 따른 경쟁에 우연이 개입된 결정 방식이든지, 규칙 없는 모방에 흥분이 혼합된 방식이다. 놀이는 특정한 목적 없이 자발적으로 이루어지는 경쟁과 표현 활동이다. 여기서 경쟁은 우연이 개입되며, 표현에 흥분이 혼합되는 활동이다. 학생들이 수업에서 놀이에 참여한다는 것은 우연이 있는 경쟁 혹은 흥분이 있는 표현 자체에 자발적으로 참여하는 것으로 볼 수 있다.

한편, 이건은 수업에서 활용되는 주요 인지 도구로 놀이를 간주한다. 먼저 놀이는 흥미 있는 시간을 가능케 하는 인지 도구이다. 학생이 몰입할 수 있는 역할을 정하고, 가상의 세계를 구성하고, 잡담하고, 규칙을 협상하는 흥미 있는 시간을 가능케 한다. 둘째, 무관심적 체험을 가능케 하는 인지 도구이다. 놀이 속에서 학생들은 의도적인 학습에서 해방되어 일종의 무관심적 체험을 하게 된다. 학생들은 의도적인 규범, 의식해야 할 목표, 요청된 표현의 제약에서 벗어난다. 셋째, 자율을 배울 수 있는 인지 도구이다. 유희 속에서 자신의 역할이 정해지면, 그 역할에서 벗어날 수 없기 때문이다. 학생들은 자신이 참여한 놀이 활동을 유지하기 위해서 그 역할을 수행해야만 한다.[25] 이건은 놀이를 음성성 단계에서 활용되는 인지 도구 중 하나로 간주하면서, 흥미, 무관심성, 자율이라는 놀이의 특성을 강조한다.

놀이는 문화이면서 동시에 수업에서 활용할 수 있는 주요 인지 도구이다. 놀이는 자율적 몰입과 무관심성의 체험을 가능케 하는 경쟁과 우연의 조합 혹은 표현과 흥분의 조합으로 이루어진 활동으로 볼 수 있다. 이것은 어떤 목적을 우선적으로 고려하지 않고 그 행위 자체에 몰두하는 것이다. 이것은 어떤 이해관계나 목적 없이 경쟁하고 표현하는 것이다. 여기서 놀이를 '놀이'이게 하는 또 다른 요소는 바로 우연과 흥분이다. 만약 경쟁만 있다면, 그것은 놀이가 아니라 경기나 싸움이 된다. 만약 표현만 있다면, 그것은 놀이가 아니라 연극이 된다. 놀이가 되기 위해서는 우연과 흥분이 있어야 한다. 이 경쟁과 우연, 표현과 흥분이라는 놀이의 형식적 특성이 자율적으로 놀이에 몰입하여 그 자체를 즐기게 한다. 즉, 놀이 체험에서는 자율적 몰입과 무관심성이라는 미적 태도와 공유하는 특성을 가진다.

놀이나 미적 활동에 질서나 구조가 있다고 하더라도, 이때의 질서는 충동의 억압이 아니라 충동의 표현인 것이다. 놀이와 예술의 자유와 자발성에는 의무나 물질적 필요에 의해서 요구된 활동의 강제적 요소가 적다.[26] 예술에는 삶으로 충만한 장場을 창조하거나 촉발시켜 거기에 참여하도록 함으로써 환희를 체험하게 하는 인간 삶의 한 방식이라는 면이 있다.[27] 참여를 통한 환희를 체험하는 삶의 방식으로 본다는 의미에서, 예술은 미적 놀이이며, 놀이는 흥겨운 예술이다.

도덕과 수업에서 놀이를 활용하는 것은 수업을 흥겨운 예술로 만들기 위해서이다. 흥겨운 예술은 도덕성의 감성적 경향성이라는 측면과 관련된다. 따라서 도덕과 수업에서 놀이는 미적으로 표상된 도덕성을 흥겨운 예술로 체험하게 하는 활동이다. 만약 도덕과 수업에서 힘으로서의 도덕성만이 지배적이라면, 수업은 규칙을 지키기 위한 힘겨운 훈련이 되어 버린다. 반면에, 도덕과 수업에서 놀이의 무관심성과 자율적 몰입이라는 특성은 미적 도덕성을 체험하게 한다.

도덕과 수업에서 활용되는 놀이는 크게 게임 형식의 놀이와 역할 놀이로 나누어 볼 수 있다. 게임 형식의 놀이는 우연과 경쟁이 강조되는 놀이이며, 역할 놀이는 표현과 흥분이 강조되는 놀이이다. 여기서 만약 필연적 경쟁만이 있거나 수단적 모방만이 있다면, 그것은 놀이가 될 수 없다.

도덕과 수업에서 놀이를 활용한다는 것은 수업 내용을 미적 대상으로 보고, 그 대상에 대한 미적 체험을 가능케 하기 위해서이다. 즉, 자율적 몰입과 무관심적 태도를 가능케 하기 위해서 활용하는 것이다.

○나 교사의 '놀이' 수업

나 교사는 〈작은 연못〉이라는 노래를 들려주면서 수업을 시작한다.[28] 차분한 분위기의 이 노래를 들은 후에 교사는 가사의 내용에 대해서 질문을 한다. 나 교사는 이번 시간의 학습 주제가 "서로 다른 주장"과 관련된 공부라고 소개한다. 그리고 이를 위해 두 가지 활동을 할 것이라고 말한다. 먼저 첫 번째 활동을 안내한다. 학생들을 두 팀으로 나누고, 청팀은 2학기 회장이, 백팀은 1학기 회장이 대표를 맡는다. 각 팀이 가위 바위 보를 다섯 번 해서 먼저 100점에 도달하는 팀이 이긴다. 가위를 내서 이기면 10점, 바위를 내서 이기면 20점, 보를 내서 이기면 30점, 가위를 내서 비기면 10점, 바위를 내서 비기면 30점, 보를 내서 비기면 0점이다. 각 대표는 상대팀이 알지 못하도록 팀원들의 의견을 듣는다. 그리고 자신이 가지고 있는 종이에 팀원들의 의견과 이유를 1분 안에 수렴하여, 상대편 대표와 가위 바위 보를 한다.

다섯 번의 게임에서 청팀이 한 번 이기고 두 번을 비겨서 50점을, 백팀은 두 번 이기고 두 번 비겨서 80점을 획득한다. 자기 팀이 이긴 경우에는 크게 환호하지만, 비긴 경우에는 별 반응이 없다. 자기 팀이 지면, 학생들은 대표가 팀의 의견과 관계없이 임의로 결정하여 진 것에 대해서 항의를 한다. 임의로 결정한 이유를 묻는 질문에 대해서, 대표는 "남자는 주먹이니까요," "몰라요, 마음대로 나가요" 등의 대답을 한다. 100점에 도달하지 못했지만, 수업 시간을 고려해서 교사는 백팀의 승리로 판결하고 이 활동을 중단시킨다. 그리고 민주적으로 의사 결정을 했는지 질문한다.

이 활동에 대한 짧은 질문과 답을 한 후에, 다음 활동을 시작한다. 교사는 이미 배부한 두 번째 학습지에 자신의 의견을 쓰도록 한다. 지구가 사라질 위험에 처해 있고, 몇 백 년간의 우주 항해가 예상되는 우주선에 5명만을 태울 수 있다면, 누구를 태울 것인지를 선택하고 이유를 써야 한다. 대부분의 모둠에서 토의를 거쳐 학습지를 완성했다고 판단한 교사는 짧은 질문을 한다. 초등학교 5학년 7단원 "서로 다른 주장"에서 "주어진 문제를 민주적으로 해결할 수 있다"를 학습 목표로 하는 수업은 이렇게 전개되었다.

○ 도덕과 수업 속의 놀이와 도덕과 수업이라는 놀이

이 수업에서 주로 활용된 놀이는 가위 바위 보 놀이이다. 가위 바위 보 놀이는 우연의 놀이이다. 이 우연의 놀이에는 질서가 숨어 있다. 이 놀이의 점수 계산 방식 때문이다. 이 점수 계산 방식에 따르면, 바위나 보를 내야 5번 만에 100점을 얻을 수 있다. 바위를 내면 20점 또는 30점이다. 보를 내면 30점이나 0점이다. 그래서 같이 이기려면 바위를 내고, 혼자 이기려면 보를 내야 한다. 상대방이 보를 낼 것이라고 생각하면 가위를 내야 한다. 이때는 이기거나 비겨도 10점을 받을 뿐이다. 따라서 가위를 낼 이유는 없다. 학생들은 여기서 바위를 낼 것인가 보를 낼 것인가를 선택해야 한다. 상대편과 같이 이기려면 바위를 내고, 우리 편만 이기려면 보를 내고, 같이 지려면 가위를 내야 한다. 학생들에게 이 놀이는 양면적이다. 먼저 가위 바위 보라는 놀이 자체를 즐기는 것이다. 우연한 선택에 의해 이기고 지는 놀이에 목적 없이 참여하는 것이다. 그러나 이 놀이에 참여하고 즐기는 것 자체가 동시에 도덕적 표현이기도 하다. 어떤 우연을 선택하든지 그것은 도덕적 표현이 된다. 그 선택에 따라 같이 이길 것인지, 혼자 이길 것인지, 아니면 같이 질 것인지가 결정되기 때문이다. 그래서 이 놀이는 의사 결정이라는 목적을 위한 수단으로서 접근되었다.

민주적 의사 결정 절차를 경험하기 위해서 놀이가 활용되었다. 따라서 학생들은 민주적으로 의사 결정을 했는지 묻는 교사의 질문에 대해 절차를 잘 지켰다고 대답한다. 처음부터 학생들은 그 절차를 전달받기 위해서 자신들이 놀이에 가담했음을 의식하고 있었다. 학생들은 놀이를 수단으로 의식하고 있었다. 이때부터 놀이는 재미없는 일이 되었다. 교사는 놀이라고 말했지만, 학생들은 놀이로 느끼지 않았다.

놀이에서 미적 태도를 위해서는 놀이의 목적이 의식되어서는 안 된다. 놀이가 끝나기 전에 그 의미가 파악되어서는 안 된다. 놀이가 끝난 후에 무엇을 체험한 것인지가 공감되어야 한다. 가위 바위 보 놀이에 몰입하고 그 자체를 즐긴 후에 자신들이 수업 시작 부분에서 불렀던 〈작은 연못〉의 물고기가 될 수 있었음을 느껴야 한다. 가위 바위 보가 자기편만을 위한 것이었는지, 상대편도 위한 것이었는지, 혹은 모두에게 피해가 되는 것인지를 느껴야 한다. 우연의 놀이에 대한 자율적 몰입과 무관심성이 민주주의의 이상적 가치에 대한 자율적 몰입과 무관심적 체험이었음을 느껴야 한다. 이러한 체험은 놀이를 통한 미적 체험이면서 동시에 도덕적 체험이다. 이 체험을 가능케 하는 것이 놀이이다. 이 체험을 가능케 했다면, 그 수업은 놀이라고 할 수 있다. 우연 속에서도 질서를 체험하기 때문이다. 이것은 도덕과 수업에서 경험 가능한 일종의 미적 체험이다.

그러나 이 수업에서 자율적 몰입과 무관심성을 통한 가치의 표현이라는 놀이의 의미는 적었다. 오직 의사 결정을 위한 가위 바위 보라는 수단이 있었다. 학생들은 처음부터 의도적인 목적성의 세계에 있었다. 이 수업은 목표에 도달한 효율적인 수업이었다. 이 수업에서는 놀이가 활용되었지만, 놀이는 없다. 이 수업에서 놀이는 수업의 한 부분으로 활용되었을 뿐이다. 수업 자체가 놀이는 되지 못했다. 수업은 놀이 자체가 아닌 의무감을 주는 기법으로 놀이를 활용하였기 때문이다. 따라서 이 수업에서 놀이의 특성은 나타나지 않는다. 의무감을 지향하면서, 텍스트의 한 부분으로 놀이를 활용하였기 때문이다.

도덕과 수업에서 놀이를 활용하기 위해서는, 수업의 부분을 넘어 수업 텍스트 자체가 놀이의 특성을 가져야 한다. 만약 이 수업에서 학생들에게 "주어진 문제를 민주적으로 해결할 수 있다"라는 학습 목표를 감추었다고 해보자. 이 경우, 수업에서 가위 바위 보는 무관심적인 놀이가 된다. 단지 학생들은 규칙을 지켜서 그 놀이를 즐길 뿐이다. 그리고 그 놀이 후에 그것이 무엇을 표현한 것인지를 느낀다면, 그것은 하나의 도덕적 의미 체험이 된다. 그래서 도덕과 수업에서 놀이를 활용한다고 할 때, 진정한 놀이가 되기 위해서는 수업 자체가 놀이가 되어야 한다. 목적 없이 몰두하고 표현한 후에 무엇을 체험한 것인지 느껴야 한다. 따라서 수업 구성 자체가 놀이의 성격을 가질 때 진정으로 놀이를 활용하는 것이다.

도덕과 수업에서 흔히 활용되는 놀이에는 이러한 게임 형식의 놀이와 더불어 표현이 강조되는 형식의 역할 놀이도 있다. 도덕과 수업에서는 학생들에게 다양한 역할 놀이를 활용한다. 역할 놀이의 목적은 다른 사람의 감정에 민감하고, 개인적 성실함과 집단적 책임감을 키우는 데 있다.[29] 이 활동에 참여함으로써 학생들이 역할에 대한 자발적 참여와 몰입, 비현실적인 역할이나 역할의 교환에서 오는 흥분을 경험해야 '놀이'라고 할 수 있다. 만약 수업의 목표를 의식한 유목적적인 건전한 표현만이 이루어진다면, 소위 '역할극'은 될 수 있어도 놀이와는 거리가 있다. 그러나 초등 교육의 수업 장면에서 역할 놀이는 교과 목표에 부합되도록 구조적인 양상을 나타낸다.[30] 이러한 수업에서 활용되는 놀이에는 놀이의 특성이 나타나지 않는다. 표현은 있지만 흥분은 없다. 수업 자체가 하나의 역할 놀이가 되었을 때, 이 수업은 놀이가 되었다고 할 수 있다.

요컨대, 도덕과 수업을 도덕적 삶과 관련된 교사의 서사로 이해하면, 수업에서 드러난 이야기 속에 감추어진 메시지를 볼 수 있다. 도덕과 수업을 의미로 이해하면, 교사의 의미 표현, 표현에 담긴 효과 구조, 학생들의 반응 구조와 수용이라는 측면에서 볼 수 있다. 도덕과 수업을 놀이 체험이라는 측면에서 이해하면, 도덕과 수업에서 놀이 체험의 지향점을 볼 수 있다. 그러나 이러한 수업의 이해도 예시적 관점일 뿐이다. 수업을 효율성의 관점에서 목표 도달 행위로 보는 것도 마찬가지이다. 그것도 하나의 관점일 뿐이다. 이러한 관점들이 도덕과 수업 현상에 감추어진 측면들을 부각시킬 때, 도덕과 수업은 새로이 설명될 수 있다. 이 과정에서 수업의 의미는 계속해서 드러나며, 수업자와 참관자는 자신이 깨닫게 된 의미를 가지고 다시 수업을 쓰게 된다.

맺는 말

　도덕성은 살아서 진화하고 있는 다면적 구조를 가지고 있기 때문에 고정된 단일한 기준에 의해 정의할 수 없다. 하지만 도덕성은 주로 힘으로 이해되거나 상징된다. 도덕적으로 행위할 수 없다면 그것은 의지의 힘이 약하기 때문이다. 도덕적 지식을 바탕으로 행동하거나 도덕적 가치를 실현할 수 없는 것도 의지의 힘이 약하기 때문이다. 도덕성이 힘으로서 표상되면, 도덕과 수업은 도덕적 힘을 기르는 일이 된다. 신체적 힘이 훈련과 연습과 인내를 통해서 길러지듯이, 도덕과 수업에서도 도덕적 힘을 기르기 위해 훈련과 연습과 인내를 강조하게 된다. 그래서 힘으로서의 도덕성이 수업에 지배적으로 반영되면, 도덕과 수업은 도덕적 규칙을 지키는 힘을 기르기 위해 학생들에게 반복과 연습과 인내를 강조하게 된다.

　하지만 도덕성은 힘으로만 표상되는 것이 아니다. 예를 들어, 도덕성은 미적 대상으로도 표상될 수 있다. 어원적으로도 '선善'은 도덕적 영역에만 한정되지 않는다.[1] 그리고 정의와 균형미처럼 도덕적 가치와 미적 가치는 신체적 경험에서도 만난다.[2] 일상 언어에서는 미적 경험과 분리되지 않는다. 우리는 선행을 한 좋은 사람을 '아름다운 마음을 가진 사람,' '우리 사회를 아름답게 하는 사람,' '아름다운 청년,' '아름다운 행동, 아름다운 작품,' '훌륭한 행동, 훌륭한 작품,' '숭고한 행동, 숭고한 작품' 등으로 표현한다. 이처럼 선이라는 가치 경험은 마치 무늬처럼 미라는 가치 경험을 수반한다. 도덕과 수업에서 도덕적 가치를 공감적으로 표현한다면 '아름다운 선'과 '선한 아름다움'은 분리되지 않는 가치 현상이다. 물론 여기서 그 대상에는 차이가 있으며, 특수한 가치의 체험은 주로 가치 대상에 따라 상이하게 나타난다. 반면에, 가치 체험 자체는 일반적이라고 할 수 있다. 가치 체험의 내용은 가치 대상에 대한 정서적 반응이며, 정서적 반응은 상이한 대상에서 공통적으로 나타날 수 있기 때문이다. 윤리적 가치와 미적 가치에 대한 체험은 인간과 예술이라는 대상, 선과 미라는 이념에 따라 특수한 가치 체험으로 구분된다. 이러한 특수한 구분 속에서 '숭고함'은 인간과 예술이라는 대상, 혹은 선이나 미라는 이념에 따라 윤리적 가치로 체험되기도 하고 미적 가치로 체험되기도 한다. 도덕성이 미적 대상으로 표상된다면, 도덕적 체험과 미적 체험은 구분되지 않는다. 도덕성에 대한 미적 체험은 자연적 경향성을 억제하는 압력으로 다가오지 않는다. 미적 대상으로서 도덕성은 힘이 아닌 경향성에 근거한 도덕적 접근을 가능케 한다. 도덕적 이념을 표현한 대상에 대한 미적 체험은 자연적 경향성에 역행하지 않는 도덕적 체험이다. 그래서 미적 대상으로서 표상된 도덕성이 수업에 반영되면, 도덕과 수업은 미적으로 표현하고 감상하는 활동으로 경험된다. 그 활동은 자연적 경향성을 억제하기 위한 활동이 아니다. 이 도덕성을 체험하기 위해서는 강제적이지 않으며, 몰입이 가능하고, 그 자체가 목적이 되는 수업이 이루어져야 한다.

힘으로서의 도덕성이라는 은유에 제한되지 않는다면, 자연적 경향성을 통제하기 위해 평가적 도덕을 직접 전달하는 수업을 벗어날 수 있다. 직접 전달에서 벗어난 도덕과 수업에서 평가적 도덕은 그대로 전달될 수도 없고, 전달된다 하더라도 그것은 전달자의 도덕일 뿐이다. 평가적 도덕이 전해지기 위해서는 서술적 표현으로 전환되어야 하고, 그 표현에 공감해야만 비로소 평가적으로 수용된다. 따라서 도덕과 수업은 이미 판단된 사회 속의 개인에 대한 요구를 그대로 전달하는 일은 아니다. 도덕과 수업은 그 요구를 표현한 텍스트를 학생들이 공감적으로 수용하는 것을 지향한다. 이때 표현된 내용은 의도된 시점에서 의미가 완결되는 것이 아니라, 수용된 시점에서 그 의미가 구체적으로 발생하는 것이다. 만약 이 측면을 배제하고 확정된 목표의 효과적 도달만을 강조한다면, 이 경우에는 '타인의 도덕적 말과 행위'가 무의미하게 전달될 뿐이다. 그 수업에서 도덕적 말은 의미 없는 소리이고, 도덕적 행위는 의미 없는 움직임일 뿐이다. 도덕적 말이 없는 행위는 기계적 습관일 뿐이고, 도덕적 행위 없는 말은 언어적 규칙일 뿐이다. 그래서 사회 속의 개인에게 요구되는 평가적 도덕을 전달하려고 한다면, 도덕과 수업은 말이 없는 습관적 행위를 기계적으로 낳게 된다. 혹은 행위 없는 규칙적 말을 언어적으로 낳게 된다. 소리로 표현된 도덕적 말과 움직임으로 표현된 도덕적 행위의 의미가 수용될 때, 그것은 비로소 도덕적 말과 도덕적 행위가 된다. 이때 소리와 움직임으로 수용되는 도덕적 의미는 개방적이며 다의적이다. 따라서 도덕과 수업은 고정된 전달을 위해 설정된 효과적 프로그램이 아니라, 수용을 위해 반응하는 텍스트이다.

학생은 텍스트로 표현된 사회의 말과 행위를 도덕적 의미로 수용하는 주체이다. 그래서 교사는 학생이 수업에 참여하여 공감할 수 있는 표현을 고민한다. 그 표현의 주제를 찾기 위해 세상을 이해하고, 교육을 이해하고, 도덕을 이해하고, 도덕과 교육 과정을 이해하고, 그리고 학생을 이해한다. 그렇게 이해한 내용을 논리와 양식이라는 방법으로 표현한 텍스트가 도덕과 수업이다. 따라서 도덕과 수업 방법은 내용 없이 표현될 수 없으며, 도덕과 수업 내용 역시 방법 없이 표현될 수 없다. 예를 들어, 개념 분석에 따라 수업을 구성한다면, 이는 개념의 실제적 이해가 필요하다는 내용의 표현이다. 가치 명료화와 분석에 따라 수업을 구성한다면, 이는 주관성을 완화한 가치의 내면화가 필요하다는 내용의 표현이다. 가치 탐구에 따라 수업을 구성한다면, 이는 삶에서 가치 위계의 설정이 필요하다는 내용의 표현이다. 상상적 이해에 따라 수업을 구성한다면, 이는 도덕적 개념과 삶에 대해 신빙성 있게 이해해야 한다는 내용의 표현이다. 은유적 이해에 따라 수업을 구성한다면, 이는 추상적인 도덕 개념을 구체화시켜 정서적으로 이해하는 것이 필요하다는 내용의 표현이다. 서사적 이해에 따라 수업을 구성한다면, 이는 삶의 단편들을 자연스럽게 소망하는 도덕적 의미로 구성하는 것이 필요하다는 내용의 표현이다. 따라서 도덕과 수업 방법은 내용의 표현이며, 도덕과 수업 내용에서 그 방법이 드러난다.

이처럼 도덕과 수업은 방법으로 표현되는 내용, 내용 속에서 드러나는 방법, 그리고 그 의미에 대한 수용으로 이루어진 현상이다. 수업 현상은 저자인 교사가 이해한 내용, 그 내용에서 드러나는 방법, 이 텍스트에 대한 수용이 하나의 전체를 이룬다. 저자인 교사가 내용과 방법으로 표현한 교수에 대해 학생들이 수용하는 과정으로 도덕과 수업은 이루진다. 이 전체를 이루는 부분들을 목표 도달을 위한 수단으로 보면서 탈맥락적인 효율성만을 기준으로 측정할 수는 없다. 그래서 도덕과 수업 현상은 측정의 대상이라기보다는 해석의 대상이다. 이 대상에 대한 해석적 글쓰기의 관점이 메타 서사이든, 의미론이든, 혹은 미적 체험이든 그것이 중요한 것은 아니다. 또 그 글쓰기의 수준이 중요한 것도 아니다. 비록 수려한 글쓰기도 아니고, 해석할 것도 별로 없다 하더라도, 이는 적어도 물건을 조립하는 생산 공정과 같은 수업관을 벗어나려는 시도는 될 수 있다. 이러한 시도로서 도덕과 수업 현상을 보는 관점은 해석의 관점이자 동시에 도덕과 수업을 구성하는 관점이기도 하다. 따라서 도덕과 수업에 대한 이해는 도덕과 수업을 위한 이해로 환원되며, 도덕과 수업을 위한 이해는 도덕과 수업에 대한 이해로 환원된다. 이러한 환원이 다양한 관점에서 지속적으로 이루어질 때, 도덕과 수업을 위한 지평과 도덕과 수업에 대한 지평은 보다 확장된다. 이 짧은 말이 지금까지의 거칠고 긴 말들의 결론이다.

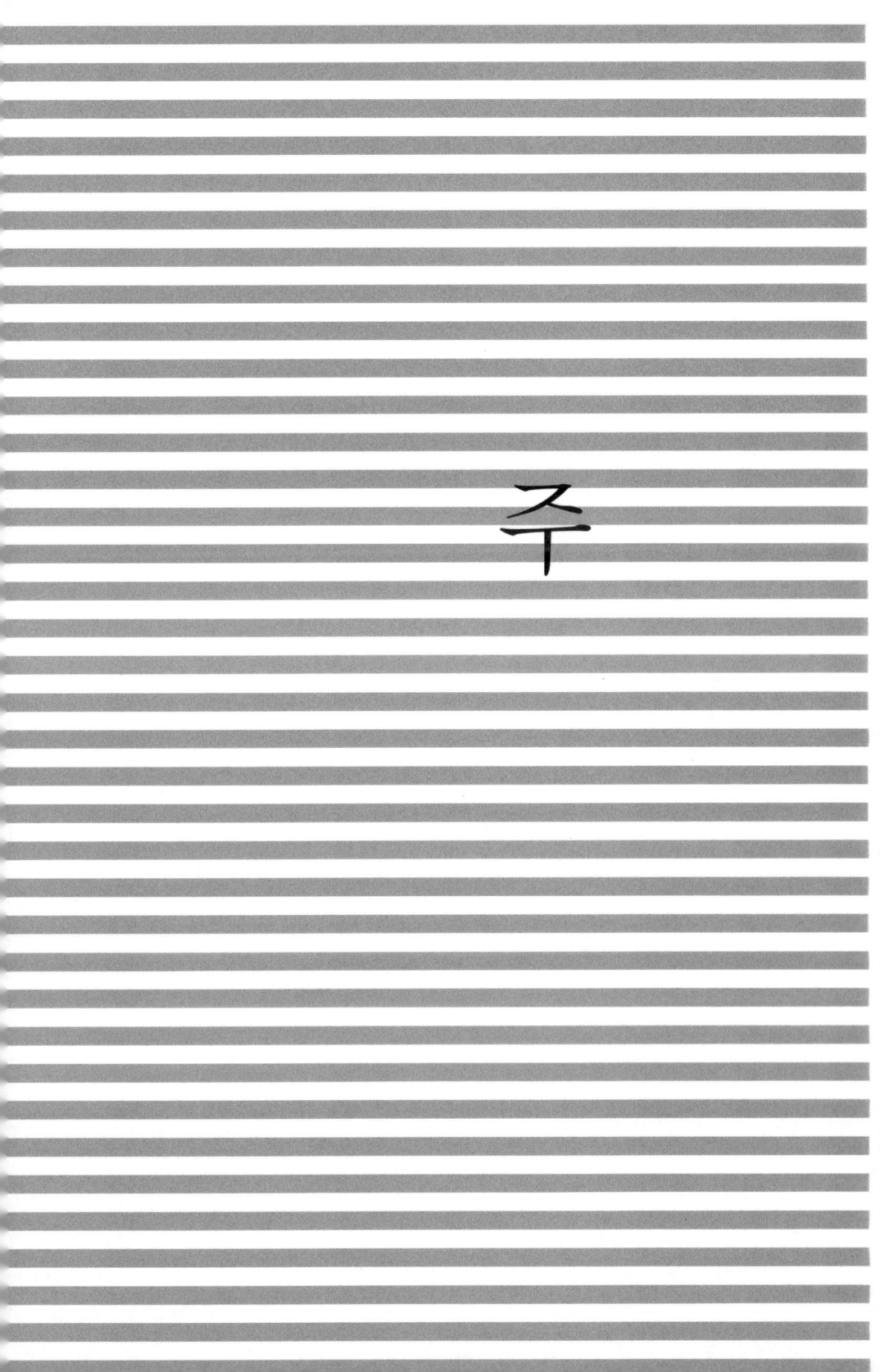

주

I. 도덕과 수업의 이해

1. 도덕과 수업의 구성 관점

1. 아래의 예는 R. Straughan, *Can we teach children to be good*, London: George Allen & Unwin, 1982, pp. 13-23을 참조하여 구성하였음.

2. 제시된 예는 교사들과의 대화에서 발췌 · 정리함.

3. 제시된 답은 교사들과의 대화에서 발췌 · 정리함.

4. 첫 번째 질문에 대한 그의 답을 요약하자면, 교육은 행동 양식을 변화시키는 과정이며, 교육 목표는 학생들에게 일으키고자 하는 행동 변화의 종류를 나타낸 것이다. 그러므로 교육 목표는 가능한 시간에 실제로 달성할 수 있는 행동 유형으로 모순 없이 일관성 있게 제시되어야 한다. 이때 교육 목표를 달성하기 위해 수행하는 내용 요소는 학생들의 수행을 예견하지 않는다. 반면에, 학생들의 행동 유형으로 진술된 목표는 수업의 직접적인 지침으로 사용될 수 없다. 따라서 가장 유용한 형태의 교육 목표 진술은 행동과 내용으로 명료하게 표현된 것이다. 명료하게 진술된 교육 목표는 행동 측면과 내용 측면을 가지기 때문에, 교육 목표를 간략하고 분명하게 표현하기 위해서는 이원분류표를 사용하는 것이 유용하다. 두 번째와 세 번째 질문에 대한 그의 답을 요약하자면, 의도한 반응 유형을 자극하기 위해 환경을 설정하고 구조화하여 제공한 것이 목표 달성을 위한 내용이다. 따라서 내용은 교육 목표의 산출 가능성에 따라 결정된다. 이렇게 선정된 내용은 계속성, 계열성, 통합성 있게 효율적으로 조직되어야 한다. 결국 목표에서 의도한 행동 변화를 낳기 위해 내용을 선정하며, 이 내용은 목표 도달을 위한 효율성을 준거로 조직된다. 네 번째 질문에 대한 그의 답을 요약하자면, 평가의 과정은 본질적으로 교육 과정과 수업 프로그램에 의해 교육 목표가 어느 정도로 실현되었는지를 결정하는 과정이다. 교육 목표는 학생의 행동 유형에 있어서 일정한 소기의 변화를 산출하려는 것이기 때문에, 평가는 이러한 행동상의 변화가 실제로 발생한 정도를 결정하는 과정이다(R. Tyler, *Basic Principles of Curriculum and Instruction*, 진영은 역, 『Tyler의 교육과정과 수업지도의 기본원리』, 서울: 양서원, 1996, pp. 7-8, 10-1, 41, 55-9, 72-3, 96, 118-9, 135 참조). 이상에 터할 때, 전달을 강조하는 수업에서는 학생을 통해 확인 가능한 행동적 목표를 설정하고, 이를 산출할 수 있는 내용을 효율성의 준거로 선정하고 조직하여, 발생한 변화의 양을 측정하는 측면이 강조된다.

5. W. Dick and L. Carey, *The Systematic Design of Instruction*, 김형립 외 편역, 『체제적 교수 설계 — 이론과 기법』, 서울: 교육과학사, 1996, p. 36.

6. 조영남, 「구성주의 교수-학습」, 김종문 외, 『구성주의 교육학』, 서울: 교육과학사, 2000, p. 153.

7. 한국교육과정평가원,『제7차 교육과정의 현장 운영 실태 분석(I)』, 2003, p. 350.

8. W. Kurtines and J. Gewirtz, *Moral Development*, Needham Heights: Allyn & Bacon, 1995, pp. 10-1 참조.

9. M. Polanyi, *Personal Knowledge*, London: Routledge & Kegan Paul, 1962, p. 27 참조.

10. 차봉희,『독자반응비평』, 서울: 고려원, 1993, p. 52.

11. C. Joseph and H. Gary, *The Columbia Dictionary of Modern Literary & Cultural Criticism*, 황종연 역,『현대 문학 · 문화 비평 용어 사전』, 서울: 문학동네, 2003, pp. 419-20 참조.

12. 텍스트 구조는 독자의 텍스트 이해를 도울 수 있을 뿐만 아니라, 텍스트 생산에 있어서도 텍스트의 개념적 구조나 전체적인 틀을 구성하는 주요한 수단이 된다. 텍스트는 최소한 형식적인 응집성과 내용적인 결속성을 갖춤으로써 서로 관련성을 지닌 유의적 총체로 기능할 수 있다. 형식적인 '응집성cohesion'이란 텍스트 표층surface text의 구성 요소들이 통사적인 의존 관계를 바탕으로 하여 서로 관련 맺는 방식을 말한다. 내용적 '결속성coherence'이란 텍스트 내에서 활성화되어 나타나는 개념들 사이에 존재하는 뜻의 연속성continuity of senses을 토대로 텍스트를 의미론적으로 완결된 구조로 만들어 주는 기능을 한다(원진숙,『논술교육론』, 서울: 박이정, 1995, pp. 40-5 참조).

13. 초 · 중등교육법 제23조에서 "① 학교는 교육과정을 운영하여야 한다. ② 교육과학기술부장관은 제1항의 규정에 의한 교육과정의 기준과 내용에 관한 기본적인 사항을 정하며, 교육감은 교육과학기술부장관이 정한 교육과정의 범위 안에서 지역의 실정에 적합한 기준과 내용을 정할 수 있다. ③ 학교의 교과는 대통령령으로 정한다"고 규정한다. 이 규정에 근거하여 국가 수준의 교육 과정이 고시된다. 그리고 국가 수준의 교육 과정이 초 · 중등학교에서 편성, 운영하는 학교 교육 과정의 공통적, 일반적 기준임을 명시하고 있다.

14. 이상을 간단히 정리하면 다음과 같다.

수업의 일반적 순서	도덕과 수업의 일반적 순서	교수 텍스트의 구성 논리	교수 텍스트의 표현 양식
공부할 것 알기 ↓ 자세히 공부하기 ↓ 공부한 것 반영하기	도덕적 내용의 인식 ↓ 인식된 내용의 심화 ↓ 심화된 내용의 반영	도덕 공부의 내용 ↓ 도덕 공부의 방법 ↓ 도덕 공부의 필요성	표현 의미 ― 수용 의미 ― ⋮ (다양한 연결의 선택) 표현 의미 수용 의미 ― (대안적 연결의 선택) ＼ ｜ ／ - 표현 의미 - (추상적 의미의 다양한 구체화)

15. 객관주의적 의미 이론에서 추상적 기호들에 의미가 부여되는 것은 객관적으로 구축된 세계, 즉 어떠한 생물체의 이해로부터도 독립해서 존재하는 세계와의 대응에 의해서이다(M. Johnson, *The body in the mind*, Chicago: The University of Chicago Press, 1990, pp. xxi-xxv 참조).

16. 김도남, 『상호텍스트성과 텍스트 이해 교육』, 서울: 박이정, 2003, p. 38.

17. 김태훈, 『도덕성 발달이론과 교육』, 서울: 인간사랑, 2004, p. 138.

2. 도덕성의 의미

1. 도덕과에서는 '시민성' 보다는 '도덕성' 이라는 용어를 주로 사용한다. 그 이유 중 하나는 '시민성에 관한 도덕적 고찰' 은 어렵지 않게 성립될 수 있어도, '도덕성에 관한 시민적 고찰' 이 성립 가능한지는 긴 논의가 필요하기 때문이다. 민주 사회에서 요구되는 시민성, 한국 사회에서 요구되는 시민성, 21세기에 요구되는 시민성에서는 특수성이 강조된다. 이것은 역사적 공간에 있는 시민에 대한 요구를 전제하기 때문이다. 반면에, 민주 사회의 도덕성과 비민주 사회의 도덕성, 한국인의 도덕성과 미국인의 도덕성, 19세기의 도덕성과 21세기의 도덕성에서는 보편성이 강조된다. 도덕성은 개인에 대한 사회의 특수한 요구를 반영하기도 하지만, 탈역사적 공간에 있는 개인의 보편적 이상과 지향점도 반영하기 때문이다. 이때 도덕성은 시민성을 포괄하거나 시민성을 텍스트로 한다. 시민성은 도덕성의 구체화나 도덕성 형성을 위한 내용으로 볼 수 있다. 이 점에서 도덕과에서 '도덕성' 이라는 포괄적인 진술어를 선택한 것은 타당하다. 도덕적인 사람이 전체이고, 시민은 부분이기 때문이다. 만약 시민성과 도덕성의 포함 관계를 역으로 하면, 시민에게 요구되는 모든 것을 시민성이라고 불러야 한다. 예를 들어, 시민성에는 예술성도 요구되므로, 예술성의 함양을 시민성을 목적으로 하는 교과에서 다루어야 한다거나, 시민성에는 과학적 사고가 포함되므로, 과학성 함양을 시민성을 목적으로 하는 교과에서 다루어야 한다고 주장해야 한다. 그러면 모든 교과를 도덕과에서 다루어야 한다는 터무니없는 주장으로 전개될 수도 있다. 이러한 이해에 터하여, 이 책에서는 도덕과 수업의 목적인 도덕성을 '보편적인 도덕적 실재의 반성과 관련된 영역' 및 '역사적 공간에서 평가적 행위에 대한 요구와 관련된 영역' 을 포괄하는 의미로 이해한다.

2. 언어의 사용에서 도덕성 외에도 예술성, 시민성, 문학성, 규칙성, 과학성, 창조성, 생산성 등 '-性' 을 사용하는 용어를 흔히 찾아볼 수 있다. 일상적 사용의 예를 들자면, '이 작품의 예술성은 작가의 예술성에서 나온다,' '생산성의 향상은 이 사람의 창조성에서 비롯되었다' 라는 표현이 있다. 이 표현에서 전자는 대상 영역과 그 본질을 부각시키는 반면, 후자는 행위자와 그 성향에 비중을 둔다. 마찬가지로 도덕성도 도덕이라는 대상 영역의 본질을 의미하기도 하고, 도덕적 행위자의 성향을 의미하기도 한다.

3. 김두헌, 『서양윤리학사』, 서울: 박영사, 1988. pp. 52-5 참조.

4. "모든 기술과 탐구, 또 모든 행동과 추구는 어떤 선을 목표 삼는 것이라 생각된다. 그러므로 선이란 모든 것이 목표 삼는 것이라고 한 주장은 옳은 것이라 하겠다. 그런데 여러 가지 목적들 간에는 어떤 차이가 있다. 즉 활동 자체가 목적이 되는 경우가 있는가 하면, 또 어떤 성과를 생기게 하는 활동을 떠나 그러한 성과가 목적이 되는 경우도 있다"(아리스토텔레스, 최명관 역, 『니코마코스 윤리학』, 서울: 서광사, 1985, p. 31).

5. 김태길, 『윤리학』, 1983, 서울: 박영사, pp. 38-42 참조.

6. S. Lamprecht, *Our Philosophical Traditions*, 김태길, 윤노명, 최명관 역, 『서양철학사』, 서울: 을유문화사, 1989. pp. 100-4 참조.

7. "우리는 정신에 두 부분(즉 이치 내지 이성적 원리를 파악하는 부분과 비이성적인 부분)이 있다고 말하였다. 이제는 이성적 원리를 파악하는 부분 자체 안에서 그와 비슷한 구분을 세워 보기로 하자. 그리고 이성적 원리를 파악하는 부분이 2개가 있다고 가정하자. 그중 하나는 '그 단초가 달리 있을 수 없는 모든 존재자'를 성찰하는 것이요, 다른 하나는 '달리 있을 수도 있는 것들'을 성찰하는 것이다. 대상의 종류가 다르면 그에 대응하는 정신의 부분도 종류가 달라진다. 무릇 인식은 정신과 대상 사이에 어떤 유동성類同性과 근친성近親性이 있음으로써 성립하기 때문이다. 이 두 부분 가운데 전자를 인식적 부분, 후자를 사량思量적 부분이라 부르기로 하자. 숙고하는 것과 사량하는 것은 같은 것인데, 아무도 불변하는 것, 즉 달리 있을 수 없는 것에 관해서는 숙고하지 않는다. 사량적 부분은 이성적 원리를 파악하는 능력의 일부분이다"(아리스토텔레스, 최명관 역, 『니코마코스 윤리학』, 서울: 서광사, 1985, p. 174).

8. 박전규, 『아리스토텔레스의 실천적 지혜』, 서울: 서광사, 1985, pp. 14, 42-3 참조.

9. "우리는 실천지 있는 사람들도 혹은 영리하다 하고 혹은 간지奸智가 있다고 하는 것이다. 실천지는 바로 이 능력인 것은 아니지만, 이 능력 없이 존립할 수는 없는 것이다. 그리고 이 정신의 눈이 실천지라고 하는 뚜렷한 상태를 획득하는 데는, 이미 말한 바와 같이, 그리고 또한 명백한 바이지만, 덕의 도움이 없을 수 없다. 왜냐하면, 무엇을 행해야 할 것인가를 다루는 추론은 '목적 즉 최고선은 이러이러한 것이기 때문에'라고 하는 출발점으로 삼는 법인데, 이것은 선한 사람에게 밖에는 명백하지 않기 때문이다. 사악한 마음은 우리를 도착到着케 하고, 또 우리로 하여금 행동의 출발점에 관하여 기만당하게 하기 때문이다. 그러므로 선한 사람이 되지 않고서 실천지 있는 사람이 되기란 불가능함이 분명하다"(아리스토텔레스, 최명관 역, 『니코마코스 윤리학』, 서울: 서광사, 1985, p. 192).

10. 도성달, 「덕이 곧 지식인가」, 진교훈 외, 『윤리학과 윤리교육』, 서울: 경문사, 1997, pp. 66-8.

11. 박전규, 『아리스토텔레스의 실천적 지혜』, 서울: 서광사, 1985, p. 100.

12. A. MacIntyre, *A Short History of Ethics*, 김민철 역, 『윤리의 역사, 도덕의 이론』, 서울: 철학과 현실사, 2004, p. 139.

13. W. Sahakian, *Ethics*, 송휘칠, 황경식 역, 『윤리학의 이론과 역사』, 서울: 박영사, 1990,

pp. 64-6 참조. 여기서는 덕의 목록을 다음과 같이 정리한다.

결핍의 악덕	덕(중용)	과잉의 악덕
1. 비겁	용기	무모
2. 무감각	절제	방탕
3. 인색	관후	낭비
4. 쩨쩨함	호탕함	사치함
5. 비굴	긍지	오만
6. 야망이 없음	건전한 야망	과도한 야망
7. 무관심	공손함	성마름
8. 자기비하	진실됨	뽐냄, 젠체함
9. 멍청	재치	익살
10. 퉁명	친절	아첨
(보충 - 엄격한 의미에서 덕은 아닌 정서)		
11. 파렴치	겸양	수줍음
12. 악의	의분	질투
(모든 덕의 총체)		
13. 불의	정의	불의

14. 박승렬, 「아리스토텔레스 윤리학의 초등도덕교육적 함의」, 한국교원대학교 박사학위논문, 1999, p. 166.

15. G. Deleuze, *La Philosophie Critique de Kant*, 서동욱 역, 『칸트의 비판철학』, 서울: 민음사, 2000, pp. 12, 58-9, 60-3 참조.

16. F. Kaulbach, *Immanuel Kant*, 백종현 역, 『칸트: 비판철학의 형성과정과 체계』, 서울: 서광사, 1992, p. 197.

17. S. Lamprecht, *Our Philosophical Traditions*, 김태길, 윤노명, 최명관 역, 『서양철학사』, 서울: 을유문화사, 1989, pp. 533-4.

18. I. Kant, 이원봉 역, 『도덕 형이상학을 위한 기초 놓기』, 서울: 책사랑, 2002, p. 27.

19. F. Kaulbach, *Immaunel Kant*, 백종현 역, 『칸트: 비판철학의 형성과정과 체계』, 서울: 서광사, pp. 199-200 참조.

20. I. Kant, 이원봉 역, 『도덕 형이상학을 위한 기초 놓기』, 서울: 책사랑, 2002, pp. 38-9.

21. 김태길, 『윤리학』, 서울: 철학과 현실사, 1983, pp. 134-6 참조.

22. W. Sahakian, *Ethics*, 송휘칠, 황경식 역, 『윤리학의 이론과 역사』, 서울: 박영사, 1990, pp. 171-4.

23. I. Kant, 이원봉 역, 『도덕 형이상학을 위한 기초 놓기』, 서울: 책사랑, 2002, pp. 71, 83-4, 90-2.

24. S. Lamprecht, *Our Philosophical Traditions*, 김태길, 윤노명, 최명관 역, 『서양철학사』, 서울: 을유문화사, 1989, pp. 534-6.

25. A. MacIntyre, *A Short History of Ethics*, 김민철 역, 『윤리의 역사, 도덕의 이론』, 서울: 철학과 현실사, 2004, pp. 336-7.

26. W. Kurtines and J. Gewirtz, *Moral Development*, Needham Heights: Allyn & Bacon, 1995, pp. 135-6.

27. 이 실험에서 처음에는 앞의 창문에 있는 전등을 켜더라도 개는 침을 흘리지 않는다. 몇 초 후, 고기를 주고 그 전등을 끄면, 배가 고픈 개는 타액을 분비한다. 이 타액 분비에는 아무런 학습이 포함되어 있지 않기 때문에, 무조건 반응unconditioned response이다. 동일한 의미에서, 고기는 무조건 자극unconditioned stimulus이다. 이러한 절차는 반복된다. 이후 개가 음식에 불빛을 연합시키는 것을 학습하였는지를 검사하기 위해서, 전등은 켜지만 고기는 주지 않는다. 만일 개가 침을 흘리면 이 타액 분비는 하나의 조건 반응conditioned response인 반면에, 불빛은 하나의 조건 자극conditioned stimulus이다. 이 개는 음식에 불빛을 연합시키는 것과 불빛에 대해 타액 분비로 반응하는 것을 배웠거나 조건을 형성한 것이다(R. Atkinson, E. Smith and E. Hilgard, *Introduction to Psychology*, 홍대식 역, 『심리학 개론』, 서울: 박영사, 1991, p. 293).

28. 한 어린이에게 놀잇감으로 쥐를 주었을 때, 그 어린이는 어떠한 두려움도 나타내지 않았다. 왓슨은 이 실험 전에 어린아이들이 갑작스러운 큰 소리에 공포를 나타내는 행동으로 반응한다는 것을 관찰한 바 있었다. 11개월 된 어린이가 쥐를 만지려 할 때, 왓슨은 망치로 강철판을 쳐서 어린아이를 놀라게 하였다. 수차에 걸쳐 이런 실험이 행해진 후에, 이 아이는 이전에 큰 소리에 반응하였던 것처럼 쥐에 대해서도 같은 반응을 보이게 되었다. 왓슨은 어떤 사람에게 쥐를 무서워하도록 조건화할 수 있다면, 다른 어떤 것이든 무서워하도록 조건화할 수 있다고 생각하였다. 어떤 것이든 무서워하도록 조건화할 수 있다면, 어떤 것이든 싫어하도록 조건화할 수 있으며, 어떤 것이든 사랑하도록 조건화할 수도 있다는 것이다. 이런 논리로 왓슨은 어린아이의 훈련을 자기에게 전적으로 맡긴다면 그 어린이를 원하는 대로 만들 수 있다고 한다(W. Kolesnik, 김상호, 김기적 역, 『인간주의 교육과 행동주의 교육』, 서울: 문음사, 1990, pp. 115-6).

29. 배고픈 고양이를 케이지에 두는데, 그 문은 간단한 빗장에 의해서 꼭 닫혀 있으며 생선 조각이 케이지 바로 밖에 놓여 있다. 처음에 이 고양이는 밖으로 앞발을 뻗어 음식에 도달하려고 노력한다. 이것이 실패할 때, 고양이는 케이지를 왔다 갔다 하면서 다양한 행동들을 수행한다. 어떤 시점에서 부지불식간에 빗장을 건드리고 밖으로 나와서 그 생선을 먹게 된다. 그 다음에 연구자들은 고양이를 다시 케이지에 집어넣고 밖에 새로운 생선 조각을 놓는다. 이 고양이는 또다시 우연히 빗장을 건드리게 될 때까지 동일한 행동들을 한다. 이 절차가 반복되면, 고양이는 무관한 행동들 중 많은 것을 버리게 된다. 종국에 가서는 케이지에 두자마자 빗장을 열고서 밖으로 나온다. 이 고양이는 음식을 얻기 위해서 빗장을 여는 것을 학습한다(R. Atkinson, E. Smith and E. Hilgard, *Introduction to Psychology*, 홍대식 역, 『심리학 개론』, 서울: 박영사, 1991, p. 302).

30. B. Skinner, *About Behaviorism*, 김영채 역, 『행동주의』, 서울: 교육과학사, 1983, pp.

21-2, 52-3, 200-14 참조.

31. 김태훈,『도덕성 발달이론과 교육』, 서울: 인간사랑, 2004, pp. 230-3 참조. 여기서 프리맥 원리Premack's principle는 미국의 심리학자 데이비드 프리맥David Premack의 이름을 딴 것으로, 높은 빈도의 행동은 낮은 빈도의 행동에 대해 효과적인 강화 인자가 될 수 있다는 원리이다. 즉, 빈도가 높은 행동을 이용해서 빈도가 낮은 행동을 강화하거나, 선호하는 활동을 통해서 덜 선호하는 활동을 강화시키는 방법이다.

32. W. Kolesnik, 김상호, 김기적 역,『인간주의 교육과 행동주의 교육』, 서울: 문음사, 1990, pp. 150-1 참조.

33. 남궁달화,『콜버그의 도덕교육론』, 서울: 철학과 현실사, 1995, pp. 48-69 참조.

34. L. Kohlberg, *The Psychology of Moral Development*, San Francisco: Harper and Row, 1984, p. 14.

35. 각 단계의 특성은 L. Kohlberg, *The Psychology of Moral Development*, San Francisco: Harper and Row, 1984, pp. 174-6 참조.

단계의 내용			
수준과 단계	옳은 것	옳은 것을 하는 이유	단계의 사회적 관점
I수준: 인습 이전 수준 — 1단계: 타율적 도덕성	벌에 근거한 규칙 지키기: 복종 자체를 위해 복종함. 사람과 소유물에 대한 물리적 손상 피하기.	벌의 회피, 권위자의 우월한 힘.	자기중심적 관점. 타인의 이익을 고려하지 않거나 그들이 다르다는 것을 인정하지 않음. 두 관점을 연관시키지 않음. 다른 사람들의 심리적 입장보다 물리적인 결과를 중요시함. 자신의 관점과 권위자의 관점을 혼동함.
2단계: 개인주의, 도구적 목적, 그리고 교환	직접적인 이익이 될 때만 규칙을 따름. 자신의 이익과 필요에 부합되면 행동하고 다른 사람도 그렇게 하도록 함. 옳은 것은 공정하거나 동등한 교환, 거래, 협정임.	다른 사람도 이해관계를 가지고 있다는 것을 인정해야 하는 세상에서 자신의 필요와 이익에 충실함.	구체적 개인주의 관점. 모든 사람은 추구할 이해관계를 가짐. 그리고 이러한 이해관계는 갈등을 일으킬 수 있음. 결국 (구체적 개인주의 입장에서) 옳음은 상대적이라고 봄.
II수준: 인습 수준 — 3단계: 개인 간의 기대, 관계, 그리고 개인 간의 조화	가까운 사람의 기대를 저버리지 않는 것. 혹은 좋은 아들로서, 형제로서, 친구로서 사람들이 일반적으로 기대하는 것에 부응하는 것. "선하게 된다는 것"은 중요하다. 아울러 그것은 좋은 동기를 가지고 다른 사람에게 관심을 보이는 것을 의미함. 또한 신뢰, 충성, 존경 그리고 감사와 같은 상호관계를 유지하는 것을 의미함.	자신과 다른 사람들의 눈으로 보아 선한 사람이 되려는 욕구. 다른 사람을 돌봄. 황금률에 대한 믿음(전형적인 착한 행동을 지지해 주는 규칙들과 권위를 유지하려는 욕구를 지님).	다른 사람들과의 관계 속에서의 개인에 대한 관점. 공유된 감정, 합의, 그리고 기대가 개인의 이익보다 우월하다고 인식함. 구체적 황금률을 통해 관점을 관련시키고, 다른 사람의 입장에서 봄. 일반화된 체계의 관점을 아직 고려하지 않음.
4단계: 사회 체제와 양심	동의했던 의무들을 수행하는 것. 법은 확고한 사회적 의무와 갈등하는 극단적인 예외의 경우 이외에는 준수해야 함. 옳음은 또한 사회, 단체 혹은 제도에 공헌하는 것.	전체를 아우르는 제도를 유지하고 "모두가 그렇게 한다면"이라는 가정 속에서 사회 체계의 파괴를 피하는 것. 규정된 의무에 부합하는 양심의 명령(규칙과 권위에 대한 3단계 믿음과 쉽게 혼동됨).	사회적 관점을 대인 관계에서의 합의나 동기와 구별 짓는 것. 역할과 규칙을 규정하는 체제의 관점을 가짐. 체제 안에서의 입장에 의한 개인적 관계들을 고려함.

단계의 내용			
수준과 단계	옳은 것	옳은 것을 하는 이유	단계의 사회적 관점
III수준: 인습 이후 수준 혹은 원리 화된 수준	5단계: 사회 계약 혹은 유용성 그리고 개인의 권리	사람들이 다양한 가치와 의견을 가지고 있으며 자신들의 가치와 규칙들의 대부분은 집단 안에서 상대적임을 인식함. 상대적인 규칙들은 보통 공정성을 위해 지지됨. 왜냐하면 그것은 사회적 계약이기 때문. 몇몇 상대적이지 않은 가치들과 권리들(예를 들어, 생명, 자유)은 어느 사회에서든, 그리고 다수의 의견에 관계없이 지지되어야 함.	법률에 복종해야 하는 의무감 때문임. 왜냐하면 모든 사람들의 행복을 위해 법을 만들어 지키기로 하고 또 모든 사람들의 권리를 보호하기로 한 사회적 계약 때문임. 가족, 우정, 신뢰, 그리고 직업의 의무에 자유롭게 참여한 계약적 책임감. 법과 의무는 전체적 유용성, 즉 "최대 다수의 최대 이익"이라는 합리적 계산에 근거함.	사회보다 우선하는 관점. 사회적 결속과 계약보다 우선하는 합리적 개인의 가치와 권리를 인식함. 합의, 계약, 객관적 공정성, 그리고 합당한 절차에 대한 형식적 기제에 의해 관점들을 통합함. 도덕적이고 법적인 관점을 고려함. 가끔 그것들을 통합하는 것이 어렵고 갈등이 생긴다는 것을 인식함.
	6단계: 보편적 도덕 원리	스스로 선택한 윤리적 원리에 따르는 것. 특별한 법이나 사회적 합의는 일반적으로 타당함. 왜냐하면 그것들은 그러한 원리를 따르기 때문. 법이 이러한 원리를 어길 때, 원리를 따름. 원리는 보편적 정의의 원리임. 즉, 인간 권리의 평등, 인간 존엄성에 대한 존중 원리 등.	보편적 도덕 원리들의 타당성에 대한 합리적 존재로서의 믿음과 그것에 대한 개인적 약속.	사회적 합의를 이끌어내는 도덕적 관점. 도덕성의 본질이나 사람이 그 자체로 목적이며 그렇게 대우받아야 한다는 사실에 대한 합리적 개인의 인식이라는 관점.

36. 도덕성 발달의 측정에 시간이 많이 걸리고, 면담자의 주관적 판단과 전문성이 필요하다는 문제에 주목하여 레스트Rest는 새로운 도덕성 측정 방법을 개발하게 되는데, 그것이 '도덕 판단력 검사(DIT: The Defining Issues Test)'이다. 레스트의 DIT를 바탕으로 문용린 등은 한국판 DIT를 개발했다(J. Rest, 문용린 외 역, 『도덕발달 이론과 연구』, 서울: 학지사, 2008 참조). 이 자료는 학생들의 도덕 판단 단계 진단을 연습하기 위해서 유용하게 활용될 수 있다.

37. 발달론적 도덕 교육을 이행하기 위한 예시적 모형은 J. Reimer, D. Paolitto, and R. Hersh, *Promoting moral growth*, New York: Longman, 1979, pp. 125-6. 그리고 유병열 외 역, 『콜버그 도덕교육의 이론과 실제』, 서울: 레인보우 북스, 2009, p. 148 참조.

일반적 과제	1. 발달론적 관점에서 도덕적 갈등의 본질을 이해하기
구체적 과제	a) 연령차에 따라 다른 도덕적 갈등 이해하기
일반적 과제	2. 도덕 발달을 촉진시키는 요소 이해하기
구체적 과제	a) 인지 갈등 일으키기 b) 학생의 관점을 채택해서 그들의 관점 채택 능력 자극하기
일반적 과제	3. 도덕 문제에 대한 인식 계발하기
구체적 과제	a) 다양한 도덕 딜레마 활용하기 — 가상적이거나 실제적 딜레마 b) 도덕적 의식을 키우기 위해서 교실에서 매일 일어나는 기회 활용하기
일반적 과제	4. 질문 전략 계발하기

구체적 과제	a) 개방적 토의를 도입하기 위한 전략 시작하기
	(1) 도덕적 문제 부각하기 (2) "왜"라는 질문하기 (3) 상황을 복잡하게
	하기 (4) 개인적이고 자연적인 사례 사용하기 (5) 실제적/가상적 문제
	를 교체하기
	b) 도덕적 성장을 위한 심층 전략
	(1) 질문을 정교화하기 (2) 인접 단계 논증을 부각하기 (3) 명료화하기
	와 요약하기 (4) 역할 채택 전략
일반적 과제	5. 촉진적인 교실 분위기 조성하기
구체적 과제	a) 물리적 배치 계획하기
	b) 효과적인 집단 조직하기
	c) 수용을 모형화하기
	d) 듣기와 의사소통을 촉진하기
	e) 학생 간의 상호 작용을 격려하기
일반적 과제	6. 실천의 어려움 예상하기
구체적 과제	a) 동료의 압력에 관한 영향력 예상하기
	b) 권위자 역할을 검토할 때 문제점 이해하기
	c) 학생들에 대한 인지적 갈등의 영향력 이해하기
	d) 언어활동의 한계 인식하기
	e) 일시적 실패를 수용하는 학습하기
일반적 과제	7. 교사로서 개인의 인지적 갈등 경험하기

38. R. Peters, *Moral Development and Moral Education*, 남궁달화 역, 『도덕발달과 도덕교육』, 서울: 문음사, 1995, p. 61.

39. Ibid., pp. 69-71, 75-8, 130-41 참조.

40. 체험주의experientialism는 객관주의와 상대주의의 이분법적 사고의 해소에 실마리를 제공한다. 체험주의는 전통적인 객관주의에 대한 하나의 도전으로 특징지워질 수 있지만, 여타의 반객관주의적 입장들과 구별되는 특징은 인간의 신체에 대한 독특한 관심이다. 전통적으로 철학적 논의에서 경시되거나 무시되어 온 신체의 역할에 새로운 관심을 기울임으로써 인간의 이성과 이해에 관해 보다 포괄적인 해명을 시도한다. 인지 과학의 탐구 성과를 적극적으로 수용하여 철학적 논의를 확장시켜 가며, 경험을 물리적 신체적 차원의 경험과 정신적 추상적 차원으로 구분하고 이 두 차원의 특성을 '공공성'과 '상대적 변이'라는 관점에서 조명한다(노양진, 「체험주의의 철학적 전개」, 『범한철학』 제10집, 1995, p. 344; 「인지과학의 철학적 탐구」, 『범한철학』 제20집, 1999, p. 42; 「개념체계의 신체적 기반」, 한국철학회, 『철학』 vol. 68, 2001, pp. 324-5 참조).

41. G. Lakoff and M. Johnson, *Philosophy in the flesh*, New York: Basic Books, 1999, pp. 10-3.

42. Ibid., pp. 16-7, 44-5.

43. G. Lakoff and M. Johnson, "Conceptual metaphor in everyday language," M. Johnson (ed.), *Philosophical perspective on metaphor*, Minnesota: University of Minnesota Press, 1981, pp. 14-35 참조.

3. 도덕과 교육 과정의 이해와 수업

1. 이하 바른 생활과 교육 과정은, '2007년 개정 바른 생활과 교육 과정'은 교육인적자원부 고시 제2007-79호 『초·중등학교 교육과정』에 근거하며, 이전 '7차 바른 생활과 교육 과정'은 교육부 고시 제1997-15호 『바른 생활, 슬기로운 생활, 즐거운 생활, 우리들은 1학년 교육과정』에 근거한다. 그리고 각 교육 과정에 대한 해설서도 참조하였다.

2. 교육과학기술부, 『초등학교 교육과정 해설 (II)』, 2008, pp. 57, 89, 125 참조.

3. R. Millikan, "Pushmi-pullyu Representations," L. May, M. Friedman, and A. Clark (eds.), *Mind and Morals*, Massachusetts: The MIT Press, 1998, p. 145.

4. J, Bruner, *The Culture of Education*, 강현석, 이자현 역, 『교육의 문화』, 서울: 교육과학사, 2005, p. 91 참조.

5. 교육과학기술부, 『초등학교 교육과정 해설 (II)』, 2008, pp. 60-72 참조.

6. K. Egan, *Imagination in Teaching and Learning*, Chicago: The University of Chicago Press, 1992, pp. xviii., 13-4 참조.

7. A. Clark, "Connectionism, Moral Cognition, and Collaborative Problem Solving," L. May, M. Friedman, and A. Clark (eds.), *Mind and Morals*, Massachusetts: The MIT Press, 1998, p. 112.

8. 이철환, 『연탄길2』, 서울: 삼진기획, 2005, pp. 40-4.

9. 김세완, 『지혜의 샘』, 서울: 새봄, 2000, pp. 36-7.

10. 함민복, 『눈물은 왜 짠가』, 서울: 이레, 2003, pp. 49-50.

11. 김세완, 『지혜의 샘』, 서울: 새봄, 2000, pp. 126-7.

12. 이하 도덕과 교육 과정은, '2007년 개정 도덕과 교육 과정'은 교육인적자원부 고시 제2007-79호 『초·중등학교 교육과정』에 근거하며, 이전 '7차 도덕과 교육 과정'은 교육부 고시 제1997-15호 『도덕과 교육과정』에 근거한다. 그리고 각 교육 과정에 대한 해설서도 참조하였다.

13. 성취 기준은 교육 목표와 교육 내용을 분석하여 학생들이 달성해야 할 능력 또는 특성의 형태로 진술한 것을 말한다. 도덕과 평가에서의 성취 기준은 도덕과 교육 과정상 도달하고자 하는 목표와 가르칠 내용을 검토하는 가운데 도덕성의 제 측면과 관련 속에서 '내용 + 행동'의 형태로 진술된다. 평가 기준은 성취 기준들에 근거를 하되 구체적인 평가 문항들을 제작하는 데 실질적인 기준(지침)이 되도록 재구성된 진술문을 가리키는 것이다. 예를 들면, 일상에서 자주적인 생활을 실천한다는 성취 기준이다. 이때 학습 준비물과 숙제를 남에게 의존하지 않고 자기 힘으로 해결할 수 있다는 평가 기준이 된다. 등급화는 학생들이 달성해야 할 능력 또는 특성과 관련하여 학습된 결과의 차이(수준)를 어떻게 구분할 것이며, 구분된 각 수준에 대해 어떠한 방식으로 점수를 부여할 것인지를 체계적으로 제시하는 것을 말한다(유병열, 『도덕과 교육론』, 서울: 양서원, 2003, pp. 462-3).

14. 환원주의의 문제는 도덕성의 인지적 측면과 정의적 측면, 행동적 측면에 따라 서로 다른 평가 방식을 적용하여 결과를 측정한 후, 이를 합하여 학생의 도덕성 정도를 평가하는 것이다. 환원주의는 도덕성을 실제로 분리되어 나타나는 것으로 인식하여 각 측면에 대해 별도의 준거와 방법을 적용하여 측정한 후 그 결과를 통합된 전체로서의 도덕성이나 인격의 의미와는 상당히 다른 어떤 것을 평가한 결과가 될 가능성이 높다. 인지주의는 도덕과 평가에 있어 도덕적 지식이나 도덕과를 통해 가르쳐지는 학문의 구조 내지 핵심적 아이디어만을 평가하는 문제이다. 이러한 인지주의적 입장을 취하게 되면 대체로 도덕적 지식 · 이해나 사고 · 판단력의 정도를 평가하는 데 초점을 맞춘 관계로, 지적으로 영리하거나 도덕 시험 점수가 높으면 마치 좋은 도덕성을 지닌 학생인 양 평가되는 문제를 낳는다. 객관주의는 객관성을 확보하기 위해 객관식 평가에 치우치는 경향에서 비롯되는 문제이다. 이러한 객관주의에 입각한 도덕과 평가는 그것이 학생들의 도덕성 내지 도덕 학습의 성취도를 적절하고도 심층적으로 측정해 낼 수 없는 한계를 지닌다(유병열, 『도덕과 교육론』, 서울: 양서원, 2003, pp. 429-31 참조).

15. 타당도validity는 한 개의 평가 도구가 측정하려고 의도하는 것을 얼마나 충실하게 측정하고 있느냐의 문제이다. 신뢰도reliability는 평가 도구가 측정하고자 하는 내용을 어느 정도 일관성 있게 재고 있는가 하는 것과 관련된 정확성을 말한다. 객관도objectivity는 채점자나 평가자가 얼마나 일관성 있게 채점을 하는가 하는 정도로서 평가자의 신뢰도라고 할 수 있다. 실용도usability는 평가 도구의 측정학적 특징이라기보다는 검사에 활용할 때의 경제성, 간편성, 편의성 등의 문제로서 측정 도구의 실용적인 가치 정도를 의미한다(서강식, 『도덕과평가』, 서울: 양서원, 2002, pp, 40-8 참조).

16. 환경 교육의 통합적 특성에 대해서는 이종문, 이민부, 『환경교육』, 서울: 한국방송대학교 출판부, 1999, p. 333; 최돈형, 손연아, 이미옥, 이성희, 『환경교육 교수 · 학습론』, 서울: 교육과학사, 2007, p. 54 참조.

17. 이종문, 이민부, 『환경교육』, 서울: 한국방송대학교출판부, 1999, p. 4.

18. P. Hart, *Teachers' Thinking in Environmental Education*, 최돈형, 진옥화, 이성의 공역, 『교사가 생각하는 환경교육』, 서울: 원미사, 2007, pp. 43-9 참조.

19. J. Disinger, 「환경교육의 긴장 상태: 어제, 오늘 그리고 내일」, 최돈형 편역, 『환경교육학 입문』, 서울: 원미사, 2005, p. 17.

20. 환경교육진흥법(제정 2008. 3. 21 법률 제8949호).

21. 환경부, 「환경교육 발전계획(안)」(2006. 9).

22. 정은영 외, 『국가 환경교육 표준 지침 연구』, 한국교육개발원, 2007, pp. 193-239 참조.

23. 교육인적자원부, 『초 · 중등학교 교육과정』, 2007 참조.

24. 한면희, 『환경윤리』, 서울: 철학과 현실사, 1997, p. 24.

25. J. Sterba, "Justifying Morality," Larry May, Marilyn Friedman, and Andy Clark (eds.), *Mind and Morals*, Massachusetts: The MIT Press, 1998, p. 243.

26. 서규선, 문종길 편저, 『환경윤리와 환경윤리 교육』, 서울: 인간사랑, 2000, p. 26.

27. R. Elliot, "Environmental ethics," P. Singer (ed.), *A Companion to Ethics*, Oxford: Blackwell, 1993, pp. 285-9.

28. 김일방, 『환경윤리의 쟁점』, 서울: 서광사, 2005, pp. 131-4.

29. P. Singer, 황경식 역, 『실천윤리학』, 서울: 철학과 현실사, 1992, pp. 77-80 참조.

30. J. DesJardins, *Environmental Ethics*, 김명식 역, 『환경윤리』, 서울: 자작나무, 1999, pp. 215-9.

31. R. Attfield, *The Ethics of Environmental Concern*, 구승회 역, 『환경윤리학의 제문제』, 서울: 따님, 1997, p. 263.

32. 한면희는 자연과 자연적 존재의 가치에 대해서 다음과 같이 분류하여 설명한다. (가) 인간 이외의 자연적 존재와 그 과정의 가치는 인간의 이해 관심 및 기호로 환원될 수 있다. (나) 인간 이외의 자연적 존재와 그 과정의 가치는 인간의 이해 관심 및 기호로 환원될 수 없다. (다) 인간 이외의 자연적 존재와 그 과정의 가치는 인간의 좋음에 독립적이다. (라) 인간 이외의 자연적 존재와 그 과정의 가치는 인간의 평가하는 의식에 독립적이다. 이러한 분류에서 (가)는 도구적 가치instrumental value이며, (나), (다), (라)는 비도구적 가치noninstrumental value이다. 여기서 (나)를 문화적 가치cultural value나 미적 가치aesthetic value 등으로 부르며, (다)를 고유한 가치inherent value로 부르며, (라)를 내재적 가치intrinsic value로 부른다(한면희, 『환경윤리』, 서울: 철학과 현실사, 1997, pp. 39-42 참조).

33. 한면희, 『환경윤리』, 서울: 철학과 현실사, 1997, p. 220.

34. J. DesJardins, *Environmental Ethics*, 김명식 역, 『환경윤리』, 서울: 자작나무, 1999, pp. 249-51.

35. K. Egan, *an imaginative approach to teaching*, 송영민 역, 『상상력을 활용하는 교수법』, 울력, 2008, pp. 187-8.

36. Ibid., pp. 193-4.

37. 경북일보, 2009. 07. 20.

II. 도덕과 수업 이해의 표현

4. 개념 분석에 근거한 수업

1. R. Hall and J. Davis, *Moral Education in Theory and Practice*, New York: Prometheus Books, 1975, pp. 151-2.

2. 강재륜, 『윤리와 언어분석』, 서울: 철학과 현실사, 1996, p. 156.

3. 정대현에 의하면, 일상 언어에서 '일상'은 '일상적' 언어의 '일상적' 사용을 말한

다. 전자에서 '일상'은 '공통,' '현재,' '통용,' '구어,' '토어,' '자연적인 것,' '비부호적인 것,' '모든 사람의 입에 오르내리는 것' 등을 뜻한다. 후자에서 '일상'은 '표준적인 것,' '흔한 것' 등을 뜻한다. 그리고 일상 언어의 분석에서 '분석'은 표현들이 일상 언어에서 어떻게 사용되고 있는가를 밝혀서 그 표현들의 논리를 명료하게 하는 것이라 할 수 있다(정대현, 『지식이란 무엇인가』, 서울: 서광사, 1990, p. 56).

4. 윌슨은 도덕성을 합리적이고 자율적으로 행동하기 위해서 요구되는 요소나 절차로 본다. 윌슨이 언급하고 있는 도덕성 요소의 의미와 특성을 간단한 표로 정리하면 다음과 같다(J. Wilson, *The assessment of morality*, Winsor: NFER-NELSON Publishing, 1973, pp. 35-6, 41-68참조).

도덕성 요소의 의미	
PHIL (인간에 대한 관심)	PHIL(HC)(인간에 관한 개념 갖기)
	PHIL(CC)(도덕원리로서 사람의 개념을 주장하기)
	PHIL(RSF)(규칙을 지지하는 감정)
EMP (정서에 대한 인식)	EMP(HC)(정서의 개념 갖기)
	EMP(1)(Cs)(의식적인 자신의 정서 알기)
	EMP(1)(Ucs)(무의식적인 자신의 정서 알기)
	EMP(2)(Cs)(의식적인 타인의 정서 알기)
	EMP(2)(Ucs)(무의식적인 타인의 정서 알기)
GIG (사실과 행동에 관한 지식)	GIG(1)(KF)(관련된 객관적 사실 알기)
	GIG(1)(KS)(관련된 객관적 사실의 출처 알기)
	GIG(2)(VC)(언어를 통한 의사소통의 방법 알기)
	GIG(2)(NVC)(비언어적인 의사소통 방법 알기)
KRAT (인지와 결정과 행동)	KRAT(1)(RA)(도덕적 상황 인식하기)
	KRAT(1)(TT)(도덕적 상황을 철저히 생각하기)
	KRAT(1)(OPU)(우선적, 규정적, 보편화 가능한 행동을 결정하기)
	KRAT(2)(도덕적 결정을 행동으로 옮기는 동기)

이러한 도덕성 요소와 개념 분석법을 관련지어 고려할 수 있다. 개념 분석법의 11가지 절차에는 전형적인 사례, 반대 사례, 관련 사례, 모호한 사례, 가상적 사례를 검토하는 기술이 있다. 이러한 사례는 개념의 결정과 관련된 사실을 아는 것이다. 그리고 개념 분석법의 기술 중에는 사회적 맥락의 이해, 잠재적 불안감의 이해, 현실적 결과의 이해는 수집된 사실을 바탕으로 한 의사소통과 상호 이해를 포함한다. 그러므로 개념 분석법은 GIG(2)의 계발에 적절한 교육 방법으로 활용될 수 있다.

5. 교육과학기술부, 『초등학교 교사용 지도서 도덕 4-1』, 2009, p. 44 참조. 여기서는 도덕 교육적 측면에서 개념 분석 교육의 원형을 소크라테스에서 찾는다. 그리고 그 구체적인 단계를 '분석할 가치 개념 확인하기 - 그 개념의 전형적인 사례와 반대되는 사례 찾기 - 그 개념의 경계에 해당되는 사례 확인하기 - 그 개념과 관련된 개념 생각해 보기 -

가상적인 사태 생각해 보기 – 분석된 의미의 수용 여부 검토 및 정리하기'로 제시한다.

6. J. Wilson, *A Preface to Morality*, New Jersey: BARAN & NOBLE BOOKS, 1988. p. 3.

7. J. Wilson, *Think with concept*, Cambridge: Cambridge University Press, 2005, pp. 2-11 참조.

8. 이하 개념 분석의 구체적 기술은 위의 책 pp. 40-57을 발췌 · 요약하였으며, 이 과정에서 이 책에 대한 윤희원의 번역(『논리내공』, 서울: 이제이북스, 2006)을 참조함.

9. 김봉주, 『개념학』, 서울: 한신문화사, 1996, pp. 26, 28, 58 참조.

10. 개념 분석 모형을 초등학교 도덕과 수업에 활용하는 방안에 관한 최근의 연구로는 노희정의 「개념분석 수업모형을 활용한 초등학교 인권교육」(한국초등도덕교육학회, 『초등도덕교육』 제28집, 2008)이 있다. 이 논문에서는 개념 분석 수업 모형을 활용한 인권 교육 방안을 구체적으로 제시하고 있다. 이 장에서는 하나의 수업 모형으로 구안된 개념 분석 모형을 활용하는 방안보다는 개념 분석의 기술 자체를 가능한 모두 초등학교 도덕과 수업에 적용하는 방안을 모색하고자 한다.

11. 초 · 중등학교 교육과정, 교육인적자원부 고시 제2007-79호.

12. O, Flanagan, "Ethics Naturalized: Ethics as Human Ecology," L. May, M. Friedamn, and A. Clark (ed.), *Mind and Morals: Essays on Ethics and Cognitive Science*, Massachusetts: The MIT Press, 1998, p. 28.

13. M, Johnson, *Moral Imagination: Implications of Cognitive Science for Ethics*, Chicago: The University of Chicago Press, 1997, pp. 91-3 참조.

14. 김정빈, 『숭어』, 서울: 배동바지, 2004, pp. 30-1.

5. 가치 명료화와 분석에 근거한 수업

1. 가치 명료화를 설명하는 내용은 L. Raths, M. Harmin, and S. Simon, *Values and Teaching*, Columbus: Charles Merrill Publishing Company, 1966을 참조하였으며, 이하 VT로 표기한다.

2. VT, pp. 9-10.

3. 가치 형성 과정의 일곱 가지 요소를 보다 구체적으로 정리하면 다음과 같다.

• 자유롭게 선택하기: 선택은 그 자체가 자유의 개념을 함의하므로 강요된 선택은 참된 의미의 선택에 포함될 수 없다. 어떤 선택이 가치의 선택일 수 있으려면 자유롭게 선택된 것이어야 한다.

• 대안들 가운데서 선택하기: 선택이란 적어도 두 개 이상의 대안들 가운데서 하나를 취하는 행위이다. 그러므로 선택의 과정에서 어떤 대안들이 있을 수 있는가를 생각해 보고 찾아야 한다.

• 대안들 각각의 결과를 사려 깊게 생각해 본 후에 선택하기: 선택이 가치가 되기 위해

서는 각각의 대안들을 선택할 때, 그 결과를 사전에 사려 깊게 생각해 본 후에 선택해야 한다.

- 소중히 여기고 자랑스러워하기: 자유롭고 사려 깊게 선택한 것이라 하더라도 선택의 결과에 대해 좋아할 수 없으면 가치일 수 없다. 가치는 소중하고 좋아하며 자랑스러운 것이다.

- 공언하기: 선택한 것을 부끄럽게 여긴다거나 알려지기를 원하지 않는다면 가치일 수 없다. 그래서 자기가 선택한 것을 공언하는 것을 부끄러워한다면 가치가 될 수 없다.

- 선택한 것을 행동하기: 어떤 것이 나의 가치가 된다는 것은 그것이 나의 삶에 영향을 미치기 때문이다. 삶에 방향을 제시하지 못하거나 실제로 행동으로 나타나지 않으면 가치일 수 없다.

- 반복하여 행동하기: 어떤 행동이 한 사람의 생애에서 한 번밖에 행동으로 나타나지 않았을 때, 그것은 가치일 수 없다. 가치는 지속적인 삶의 유형으로 나타난다(VT, pp. 28-30).

4. 준가치에는 목적, 포부, 태도, 관심, 감정, 신념 및 확신, 활동, 걱정 등이 있다(VT, pp. 30-2).

5. 구체적인 비판의 내용은 본보기 설정하기, 특정 가치에는 논증이나 근거를 제시하고 다른 가치에는 오류나 함정을 제시하여 설득하거나 확신시키기, 옳다고 수용된 가치 혹은 상반된 가치만을 제시하여 선택을 제한하기, 특정 가치를 정서적으로 호소하여 고무시키기, 특정 행동을 강화하기 위하여 규칙과 규제 정하기, 의문의 여지가 없는 것으로 문화적 혹은 종교적 신념 제시하기, 죄책감을 불러일으켜 양심에 호소하기 등이다. 더불어 이러한 전통적인 접근법을 옹호한 이유로는 아이들에게 가치를 선택하게 하는 것은 시간 낭비이며, 아이들의 선택은 믿을 수가 없으며, 다른 부모 또는 교사들 모두 그들의 특정한 가치들을 주입하고 있으며, 단지 의지만이 필요할 뿐이며, 스스로 선택하고 결정하도록 하면 나중에 다루기가 어려워지며, 지시받는 것을 오히려 더 좋아하며, 가치문제는 전문가에게 맡기는 것이 좋다는 생각 등을 제시한다(VT. pp. 41-3).

6. 이상의 가치 명료화 방법을 정리하면 다음과 같다(VT, 2nd., 정성민, 조성민 역, 『가치를 어떻게 가르칠 것인가』, 서울: 철학과 현실사, 1994, pp. 51-274 참조).

- 명료화 반응: 좀 더 생각하도록 자극하기 위해서 학생이 말한 것 또는 행동한 것에 교사가 나타내는 반응이다. 명료화 반응은 한 학생과의 비형식적인 대화에서 또는 전체 학급에게 말로 할 때, 혹은 학생들이 제출한 숙제에 간단한 평을 할 때 이용된다. 명료화 반응은 일곱 가지 가치 형성 요소와 직접적으로 관련되는 것도 있고, 일반적 의미에서 사고를 자극하는 유형도 있다. 이 명료화 반응이 효과적이기 위한 몇 가지 준거들이 있다. 즉, 아동·학생들이 보여 주는 언행에 대해 도덕화, 비판, 가치 부여, 평가하지 않는다. 그들의 행동이나 아이디어를 검토하고, 원하는 것을 스스로 생각하고 결정하는 책임을 지도록 한다. 명료화 반응은 스스로 검토하고, 생각하고, 결정하는 것을 아동·학생들이 받아들이지 않는 것도 허용한다. 짧은 반응으로 이루어지는 명료화

반응은 긴 문제 또는 큰 문제를 다루지 않는다. 명료화 반응은 면담을 위해 사용하지 않는다. 명료화 반응은 긴 토의를 요구하지 않으므로 두서너 차례 오가는 대화가 적절하며, 주로 개인을 위한 것이다. 교사가 교실에서 일어나는 아동·학생들의 모든 언행에 대해 명료화 반응을 보여야 하는 것은 아니다. 명료화 반응은 이른바 정답이 없는 상태에서 효과가 있다. 명료화 반응은 하나의 공식에 따라야 하는 기계적인 것은 아니다.

• 가치지법: 명료화 반응법이 개인에게 초점을 맞춘 전략이라면, 가치지법은 집단 토의에 초점을 맞춘 전략이다. 가치지는 명료화해야 할 문제들로 학생들의 주의를 끌어들이는 전략이다. 가장 단순한 가치지는 자극을 주는 지문과 일련의 질문으로 구성되어 있다. 자극적인 지문은 학생들에게 가치가 함축되어 있다고 생각되는 문제를 제기하기 위한 것이다. 질문은 그 문제에서 학생을 가치 명료화 과정으로 이끌기 위한 것이다. 이 가치지를 사용하거나 만들 때, 도덕화하지 않고, 양자택일적 질문을 피하고, 가능한 한 민감하고 중요한 영역을 다루고, 너무 많은 질문을 하지 않고, 학생들이 말한 것을 근거로 점수를 매기지 않고, '당신은…'을 사용하는 질문을 많이 하고, 선택하기 과정을 고려하여 구성하고, 실제 행동에 대해 많이 질문하는 것이 좋다.

• 가치문제에 대한 쓰기 반응: 의사 결정을 해야 하는 상황과 명료화를 위한 질문을 제시하고 써보도록 한다.

· 열거하기 — 내가 하고 싶은 것 스무 가지: 종이 위에 1부터 20까지 숫자를 적고 학생들의 생활에서 정말로 하고 싶은 것 스무 가지를 가능한 빨리 열거하도록 한다. 그리고 열거한 것을 할 때 돈이 드는 경우라면 '돈' 등과 같이 부호 붙이기를 할 수도 있다.

· 명료화 확대 진술 전략 — "나는 내가 …한 것을 배웠다": 열거하기와 함께 이용하는 것이 좋다. 학생들이 스무 가지를 열거하고 부호를 붙인 다음, "나는 내가 …한 것을 배웠다" 등과 같은 문장을 완성하고 자신이 배운 것에 대해 얘기하도록 한다.

· 열거하기 — 열세 가지 쓰기: 개인적으로 가장 중요한 것을 열세 가지 열거하고, 없어도 되는 것과 꼭 있어야 하는 것을 표시하도록 한다.

· 전달문 쓰기 — "나는 간청합니다"라는 전보 쓰기: 학생들에게 종이 위에 '전보'라고 쓰게 한다. 그리고 전보를 보낼 사람을 생각하고 '당신이 …할 것을 간청합니다' 라는 전보를 쓰도록 한다.

· '가치 그림 그리기 — 개인의 방패 문자 그리기': 학생들은 각자의 문장을 만들기 위해 방패 모양을 그려 준비한다. 방패 문장은 여섯 부분으로 나누어져 있고, 여섯 번째 칸에만 단어를 쓰고 나머지는 그림으로 채운다.

• 토론 전략: 이 전략은 반성적 사고에 의한 토론을 하기 위한 전략이다. 이 전략은 주제를 선택하기, 말하기 전에 생각하도록 자극하기, 조직적으로 토론에 참여시키기, 배운 것을 이끌어 내기 단계로 진행된다. 주제를 선택하기에서는 학생들이 혼란해하거나 가치가 포함된 주제를 생각해 보도록 한다. 주제를 제시하는 방법으로는 인용문, 설명문이 없는 그림, 연극이나 영화의 한 장면, 자극적인 질문, 유머 등을 활용할 수 있다.

말하기 전에 생각하도록 자극하기에서는 개별적으로 생각할 시간을 주고 토론에 참여하도록 한다. 이를 위해 1, 2분 정도 생각하고, 말할 것이 생각났을 때 간단히 적어 보도록 할 수 있다. 조직적으로 토론에 참여시키기는 소수의 학생만 토론에 참여하지 않도록 소그룹을 조직하여 토론에 참여시키는 과정이다. 배운 것을 이끌어 내기는 토론에서 배운 것을 생각해 보게 하는 것이다. 이를 위해 '나는 …을 배웠다,' '나는 …을 재발견했다,' '나는 …에 의문을 갖기 시작했다,' '나는 …에 대해 놀랐다,' '나는 …을 전혀 몰랐다' 등의 문장을 완성하고 발표하거나 제출한다.

- 결과 인식 확대 전략: 학생들에게 그들의 행동이 가져올 결과를 보다 넓게, 보다 멀리, 보다 신중하게 생각하도록 하는 전략이다. 콜버그의 연구에 근거하여 결과 인식을 발달 단계별로 접근하여 학생의 인식을 점진적으로 확장하려는 것이 목적이다. 교사는 학생들에게 도덕적 문제 상황에 대해서 토론시키고, 여러 가지 다양한 대안들로부터 야기되는 결과에 주의를 집중시키고, 그 결과에 대해 판단하도록 한다.
  - 순서 정하기 — 의사 결정을 연습하기 위하여: 순서 정하기는 문제를 제시하여 선택하는 연습을 하고, 차이점을 인식하고, 학생들이 서로를 잘 이해하도록 하는 전략이다. 예를 들어, '내가 바라는 아버지는?'이라는 질문을 하고 '( ) 사랑하는 아버지, ( ) 즐거운 아버지, ( ) 유명한 아버지' 중에서 순서를 정해 보도록 한다.
  - 가치 파트너 — 가치에 대하여 생각하고 말하는 연습을 하기 위하여: 자신의 가치에 대하여 생각하고, 다른 사람이 생각하고 있는 것을 듣고, 친구에 대한 존중과 인식을 증대시키는 활동이다. 두 학생이 파트너가 된다. 1번 학생이 답하는 동안 2번 학생이 듣고, 이어 2번 학생이 답하는 동안 1번 학생이 듣는다. 교사가 "그만"이라고 할 때까지 계속하며, 파트너를 바꾸거나 그룹으로 만들어 할 수도 있다.
  - 의견지 — 개인적인 가치를 나타내기 위하여: 학생들이 자신에게 중요하다고 생각하는 것들을 써서 매주 제출한다. 교사는 지난주의 생활을 생각하여 쓴 의견지를 모아 놓거나 학생들에게 모아 놓도록 한다. 그리고 10주 내지 12주 후에 의견지에 나타난 학생의 생활을 명료화하는 질문을 한다.
  - 주간 반응지 — 매일매일 생활을 반성해 보기 위하여: 주간 반응지 다섯 장을 학생들에게 주고, 앞으로 5주간 매주 1장씩 쓰도록 한다. 주간 반응지의 목표는 가치에 대한 사고력을 높이는 데 있다. 주간 반응지의 변형은 일간 반응지이다.
  - 미완성 문장 — 사고를 명료화하기 위하여: 학생들의 활동, 태도, 믿음 또는 다른 '가치 징표들'을 명료화하고 함께 생각하기 위해 사용하는 전략이다. 교사는 학생들에게 한두 개 정도의 미완성 문장을 제시하며, 학생들은 소그룹에서 완성한 문장을 서로 얘기한다. 교사가 "그만"이라고 하거나 새로운 미완성 문장을 제시할 때까지 한다. 교사는 학생의 이름을 밝히지 않고 여러 문장을 전체 학생들에게 읽은 다음, 그것에 대하여 질문이 있거나 평을 할 사람이 있는지 물어 본다.
  - 기호 붙이기 — 자신이 말한 것을 재검토하기 위하여: 교사는 학생들에게 가치와 관련된 글을 쓰게 하고, 그 글에 기호를 붙여 준다. 예를 들어, 찬성을 나타낸 글에는 +

로, 반대한 글에는 -로 표시한다. 학생들에게 글을 돌려주면서, 원한다면 어떠한 문
장이라도 고치게 하거나 더 하고 싶은 말이 있으면 자세히 쓰도록 한다.
· 시간 일기 — 자신의 행동을 자신이 들여다보기 위하여: 학생들에게 시간 일기를 쓰
게 하여 소중하다고 주장하는 것과 시간을 이용하는 것 사이의 간격을 알아내어 좁
힐 수 있도록 한다. 시간 일기란 일주일간의 활동을 기록하도록 30분 간격으로 칸을
만든 도표이다. 시간 일기는 사적이기 때문에 교사가 보지는 않지만, 일기를 분석할
수 있는 질문을 통해 학생이 자신의 일기를 검토하도록 한다.
· 자서전적 질문지 — 자신에 대한 이야기를 하기 위하여: 학년 초에 교사가 학생에
대해 가능한 많이 알기 위하여 자서전적 질문지를 배부한다.
· 공개 인터뷰 — 한 사람을 이해하기 위하여: 인터뷰 받을 학생이 자원하면 공개적으
로 인터뷰를 진행한다. 인터뷰 과정에서 대답하기 곤란한 질문을 하면 "통과"라고
하고, 인터뷰를 그만 두고 싶으면 "지금까지 질문해 주셔서 감사합니다"라고 한다.
· 의사 결정 인터뷰 — 학생의 문제 해결을 돕기 위하여: 교사에게 도움과 조언을 요
청한 학생과 인터뷰한다. 이때 교사는 학생의 문제와 학생을 무조건 수용하고, 학생
에게 생각할 수 있는 여유를 충분히 주고, 생각할 수 있도록 명료화 질문을 하면서,
학생의 입장에서 문제를 본다. 의사 결정 인터뷰는 완벽한 결정을 내리도록 돕는 것
이 아니라, 결정을 비교 검토하는 과정을 가르치고, 스스로 결정을 내렸을 때 얻을
수 있는 경험을 갖도록 하는 것이 목적이다.
· 가치 투표 — 입장을 공개적으로 빠르게 나타내기 위하여: 가치 투표를 위해 교사는
공개 인터뷰에서 이용했던 것과 유사한 문제를 제시하고, 학생들은 손을 들어서 자
신의 입장을 나타낸다. 이때 학생들은 어떠한 입장에 대해서도 손을 들 수 있으며,
원한다면 기권할 수도 있다.
· 5분 발언대 — 생각 또는 감정에 대하여 얘기하는 것을 촉진시키기 위하여: 아무런
논평 없이 5분 동안 자신이 가치 있다고 여기는 것을 공개적으로 공언한다.
· 가치 보고서 — 생동감 있는 보고서를 쓰기 위하여: 보고서에 써야 할 질문들을 제
시하고, 개인적 선택, 존중, 행동에 근거한 보고서를 쓰도록 한다.
· 행동 과제 — 실제로 행동해 보기 위하여: 학생들에게 수행해야 할 행동 과제를 부
여한다. 이때, 학생들은 어떠한 행동 과제라도 선택하거나 거부할 수 있으며, 모든 행
동 과제에 참여할 것을 강요받지 않는다.
· 역할 놀이 — 학생들의 참여를 높이기 위하여: 역할 놀이를 하고 나서 전체 토론이
나 소그룹 토론을 한다. 토론 과정에서 '연기자로서 너는 어떻게 느끼니?' '관람자인
네가 다르게 할 수 있었다면 어떻게 했겠니?' '실제 생활에서도 그럴 거라고 생각하
니?' '그 상황에서 무엇을 배울 수 있겠니?' 등을 논의할 수 있다.
· 조작된 사건 — 마음의 문을 열고 통찰하기 위하여: 학생들에게 실제 느낌이나 경험
또는 지식을 줄 수 있는 사건과 가능한 비슷하게 교사가 사건을 조작하는 전략이다.
조작된 사건으로 확인된 후에는 그 목적과 일어난 일에 관해 토론한다.

· 지그재그 수업 — 가치문제를 극적으로 나타내기 위하여: 학생들의 관심을 자극하고, 이 수업이 도대체 무엇에 관한 것인지 의문을 품으면서 답할 수 있는 가벼운 질문을 한다. 그 후에 중심 생각이 들어 있는 질문을 하여 앞의 질문과 비교한다.

· 악마의 변호사 — 수동적인 태도에 도전하기 위하여: 교사가 많은 사람이 지지하지 않는 입장을 옹호한다. 가치와 관련된 영역의 토론에서, 특정한 정치적 주제나 사회적 주제를 다룰 때는 반대 의견을 찾아볼 수 없는 경우가 많다. 여러 가지 문제들에 대한 대안들이 공정하게 취급되려면 적어도 반대 의견이 필요하다. 이때 악마의 변호사를 이용하는 것은 유익한 전략이 될 수 있다. 악마의 변호사 역할은 무시된 대안들을 끌어와서, 생각 없이 여론에 수동적으로 끌려가는 것을 막는 데 도움을 준다.

· 가치 연속설 — 대안들 전부를 일직선에 나타내기 위하여: 대안들을 생각해 내는 목적에 적합한 전략이다. 먼저 토론 주제를 찾고, 두 개의 극단적인 입장을 알아낸다. 그리고 극단적 입장 사이의 연속선 위에 여러 다른 입장들을 정치한다. 이 전략은 논쟁이 되는 문제에 대한 토론의 시작 단계에서 유익하며, 흑백 사고를 극복하는 데 도움을 준다.

7. H. Kirschenbaum and S. Simon, *Readings in Values Clarification*, Minneapolis: Winston Press, 1973, p. 63.

8. B. Chazan, *Contemporary Approaches to Moral Education*, 박장호 역,『도덕교육론』, 서울: 형설출판사, 1994, p. 85.

9. 이하 가치 분석 관련 내용은 E. Metcalf (ed.), *Value Education*, Washington: A National Affiliate of the National Educational Association, 1971 참조, 이하 VE로 표기.

10. 먼저, 가치 판단은 사실 판단과 다르다. 가치 판단과 사실 판단이 다르지 않다는 생각의 결함은 사실 진술을 검증하는 데 사용하는 절차로 가치 진술을 검증할 때 나타난다. 쿰즈에 의하면, 사실 진술을 검증하는 절차(verification procedure: VP)에는 세 가지 유형이 있다. VP1은 사실 진술이 관찰 가능한 특수한 조건을 말하고 있을 때에 그 조건을 관찰하여 검증할 수 있다. VP2는 사실 진술을 참인 다른 사실 진술들로부터 연역함으로써 검증하는 과정으로, 전제가 참이라면 결론은 참으로 간주된다. VP3는 일반화를 검증할 때 이용되는데, 예측한 조건이 존재하면 그 일반화가 참이라는 것을 확인하는 증거로 제시하는 것이다. 그러나 가치 주장은 관찰 가능한 조건을 단순히 알리거나 기술하는 것이 아니므로 VP1에 의해서 검증될 수 없다. 그리고 연역 논증의 결론은 전제에 함축되지 않은 것을 주장하지 않거나, 사실 주장으로부터 평가적 결론을 도출하는 논증은 타당하지 않으므로 VP2에 의해서 검증될 수 없다. 그리고 일반적인 가치 진술에서는 관찰 가능한 현상을 기술하고 있지 않으므로 평가적 진술은 VP3에 의해 검증될 수 없다. 둘째, 평가적 진술은 태도나 감정을 단순히 표현한 것이 아니다. 평가적 진술은 그 진술의 정당성과 적합한 이유의 관련성이라는 측면에서 단순한 태도나 감정의 표현은 아니다. 쿰즈에 의하면, 평가적 주장이 단순히 태도를 표현한 것이 아니라는 것을 보여 주는 것은 쉽다. 평가적 주장을 받아들이거나 믿어야 하는지 결정할 때, 그 주장을 정당화할 수 있는지를

검토한다. 그리고 평가적 추론에 대한 적합한 설명은 관련 있는 이유와 관련 없는 이유를 구별한다. 따라서 평가적 주장은 정당화될 수 있는 태도의 표현이며, 정당한 권위를 가져야 하므로 단순한 태도나 감정 표현에 한정되지 않는다(VE, pp. 2-13 참조).

11. 가치 준거와 가치 원리는 구별된다. 가치 준거는 가치 결정을 내리는 과정 속에 개입된다. 가치 원리는 가치 결정의 결과로서 나타난다. 가치 준거는 평가 과정에서 그 평가를 지지하는 특성, 즉 기술과 준거를 하나만 가진다. 가치 원리는 지지하는 두 개 이상의 기술과 준거를 가진다. 가치 준거는 가치 결정을 하는 맥락에서 적용되는 것인 데 비해, 가치 원리는 결정의 산물로서 드러나는 것이다. 가치 판단에는 여러 가지 다양하고 갈등하는 준거가 활용되지만, 이에 수반되는 가치 원리는 오직 하나뿐이다. 가치 준거는 가치 대상이 지닌 각각의 측면을 따로따로 평가할 수 있게 해주지만, 가치 대상을 전체로서 평가하는 기준을 제공하지는 못한다. 이에 비해 판단에 수반된 가치 원리는 가치 대상에 전체로서 적용된다. 가치 원리는 여러 가지 다양하고 갈등하는 준거의 주장을 판결하는 하나의 복잡한 원리이다(VE, pp. 13-6 참조).

12. 이를 구체적으로 살펴보면 다음과 같다.

먼저, 가치문제를 확인하고 명료화하기는 판단하는 관점과 대상을 분명히 하는 것이다. 가치 대상을 가리키는 용어를 명료화하는 방법으로 용어 정의하기와 해당 사례 찾기가 사용될 수 있다.

둘째, 알려진 사실들을 정리하기(수집하고 조직하기)는 가치 판단을 위해 타당한 사실을 수집하는 것이다. 이를 위하여 사실적 주장과 평가적 주장을 구별하고, 사실은 비교적 넓은 범위에서 수집하며, 수집된 사실들을 정리한다. 이 수집된 사실을 정리할 때 사실 수집표가 활용될 수 있다.

셋째, 사실적 주장의 종류에 따라 그 사실적 주장이 참인지를 평가하는 것이다. 가치 결정에 타당한 사실에는 특수한 사실, 일반적 사실, 조건적 사실이 있다. 여기서 특수한 사실적 주장은 단 하나의 사건이나 사태를 서술한 것으로, 그 주장이 서술하는 사건이나 사태를 관찰함으로써 입증된다. 일반적 사실은 경험적 일반화의 진술로서 그것을 지지하거나 논박하는 특수한 사실을 발견함으로써 입증된다. 조건적 사실은 그 조건의 결과로서 기술된 일이 과거에 있었는지 여부를 확인함으로써 입증된다.

넷째, 사실의 관련성을 명료화하는 것이다. 사실은 가치 대상에 대한 사실이며, 평가자가 가치 판단의 관점에서 그 사실에 대해 평가하는 준거를 가지고 있을 때 타당하다. 평가자가 사실에 가치를 부여한다고 믿는 준거를 분명히 형성함으로써 사실의 관련성을 결정할 수 있다. 따라서 그 준거가 가치 결정이 이루어지는 관점과 같은 관점의 판단을 나타내는지, 그 준거를 정말로 믿고 있는지, 그 준거를 믿을 정당한 이유가 있는지를 검토해야 한다. 사실의 관련성을 명료화하는 방법이 '증거 카드'이다.

다섯째, 잠정적으로 가치 결정을 한다. 이 과제는 별도의 과제가 아니다. 앞의 전략을 수행하는 과정에서 이미 이루어진다.

여섯째, 원리의 수용을 검사한다. 평가자가 가치 판단을 수용하기 위해서는 가치 판단에 수반된 가치 원리를 수용할 수 있어야 한다. 이 가치 원리의 수용 가능성을 결정하는 데 사용할 수 있는 검사로는 새로운 사례 검사, 역할 교환 검사, 보편화 결과 검사, 포섭 검사 등을 제시한다. 새로운 사례 검사는 평가자가 가치 원리를 형성한 후, 그 원리를 다른 사례에 적용할 경우에 이루어지는 판단을 수용할 수 있는지 고려하는 검사이다. 포섭 검사는 평가자가 가치 원리를 형성한 후, 그 가치 원리가 그가 수용하는 보다 일반적인 가치 원리의 한 사례임을 보여 주는 사실을 수집하여, 상위 원리에 포함시켜 정당화하는 방법이다. 역할 교환 검사는 평가자가 어떤 원리의 적용에 의해 영향 받는 다른 사람의 역할을 상상적으로 교환한 후, 그 원리가 그 역할을 하는 자신에게 적용되더라도 수용할 수 있는지를 고려하는 것이다. 보편화 결과 검사는 비슷한 상황에 놓여 있는 사람들 모두가 평가되고 있는 행동을 한다면 그 결과가 어찌될 것인지를 생각한 후, 그것을 수용할 것인지를 고려하는 검사이다(VE, p. 29-61 참조).

13. 단순 가치 모형은 가장 간단한 가치 판단을 도식적으로 설명한 것이다.

이에 근거한 기본 절차는 제1단계: 주제를 선정한다, 제2단계: 충분한 원자료를 준비한다, 제3단계: 적절한 분위기를 조성한다, 제4단계: 긍정적 진술과 부정적 진술의 목록을 작성하고 서열을 매긴다, 제5단계: 학급 토의를 한다, 제6단계: 가능한 해결안을 명료하게 진술한다, 제7단계: 질의응답시간을 가진다, 제8단계: 관찰하고 제언한다로 구성된다(VE, pp. 76-7, 82-3 참조).

〈가치 판단〉

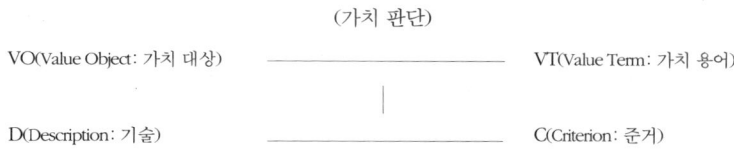

14. 확대 가치 모형은 단순 가치 모형을 확대하여 실제적 가치 판단을 도식적으로 설명한 것이다.

〈둘 이상의 지지 요소로 확대〉

〈긍정적 가치 용어와 부정적 가치 용어로 확대〉

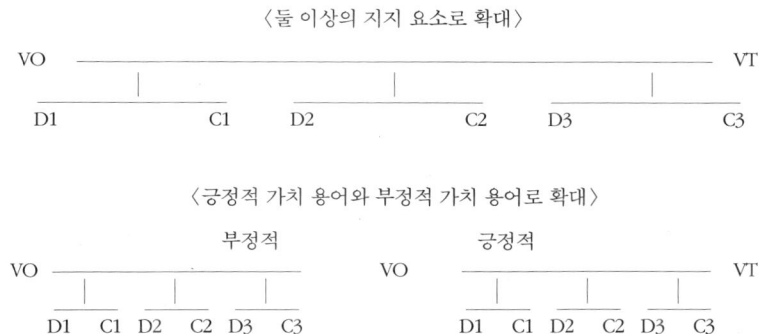

이에 근거한 확대 절차는 제1단계: 주제를 선정한다, 제2단계: 충분한 자료를 제공한다, 제3단계: 적절한 분위기를 조성한다, 제4단계: 긍정적, 부정적 진술의 목록을 작성하고 서열을 매긴다, 제5단계: 증거 카드를 작성한다, 제6단계: 긍정적, 부정적 증거 카드를 검토한다, 제7단계: 증거 카드에 대한 학급 토의를 한다, 제8단계: 원인 목록을 작성하고 서열을 매긴다, 제9단계: 개인 면담을 한다, 제10단계: 가능한 해결책의 목록을 작성하고 서열을 매긴다, 제11단계: 해결책을 위한 긍정적, 부정적 증거 카드를 작성한다, 제12단계: 가능한 해결책의 증거 카드에 대해 집단 토의를 한다, 제13단계: 초빙 전문가와 질의응답 시간을 가진다, 제14단계: 관찰하고 제언한다로 구성된다(VE, pp. 86-91 참조).

15. 가치 갈등의 해결 전략으로 첫째, 가치문제의 해석에서 생기는 차이를 줄인다. 둘째, 수집된 사실 간의 차이를 줄인다. 셋째, 알려진 사실의 확실성에 대한 평가에서 생기는 차이를 줄인다. 넷째, 사실의 타당성에 관한 차이를 줄인다. 다섯째, 잠정적 가치 판단에서 생기는 차이를 줄인다. 여섯째, 가치 원리의 수용성 검사에서 생기는 차이를 줄인다(VE, pp. 122-3, 153-69 참조).

16. 교사용 지도서에서 가치 명료화 수업 모형의 단계는 '도덕적 문제 사태 제시하기, 선택하기, 존중하기, 행동하기'로 제시된다(교육과학기술부, 『초등학교 교사용지도서 도덕 3-1』, 2009, pp. 48-9 참조).

17. 교사용 지도서에서 가치 분석 수업 모형의 단계는 '도덕적 문제 사태 제시, 가치문제의 확인과 명료화, 자기 입장의 설정 및 사실적 타당성 탐색, 잠정적 가치 결정 및 가치 원리의 검사, 입장의 수정 및 의사 결정, 실천 동기 강화 및 일상생활에의 확대 적용'으로 제시된다(교육과학기술부, 『초등학교 교사용지도서 도덕 3-1』, 2009, pp. 46-7 참조).

6. 가치 탐구에 근거한 수업

1. 이 장에서 제시된 내용은 남궁달화, 『가치탐구교육론』, 서울: 철학과 현실사, 1994, pp. 217-55에서 발췌·요약함.

2. 16개의 가치는 지식, 자아 통찰, 경험, 자유 선택, 자랑, 행동, 계획, 내적 갈등, 통합성, 개방성, 타인에게 비추어진 명료성, 타인에 대한 지각, 갈등의 해결, 변명, 개발, 삶의 방향이다. 이 각각의 가치에 대해 다음과 같은 형식에 따라 자아 가치를 진단한다.

1. 지식: 당신은 가치 및 가치 탐구 과정의 본질에 대해 어느 정도나 알고 있습니까?

완전하게 알고 있다	10	9	8	7	6	5	4	3	2	1	0	전혀 모르고 있다

여기서 '10'은 가장 좋은 또는 가장 높은 척도를 나타낸다. '0'은 가장 나쁜 또는 가장

낮은 척도를 나타낸다. 현재의 위치와 정도를 결정하여 해당 칸에 'N'(Now)을, 앞으로 소망하는 위치와 정도를 결정해서 해당 칸에 'W'(Wish)를 표시한다.

3. '가치 검사지'에는 100개의 가치가 제시된다. 즉, 1. 생활수준의 향상, 2. 토지의 소유, 3. 실내 배관, 전기와 같은 현대적 설비, 4. 건강, 5. 행복한 노년생활, 6. 충분한 사회 보장 제도, 7. 일의 성공, 8. 행복하고 건강한 자녀 갖기, 9. 행복한 가족 구성원 되기, 10. 사회 정의의 유지, 11. 신념을 위한 투쟁, 12. 국가 없는 세계, 13. 황홀한 상태, 14. 평온한 상태, 15. 변화무쌍한 세계, 16. 안정된 세계, 17. 강한 개성 의식, 18. 남과 함께 있는 즐거움, 19. 항상 변화를 이끄는 존재, 20. 다른 사람을 부리어 나에게 좋은 세상이 되게 하는 데서 맛보는 즐거움, 21. 나의 가치에 반하는 압력에의 저항, 22. 새로운 현대적 생활방식의 개발, 23. 좋은 삶으로 입증된 절대 확실한 생활의 유지, 24. 사회적 문제 해결을 위한 열의 있는 대처, 25. 조용한 외교술을 통한 사회적 논쟁의 해결, 26. 모든 기분의 절제, 27. 내적 자아와의 친밀, 28. 개방 및 타인의 수용, 29. 맛이나 충동에 따르는 감각적 경험의 즐거움, 30. 사교 집단 참여, 31. 계속적으로 적극적인 목적의 추구, 32. 모든 삶의 방식에 대한 감정이입의 경험, 33. 근심 걱정 없이 자유롭게 떠도는 존재 상태, 34. 항상 경험을 통제하는 존재, 35. 장애의 극복 또는 정복, 36. 모험과 자극의 추구, 37. 보다 그들 자신이 되도록 남을 돕는 협조와 겸손의 기쁨, 38. 예술작품의 아름다움, 39. 미적 대상의 창조, 40. 기본적 지식에 기여하기, 41. 아이디어 구상과 생각하는 즐거움, 42. 부의 희망, 43. 지역 사회 참여, 44. 정치 참여 활동, 45. 다른 사람의 삶에 책임을 짐, 46. 조직과 지도를 위한 시간의 사용, 47. 남을 즐겁게 해줌, 48. 파티에의 시간 투자, 49. 성취를 인정받음, 50. 명사가 되는 기회, 51. 봉사, 52. 자선, 53. 안락한 생활, 54. 의미 있는 생활의 영위, 55. 평화로운 세상에서의 삶, 56. 인간 평등, 57. 자유로운 삶의 영위, 58. 성숙한 인간, 59. 안정된 국가에서의 삶, 60. 타인 존중, 61. 존중 받기, 62. 구원의 성취, 63. 지혜의 성취, 64. 참된 우정의 경험, 65. 효도(부모 사랑), 66. 반항을 통한 깨달음, 67. 나 자신의 생애를 개발하고 유지하기, 68. 결혼과 가정을 이루고 유지하기, 69. 압박받는 사람들을 옹호하기, 70. 민주주의 사회의 유지, 71. 능률적 사회의 유지, 72. 이념 지지의 회피, 73. 경험의 즐거움, 74. 우리 시대의 과학 기술의 경이, 75. 자아 충동의 통제, 76. 수용한 규칙의 준수, 77. 게으름의 회피, 78. 강력한 중앙 정부를 통한 질서 유지, 79. 공동체감의 성취 또는 만인에의 소속감, 80. 예절 바르고 규범적인 인간, 81. 보다 만족스러운 자아 개발, 82. 훌륭한 사람다운 느낌, 83. 규율적 생활의 영위, 84. 걱정 없는 세상, 85. 있는 그대로의 환경 수용, 86. 주위의 변화 가능성에 대한 인식, 87. 세계 변화를 위한 수단의 개발 또는 발견, 88. 진, 89. 선, 90. 질서, 91. 유일무이한 존재, 92. 단순성, 93. 정의, 94. 놀기 좋아함, 95. 모든 것과의 관련 의식, 96. 생동감, 97. 운명의 수용, 98. 승리, 99. 나 자신이 됨, 100. 청렴.

4. 게임판의 양식은 다음과 같다.

사회적 이슈	사회적 이슈	위기 및 갈등	관계	통과	도전	출발점←	
일상생활에서의 도전	통과						**위기 및 갈등**
	위기 및 갈등	위기 및 갈등	통과	통과	사회적 이슈	도전	
	도전	도전				관계	
	관계	사회적 이슈	관계	사회적 이슈	위기 및 갈등	위기 및 갈등	
관계	사회적 이슈	관계	출발점으로 돌아가시오		도전	관계	
	위기 및 갈등	통과			통과	사회적 이슈	**사회적 이슈**
	통과	도전	관계	위기 및 갈등	사회적 이슈	관계	도전
							통과
도전	관계	사회적 이슈	도전	위기 및 갈등	통과		

5. 대화 토픽 카드의 양식은 다음과 같다.

〈위기 및 갈등〉 어떤 가치가 그러한 위기 또는 갈등의 해결에 적용될 수 있는가를 찾아본다. 그 가치를 중심으로 문제의 해결을 위한 노력을 한다.	〈사회적 이슈〉 그 토픽에 관해 의견을 말한다. 그 의견에 함의된 중요한 가치가 무엇인가를 말한다.
1. 중병을 앓고 있는 사랑하는 가족이 고통에서 벗어나기 위해 당신에게 안락사를 요구한다.	1. 여성의 권리(정치)
2. 당신은 피임약의 복용을 금지하는 부모를 모신 친구로부터 약의 제공을 요청받았다.	2. 내가 가진 것을 남을 위해 쓰는 것과 나를 위해 쓰는 것
3. 당신은 논란이 되는 의견을 결코 표현하지 않음으로써 인기가 있음을 갑자기 알게 되었다.	3. 점수 제도(학교)
4. 연주회의 입장표를 구하지 못했는데 슬쩍 들어가자고 친구가 제안한다.	4. 피임약(건강)
5. 당신은 인종이 다른 사람을 사랑하고 있음을 알게 된다.	5. 나에게 예배가 의미하는 것
6. 친구가 자기는 동성연애자라고 고백하면서 어떻게 그의 가족들에게 말해야 하느냐고 당신에게 물었다.	6. 연금수혜자가 일을 하여야 하는가(일)
7. 당신은 소득세를 속이면 교회에 내는 헌금을 두 배로 낼 수 있는 방법을 알게 되었다.	7. 시험 결혼(사랑, 성)
8. 당신은 외설물을 검열하는 위원회에서 일해 달라는 요구를 받았다.	8. 급진적 저항자(법률, 규칙, 권위)
9. 친구가 당신에게 어려운 시험을 치러 달라고 제안한다.	9. 나에게 백만 불이 생기면 무엇을 하겠는가(돈)
10. 당신은 애인이 아파서 혼자 파티에 갔는데 아주 매력적인 사람으로부터 위층의 아파트로 살짝 가자는 제안을 받는다.	10. 안락사(노화, 죽음)
11. 당신은 학생들의 노력에 대해 평점을 내었다. 그러나 당신 자신은 쉽게 쉽게 하는 사람임을 알게 되었다.	11. 혼혈아의 미래(인종)

12. 당신은 친구가 고등학교 학생들에게 마약을 팔아 등록 금을 내고 있는 것을 발견하였다.	12. 나를 가장 생기 넘치게 해주는 것
〈일상생활에서의 도전〉 자신의 행동과 생각을 말한다. 어떤 가치가 그러한 행동을 결정하는가를 말한다.	〈관계〉 씌어진 사람과의 관계에서 표현된 또는 관련된 가장 중요한 가치에 대해 이야기한다.
1. 당신의 식사하는 태도	1. 아버지
2. 당신의 공부하는 태도	2. 아내 또는 남편(여자친구 또는 남자친구)
3. 당신의 파티에서의 태도	3. 형제자매
4. 당신이 시청하는 TV 프로그램	4. 내가 아는 외국인
5. 당신의 신문 읽는 방식(이유)	5. 친척
6. 당신의 선물 주는 방식	6. 어머니
7. 당신의 돈쓰는 방식	7. 나의 애완동물
8. 당신의 계획된 생애	8. 이모 또는 이모부(고모 또는 고모부)
9. 당신의 놀이하는 게임	9. 나의 가장 친한 친구
10. 당신의 잠자는 습관	10. 내가 가장 싫어하는 적
11. 새로운 사람을 만날 때의 당신의 감정	11. 나의 아이들
12. 당신의 옷 입는 습관	12. 사촌
13. 당신의 소유물을 돌보는 방식	13. 낯선 사람들
14. 당신의 게으름부리는 방식	14. 사장 또는 교사
15. 당신의 당황해 하는 모양과 당신을 당황케 하는 것	15. 나 자신

6. 교육인적자원부, 『초·중등학교 교육과정』, 교육인적자원부 고시 제2007-79호.

7. 박윤숙에 의하면, '북한 이탈 주민'을 가리키는 용어는 남북 관계의 변화 그리고 탈북 동포를 바라보는 관점의 변화에 따라 달리 규정되어 왔다. 관련법에서 규정하고 있는 탈북 동포에 대한 용어를 살펴보면 남북한 사회가 이념적으로 대립하던 시기인 1962년 4월에 제정된 『국가유공자및월남귀순자특별보호법』에서는 '월남귀순자'로, 1979년 1월 『월남귀순용사특별보상법』에서는 '월남귀순용사'로 정의하고 있다. 그러나 탈북 동포를 단순히 영세민으로 보호하던 시기인 1993년 12월 『귀순북한동포보호법』에서는 '귀순북한동포'로 정의되어 왔으며, 1997년 7월 『북한이탈주민의보호및정착지원에관한법률』에서는 '북한 이탈 주민'으로 정의하고 있다. 그러나 북한 이탈 주민 관련 조직이나 기관에서 정의하여 사용되고 있는 용어는 다양하며, 탈북 동포들의 거주 지역이 국내 또는 국외에 두고 있는가에 따라서도 북한을 탈출한 동포들에 대한 용어는 다르게 사용되고 있다. 이들 용어를 선정하는 데 있어서 북한 이탈 주민의 성격과 탈출 상황, 거주 지역에 대한 고려가 있어야 한다는 전제 아래 '북한 출신 남한 이주자, 자유 북한인, 자유 이주민, 통일인 그리고 국외 북한 이탈 주민 및 국내 북한 이탈 주민' 등으로 다양하게 사용되고 있다(박윤숙, 『탈북청소년의 사회적 지지와 적응』, 경기: 한국학술정보(주), 2007, pp. 21-2). 탈북인에 대한 명칭이 다양하기 때문에, 이 장에서는 인용한 자료를 제외하고 탈북하여 남한에서 교육받고 있는 학생을 공식 명칭에 근거하여 '북한 이탈 학생'이라 한다.

8. 박주현, 「북한이탈아동의 발달과 문화적응」, 한국다문화교육학회/통일연구원 심포

지엄 자료, 2009, pp. 64-6.

9. 각 차이에 해당하는 면담 자료는 이순형, 조수철, 김창대, 진미정, 『탈북 가족의 적응과 심리적 통합』, 서울: 서울대학교출판부, 2007, p. 196, 230-40, 245-6에서 발췌 인용함.

10. 서울 ○○초 최○○ 선생님과의 면담 내용에서 발췌 정리.

11. 서울 ○○초 장○○ 선생님과의 면담 내용에서 발췌 정리.

12. 서울 ○○초 임○○ 선생님과의 면담 내용에서 발췌 정리.

13. 인천 ○○초 채○○ 선생님과의 면담 내용에서 발췌 정리.

14. 서울 ○○초 김○○ 교감님과의 면담 내용에서 발췌 정리.

15. 경기 ○○초 조○○ 교장님과의 면담 내용에서 발췌 정리.

16. 경기 ○○초 조○○ 교장님과의 면담 내용에서 발췌 정리.

17. 서울 ○○초 왕○○ 선생님과의 면담 내용에서 발췌 정리.

18. 다큐멘터리 〈천국의 국경을 넘다〉는 탈북자의 인권 문제를 조선일보 취재팀이 2007년 5월부터 10개월에 걸쳐 제작한 프로그램이다. DVD로 제작된 이 프로그램 중에서 첫 번째 이야기의 15분 이후에 등장하는 9세 소년 '민철'(가명)의 탈북 과정을 제시하는 것이 적합할 것이다.

19. 영화 〈크로싱〉은 김태균이 감독하고 차인표와 신명철이 주연한 영화로서 북한 이탈 주민의 탈북 배경과 아픔을 감동적으로 표현한 작품이다.

20. 임상수, 정순미, 서승희, 『새터민 아동을 위한 교육 멘토링』, 서울: 교육과학사, 2008, pp. 200-7, 230-8 참조.

7. 은유적 이해를 활용한 수업

1. R. Straughan, *Can we teach children to be good?*, London: George Allen & Unwin, 1982, pp. 46-7.

2. M. Johnson, *Moral Imagination*, Chicago: The University of Chicago Press, 1997, p. 8.

3. 도덕 교육에서 예화의 의의에 대한 상세한 논의는, 임병덕의 「도덕교육에서 예화의 의의」, 『도덕교육학연구』 제3집, 한국도덕교육학연구회, 2002, pp. 1-18 참조.

4. 조재인, 「칸트의 구상력에 관한 연구」, 전남대학교 박사학위논문, 1993, p. 51.

5. 김광명, 『칸트 미학의 이해』, 서울: 철학과 현실사, 2004, p. 174.

6. M. Polanyi, *Personal Knowledge*, London: Routledge & Kegan Paul, 1962, p. 123.

7. Ibid., p. 159.

8. 김종도, 『인지문법적 관점에서 본 환유의 세계』, 서울: 경진문화사, 2005, pp. 160-4 참조.

9. P. Saha, "Metaphorical style as message," *Analogical Reasoning*, Dordrecht: Kluwer

Academic Publishers, 1988, pp. 41-4 참조.

10. N. Spiney, *The Constructivist Metaphor*, San Diego: Academic Press, 1997, p. 2.

11. 김기현, 『현대 인식론』, 서울: 민음사, 2003, pp. 265-70 참조.

12. 임지룡, 『인지의미론』, 서울: 탑출판사, 1999, p. 174.

13. G. Lakoff and M. Johnson, *Philosophy in the flesh*, New York: Basic Books, 1999, pp. 313-6 참조.

14. K. Egan, *An imaginative approach to teaching*, San Francisco: Jossey-Bass, 2005, p. 13.

15. P. Henle, "Metaphor," *Philosophical Perspectives on Metaphor*, Minneapolis: University of Minnesota Press, 1981, pp. 83-96 참조.

16. D. Sanders and J. Sanders, *Teaching Creativity Through Metaphor*, New York: Longman, 1984, p. 19.

17. Ibid., p. 51.

18. R. Sternberg, *Metaphors of mind*, New York: Cambridge University Press, 1990, pp. 4-16 참조.

19. P. Benson, "Perspective on face perception-directing research by exploiting emergent prototypes," *Cognitive and Computational Aspects of Face Recognition*, London: Routledge, 1995, p. 208.

20. S. Reed, *Theory and Applications*, 박권생 역, 『인지심리학: 이론과 적용』, 서울: 시그마프레스, 2000, p. 98.

21. 교육과학기술부, 『생활의 길잡이 4-1』(실험본), 2009, p. 5와 『교사용지도서 도덕 4-1』(실험본), 2009, p. 235 참조.

8. 서사적 이해를 활용한 수업

1. 교육인적자원부, 『초·중등학교 교육과정』, 교육인적자원부 고시 제2007-79호, 2007 참조.

2. 이야기에 비해 서사는 사건에 대한 인과 관계가 더 복잡하며, 가치 담재적이지 않을 수 있다는 점에서 구별된다(J. Tamboling, *Narrative and Ideology*, 이호 역, 『서사학과 이데올로기』, 서울: 예림기획, 2000, p. 27). 그러나 일상 언어나 교육적 맥락에서 이야기와 서사는 엄격히 구분되지 않는다. 이 장에서는 서사와 이야기를 특별히 구별해야 할 필요가 없는 경우, 이야기와 서사를 문맥에 따라 사용한다.

3. A. Sweet and C. Snow, *Rethinking Reading Comprehension*, 엄해영, 이재승, 김대희, 김지은 역, 『독서교육에 대한 새로운 이해』, 서울: 한국문화사, 2007, p. 16 참조.

4. K. Egan, *Teaching as Story Telling*, Chicago: The University of Chicago Press, 1986, p. 33.

5. Ibid., p. 37.

6. 이건은 이야기 형식 모형의 구성 계획을 다음과 같이 제시한다. 1. 중요성 확인하기 (이 주제에서 가장 중요한 것은 무엇인가? 아이들에게 그것이 왜 문제가 되어야 하는가? 그것에 정서적으로 관여된 것은 무엇인가?), 2. 상반된 쌍 찾기(그 주제의 중요성을 가장 잘 파악할 수 있는 유력한 상반은 무엇인가?), 3. 이야기 형식으로 내용을 조직하기(3.1. 그 주제에 접근하도록 하기 위해, 상반을 가장 극적으로 구체화하는 내용은 무엇인가? 3.2. 발전된 이야기 형식으로 그 주제를 가장 분명히 할 수 있는 내용은 무엇인가?), 4. 결론(그 상반에 본래적인 극적인 갈등을 해결하는 최선의 방식은 무엇인가? 그것을 추구하기 위해 적절한 상반의 중재의 정도는 무엇인가?), 5. 평가(그 주제가 이해되었는지, 그것의 중요성이 파악되었는지, 그 내용이 학습되었는지 어떻게 알 수 있는가?)(K. Egan, *Teaching as Story Telling*, Chicago: The University of Chicago Press, 1986, pp. 38-9). 이러한 구성 형식은 이후 그가 제시하는 수업 구성의 기본 틀로 반영된다.

7. M. Johnson, *Moral Imagination*, Chicago: The University of Chicago Press, 1993, p. 165.

8. 우한용, 『서사교육론』, 서울: 동아시아, 2001, pp. 30-1.

9. K. Egan, *Imagination in Teaching and Learning*, Chicago: The University of Chicago Press, 1992, p. 43.

10. K. Egan, "Imagination, past and present," *Teaching and Learning Outside the Box*, K. Egan, M. Stout, and K. Takaya (eds.), New York: Teachers College Press, 2007, p. 18.

11. K. Egan, *Imagination in Teaching and Learning*, Chicago: The University of Chicago Press, 1992, p. 64.

12. Ibid., p. 166.

13. Ibid., p. 67.

14. K. Egan, *The Educated Mind: How Cognitive Tools Shape Our Understanding*, Chicago: The University of Chicago Press, 1998, p. 29.

15. K. Egan, *getting it wrong from the beginning*, New Haven: Yale University Press, 2002, p. 183.

16. K. Egan, *an imaginative approach to teaching*, San Francisco: Jossey-Bass, 2005, pp. xiii-xvi.

17. Ibid., pp. 2-6 참조.

18. Ibid., pp. 78-82 참조.

19. Ibid., pp. 152-4 참조.

20. Ibid., p. 15.

21. 이를 요약하면 다음과 같다(K. Egan, *an imaginative approach to teaching*, 송영민 역, 『상상력을 활용하는 교수법』, 울력, 2008, pp. 164-5참조).

　1. 영웅적 특성 확인하기: 제재에서 핵심적인 영웅적 인간 특성은 무엇인가? 그 특성이 불러일으키는 정서적 이미지는 무엇인가? 그 제재에서 경이감을 가장 잘 불러일

으키는 것은 무엇인가?

2. 서사적 구조로 제재 조직하기:

   2.1. 초기 접근: 제재의 어떤 측면이 핵심적으로 확인된 영웅적 특성을 가장 잘 구체화하는가? 이것은 어떤 극단적 경험이나 실재의 한계를 나타내는가? 어떤 이미지가 이 측면을 포착하는가?

   2.2. 단원이나 수업의 체계 구성하기: 영웅적 특성이 가장 잘 나타나도록 어떻게 그 내용을 서사적 구조로 조직할까?

   2.3. 내용을 인간화하기: 서사의 어떤 측면이 인간의 정서를 가장 잘 나타내고 경이감을 불러일으키는가? 그 내용에서 전통이나 관습에 대한 분명한 이상이나 도전은 무엇인가? 제재에서 어떤 유머를 찾을 수 있는가?

   2.4. 세부 사항 탐구하기: 제재에서 학생이 가장 철저하게 탐구할 수 있는 부분은 무엇인가?

3. 마무리: 제재를 만족스럽게 마무리할 수 있는 최선의 방법은 무엇인가? 학생은 어떻게 만족감을 느낄 수 있는가? 어떻게 제재에 대한 경이감을 불러일으킬 수 있는가?

   3.1. 마무리 활동: 제재를 학생에게 의미 있게 차분히 호소하는 활동은 무엇인가?

   3.2. 초기 형식의 이론적 사고: 이론적 사고에 수반되는 인지 도구의 사용을 어떻게 조장할 수 있는가?

4. 평가: 그 내용이 학습되고 이해되었는지 어떻게 알 수 있는가? 그리고 학생의 상상력을 활용하고 자극했는지 어떻게 알 수 있는가?

22. 박병춘, 『배려윤리와 도덕교육』, 서울: 울력, 2002, p. 13.

23. 유병열, 『도덕교육론』, 서울: 양서원, 2004, p. 286.

24. F. Power (eds), *Moral Education: A handbook*, Vol. 1, London: Praeger, 2008, p. 55.

25. 김정빈, 『숭어』, 서울: 배동바지, 2004, pp. 24-5.

26. 김소연 역, 『다시 읽는 이솝이야기』, 서울: 월드컴 M&C, 2003, p. 118.

27. 김의식, 『세계를 가슴에 품어라』, 서울: 명진출판사, 2008, p. 213.

28. M. Note, 환경재단 역, 『세상을 바꾸려 태어난 나』, 서울: 명진출판사, 2008, pp. 74-5.

29. 김정빈, 『숭어』, 서울: 배동바지, 2004, pp. 30-1.

9. 상상적 이해를 활용한 수업

1. 이환기, 『헤르바르트의 교수이론』, 서울: 교육과학사, 1998, pp. 18-133 참조.

2. J. Dewey, *Interest and Effort in Education*, 신현태 역, 『교육에 있어서 흥미와 노력』, 대구: 이문출판사, 1990, pp. 56-7, 81, 110 참조.

3. R. Coles, *The Moral Intelligence of Children*, New York: Random House, 1997, p. 7.

4. 유영희, 「이미지 형상화를 통한 시 창작교육 연구」, 서울대 박사학위논문, 1999, p. 29.

5. G. Bell, "Imaging and Moral Education," *Journal of Moral Education*, Vol. 8, No. 2, 1979, p. 100.

6. N. Tierney, *Imagination and Ethical Ideals*, New York: State University of New York Press, 1994, p. 59.

7. Ibid., p. 60.

8. Ibid., p. 61.

9. G. Bell, "Imaging and Moral Education," *Journal of Moral Education*, Vol. 8, No. 2, 1979, p. 102.

10. M. Wilkinson, "Moral Imagination and the Case for Others," *Moral Education and Pluralism*, Vol. VI, London: Falmer Press, 2000, p. 99.

11. G. Reddiford, "Moral Imagination and Children," *Journal of Moral Education*, Vol. 10. No. 2, 1981, p. 75.

12. Ibid., pp. 78-9.

III. 도덕과 수업 표현의 이해

10. 도덕과 수업 현상의 비평적 접근

1. L. Wittgenstein, *Philosophische Untersuchungen*, 이영철 역, 『철학적 탐구』, 서울: 서광사, 2001, pp. 288-96 참조.

2. 학교 현장에서 수업 참관록은 '교수-학습 참관록,' '수업 연구 공개 참관록' 등의 이름으로 불린다. 서울 OO 초등학교의 경우를 예로 들면, 모든 교과에 동일한 참관록이 적용된다. 참관록의 영역은 학습 과정안, 학습 진행, 학습 매체 투입, 발문의 영역으로 구분된다. 학습 과정안 영역의 참관 내용은 "학습 목표는 적절하게 진술되었는가?" "학습 내용은 적절히 선정 재구성하였는가?" "교수 · 학습 활동이 학습 유형에 알맞게 구성되었는가?" "교재 연구는 심도 있게 이루어졌는가?"이다. 학습 진행 영역의 참관 내용은 "학습 동기를 적절히 유발하여 학습 의욕을 촉진하였는가?" "학습 과제가 적절히 부과되어 학습 활동에 활용되고 있는가?" "자기 주도적 학습을 촉진하는 수업인가?" "교수 활동 단계는 유기적으로 진행되고 있는가?" "지도 내용의 구조화로 학습 효과를 극대화했는가?" "학습 내용에 적합한 지도 방법을 활용하고 있는가?" "학생에게 창의력 신장의 기회를 부여했는가?" "학습 사태에 따라 개별 학습 또는 분단 학습이 적절히 이루어지고

있는가?"이다. 학습 매체 투입 영역의 참관 내용은 "학습 내용에 맞는 자료의 제시가 되고 있는가?" "자료의 제시 시점은 적절한가?"이다. 발문 영역의 참관 내용은 "발문의 유형은 다양한가?" "개인차를 고려한 발문인가?" "학습자의 사고를 자극할 수 있도록 단계적인가?" "허용적, 탐구적 분위기에서 주어지는가?" "응답 처리는 학습자의 학습 의욕을 자극하는가?"이다. 그리고 수업 연구 협의록은 "자기주도적 학습을 위한 학년의 노력점," "수업 소감," "질의응답, 기타 협의," "우수 사례, 일반화할 점," "지도 조언"으로 정리된다. 이와 같은 양식에 의한 수업 보기의 문제는 유현종의 「학교 현장 사회과 수업 담론에서 수업비평의 기능」, 사회과교육학회, 『사회과교육연구』, 제11권 제2호, 2004, pp. 100-3 참조.

3. 유현종, 「사회과 수업비평: 예술비평적 접근」, 한국교원대학교 박사학위논문, 2004, p. 27.

4. 곽영순 · 최승언, 「과학과 수업평가 기준의 역할 및 개발 방안 연구」, 한국지구과학회, 『한국지구과학회지』, Vol. 26, 2005, pp. 368-72 참고.

5. 컹켈에 의하면, 교육학적 사고는 수업 현상을 세 가지 방식으로 다룰 수 있다. 즉, 이론적, 경험적, 실용적 교수론이다. 이론적 교수론은 수업 경험에 대한 비판적 비교, 분석, 체계화를 통해 수업의 본질적 특성과 구조적 법칙성을 발견하고 기술한다. 경험적 교수론은 수업의 사실, 현실, 각각의 모멘트들과 그들 간의 관계를 파악하고 변인 간의 상관을 계산하며, 이런 방식으로 연구된 수업의 구체적 법칙성을 발견한다. 실용적 교수론은 특정한 수업 실천을 미리 사고 속에서 계획하고, 모범적으로 실행에 옮겨 실효성을 검증하고, 이를 교정한다. 이 과정을 반복함으로써 수업 행위의 모범 및 모형을 개발하고자 한다. 이론적 교수론과 경험적 교수론에서는 사고가 그 대상의 실제를 전제하고 따랐지만, '실용적' 교수론에서는 언제나 사고가 그 대상의 실제보다 앞서간다(W. Sünkel, 권민철 역, 『수업현상학』, 서울: 학지사, 2005, pp. 26-8 참조).

6. 김상미는 수학 수업을 예로 들면서, 수업에서 교사는 수학자의 아이디어를 원본으로 삼아서 복제하는 사람으로 여겨졌으며, 유능한 복제는 원본과의 동일성으로 이해되어 왔음을 지적한다. 이러한 유사의 관계는 복제 사이에 위계질서가 존재하는 것이므로 수직적인 의무를 나타내는 것으로 해석한다. 자신의 수업 은유에 관한 논의 중에는 수업을 〈불꽃놀이〉에 비유하는 내용이 있다. 불꽃놀이에는 전형적인 원본이 없으며, 단지 기획자의 마음에만 존재하는 흐름이 있고, 기획자조차도 그것이 실행되어야만 그 모습을 알게 된다. 수업도 원본 없는 복제이다. 원본을 가정하고 그 원본을 닮아가려는 것이 아니라, 각 수업 사이의 같음과 다름의 연쇄를 통하여 '차이'를 전개하는 원본 없는 복제로 수업을 해석한다(김상미, 「초등교사 〈나〉의 수업 이야기로 보는 수학 수업의 은유」, 한국교원대학교 박사학위논문, 2005, pp. 135-66 참조).

7. 예를 들어, 김욱동은 최인훈의 『광장』을 역사 비평 방법, 형식주의 비평 방법, 심리주의 비평 방법, 사회학적 비평 방법, 신화 비평 방법, 구조주의 비평 방법, 그리고 포스트구조주의 비평 방법의 관점에서 비평한다. 이러한 접근을 통해 텍스트의 다원적 의미가

드러난다(김욱동, 『「광장」을 읽는 일곱 가지 방법』, 서울: 문학과 지성사, 2007 참조).

8. 미국의 심리학은 초창기부터 '관찰할 수 있는 것' 만을 연구 대상으로 삼아 자연과학을 흉내 낸 '실험' 이라는 방법을 즐겨 사용하게 되었다. 이러한 경향은 20세기 전반기에 맹위를 떨친 '논리 실증주의' 와 맞아 떨어진다. 그래서 '세상에 존재하는 것은 모두 양으로 존재하고, 양으로 존재하는 것은 모두 측정할 수 있다' 라고 주장하는 '행동주의 심리학' 이 꽃 피우게 되는 토양을 제공하였다. 이 기준을 충족시키는 가장 좋은 방법은 심리학자들이 연구하고 있는 대상이나 현상을 '측정' 하는 것이었다. '측정' 할 수 있는 것은 심리학의 적법한 연구 대상이 되었고, 측정할 수 없는 것은 제외되었다. 행동주의 심리학자들은 과학에서 사용하는 방법, 즉 '실험' 을 통하여 인간의 심리적 특성들 간의 '인과 관계' 를 알아내려고 노력하였지만, 실험을 통해 '인과 관계' 를 밝히기 어려운 경우도 있었다. 그래서 차선책으로 심리적 특성들 간의 '상관관계' 를 구명하고자 하였다. 이러한 양적 연구 방법에 대한 대안으로 질적 연구가 등장한다. 과거에는 사전에 치밀하게 만들어 놓은 연구 문제에 답하기 위하여 자신 밖에 존재하는 어떤 '자료를 수집' 하고자 노력하였다. 하지만 사전에 만들어 놓은 연구 문제 없이도 교실 속에 들어가 무슨 일이 일어나고 있는지를 이해하고 그 이해를 바탕으로 '묘사' 와 '해석' 하는 일이 중요하다는 점을 인식하게 되었다. 교실과 같이 별로 새로운 것이 없는 환경을 새로운 시각으로 바라보아 '예전에는 보지 못했던 것들을 보게 하는' 작업이 수업 방법 개선이나 학급 경영 방식 개선에는 도움을 주지 않는다 해도, 교육학자에게는 아주 중요하다는 것을 깨닫는다(박승배, 『교육비평 ― 엘리어트 아이즈너의 질적연구방법론』, 서울: 교육과학사, 2006, pp. 35-6, pp. 41-5 참조).

9. 박승배, 『교육비평 ― 엘리어트 아이즈너의 질적연구방법론』, 서울: 교육과학사, 2006, p. 55.

10. 유현종, 「사회과 수업비평: 예술비평적 접근」, 한국교원대학교 박사학위논문, 2004, p. 15.

11. 구체적으로 벤야민W. Benjamin의 '아우라aura,' 리오타르J. Lyotard의 '숭고the sublim,' 에코U. Eco의 '카오스모스chaomos' 라는 예술 비평 개념에 터하여 수업 비평의 토픽을 제시한다. 먼저, 아우라의 측면에서 교사의 저자성이란 토픽을 제시한다. 이 토픽과 관련하여 교실 수업에서 아우라를 느끼게 하는 정체, 수업 복제 시대의 아우라, 일상 수업에서 아우라 드러내기, 파괴될 아우라와 재창출될 아우라를 논의한다. 둘째, 숭고의 측면에서 말할 수 없는 수업 경험이란 토픽을 제시한다. 이 토픽과 관련하여 아름다운 수업과 숭고한 수업의 의미, 수업 속에서 숭고의 표현, 개념이 아닌 사건으로서의 수업, 표현할 수 없는 것이 있다는 증명으로서의 침묵을 논의한다. 셋째, 카오스모스의 측면에서 수업의 열림과 닫힘이란 토픽을 제시한다. 이 토픽과 관련하여 완결된 수업과 열린 수업의 의미, 수업 속의 질서와 무질서를 논의한다. 이처럼 예술 작품 읽기를 수업 보기로 전환하고 예술 비평 개념을 수업 비평 개념으로 전환하여, 세 교사의 사회과 수업을 비평한다. 먼저, "역사 흐름 타기 속의 두 아우라"에서는 새로운 아우라를 창출할 기회는 숭배 가

치를 지닌 아우라를 깰 때만 가능하다고 한다. "낯선 4 · 19 혁명 수업, 그 속의 숭고 발견"에서는 수업에서 경험하는 격렬한 파토스를 논의하면서, 수업에서 숭고의 계기를 마련해 주려는 의도적인 노력이 필요하다고 한다. "노숙자 바라보기, 수업 텍스트에 갇힌 열린 마음"에서는 수업의 열림은 외양상의 구조가 아니라, 수업의 무질서와 질서가 잘 조직되고 배치될 때 수업의 열림을 확장할 수 있다고 한다(유현종의 「사회과 수업비평: 예술비평적 접근」, 한국교원대학교 박사학위논문, 2004에서 발췌 · 요약).

12. 이혁규, 『수업, 비평의 눈으로 읽다』, 서울: 우리교육, 2008, pp. 16-26 참조. 여기서 이혁규는 "수업을 수업의 맥락, 교과 내용, 행위자로 구분할 때 수업의 맥락에 초점을 맞춘 비평, 교과 내용에 초점을 맞춘 비평, 행위자에 초점을 맞춘 비평이 있을 수 있다. 행위자에 초점을 맞추는 비평의 경우는 다시 교사 중심의 비평, 학생 중심의 비평, 혹은 교사와 학생의 상호 작용을 중심으로 하는 비평 등이 가능하다. 비평의 초점은 여기에 한정되지 않는다. 수업이 일어나는 공간을 분석하는 공간 비평이 있을 수 있는가 하면 수업의 전개되는 시간의 특질을 분석하는 비평도 가능할 것이다. 또 수업 비평에 대한 독자의 반응을 분석하는 수용자 비평도 생각해 볼 수 있다. 실제 수업 비평에는 각각의 초점들이 하나의 테마로 구성될 수도 있고 이 전체를 통합적으로 고려하면서 어느 한쪽에 더 비중을 두는 쪽으로 기술할 수도 있다. 앞으로 수업 비평론이 좀 더 정립되면 하나의 수업에 대해서 그 수업의 의미를 수업 자체의 구성 · 조직 · 흐름 등을 중심으로 읽는 비평(기술적 혹은 형식주의적 비평), 수업 활동을 전개한 교사의 성장 이야기와 관련짓는 비평(역사적 혹은 심리적 비평), 사회적 맥락 및 현실 세계와 연결시켜 읽는 비평(맥락적 혹은 사회학적 비평), 그 수업이 다루고 있는 교과 주제의 의미나 변환 과정과 관련짓는 비평(학문적 혹은 교과적 비평), 그 수업에 대한 학생과 독자의 반응이나 영향 관계를 중심으로 보는 비평(수용자 반응 비평) 등 여러 가지 방식으로 읽는 것이 가능할 것이다. 하나의 수업을 보는 '다섯' 가지 시선 혹은 '일곱' 가지 시선이 가능해지는 셈이다"라고 수업 비평의 다양한 관점을 제안한다.

13. 현상에 대한 충실한 기술을 통해 본질에 도달하려는 현상학적 방법은 현상, 지향성, 판단 중지, 현상학적 환원, 본질 파악 등의 개념을 구성하여 이해할 수 있다. 마르크스 W. Marx에 의하면, 후설이 말하는 의식은 언제나 그 무엇에 관한 의식이며 언제나 그 대상과 하나를 이루고 있다. 의식이 대상에 향해져 있으며, 대상을 지향함으로써 대상을 언제나 이미 '자체 내에 지닌다'는 의식의 이 기본 구조를 지향성Intentionalität이라고 부른다. 소여 방식 또는 나타남의 방식을 지닌 대상이 후설이 말하는 현상이다. 그러므로 현상은 지향성이라는 의식의 기본 구조와 상관된 대상의 나타남이다. 이러한 대상의 나타남은 먼저 자연적 태도에서 비롯된다. 우리는 생활 세계라고 부르는 일상 세계의 태도에서 언제나 이미 살고 있으며, 탄생, 교육 그리고 교제를 통하여 전 생애 동안 그러한 태도를 취하고 있다. 그러한 태도를 자연적 태도natürliche Einstellung라고 부른다. 자연적 태도는 현상이 나타나는 최초의 지향성이며, 현상과 의식의 관계를 드러내기 위해서는 그 타당성을 보류할 필요가 있다. 세계를, 세계가 존재하는 '보편적인 믿음'을 단번에 침몰시키

는 이 처리 과정을 판단 중지Epoché라고 부른다. 이것은 즉자적으로 존재하는 현실 세계에 대한 믿음의 보편적인 중단이다. 세계의 현존은 더 이상 자명하게 받아들여지지 않는다. 판단 중지로 현상으로서 나타난 대상에 대한 타당성을 보류함으로써 대상에 붙어 있는 자연적 태도를 벗어나 지금까지 의문 없는 것으로 여겨졌던 것을 의심하게 된다. 판단 중지로 자연적 태도를 버리고 개방적인 태도를 취함으로써, 이를 통해 사고된 내용과 이를 가능케 한 의식 작용이 탐구될 수 있다. 모든 존재 타당성에 관한 보편적 중단인 판단 중지는 선험적 의식 현상으로 나아가는 단계적 소급인 환원Reducktion의 성격을 지닌다. 후설은 이것을 선험적 또는 선험 현상학적 환원이라고 부른다. 이를 통해 경험을 넘어 인식 조건의 원천에 접근하게 된다. 환원은 사실 내용을 그 본질 구조로 환원시켜 기술하는 것이다. 이 기술에서 중요한 것은 개별적인 사실적 사태들을 묘사하는 것이 아니라 의식 작용과 대상의 본질 보편성을 기술하는 일이다(W. Marx, 이길우 역,『현상학』, 서울: 서광사, 2003, pp. 23-57 참조).

14. 인문·사회과학의 영역에서 수학적인 정량적 분석의 방법이 지니고 있는 한계는 그동안 철학자들과 인문·사회과학에 종사하는 경험 과학자들에 의해서 다양한 방식으로 지적되어 왔다. 이러한 지적의 핵심은 인문·사회과학적 연구에서 정량적 분석의 방법을 통해서는 인문·사회 현상의 자연적 측면, 다시 말해 양적으로 환원 가능한 측면만이 파악될 수 있을 뿐이며, 환원될 수 없는 현상의 고유한 질적인 측면은 파악될 수 없다는 것이다. 더 나아가 이러한 지적에 의하면, 인문·사회과학이 다루는 현상의 경우, 양적 측면이 아니라 바로 질적 측면이 그 현상의 핵심적인 요소이며, 따라서 이처럼 핵심적인 요소인 질적 측면을 파악하기 위해서는 수학적인 정량적 분석의 방법과는 구별되는 질적 연구 방법을 사용해야 할 필요가 있다. 질의 가장 대표적인 예는 그 무엇이 지니고 있는 '의미'이다. 이처럼 수학적인 정량적 연구 방법을 통해서는 파악할 수 없는 의미를 비롯한 다양한 유형의 질을 파악하고자 하는 것이 현상학적인 질적 연구 방법이다. 현상학적 체험 연구를 수행하기 위해서 일차적으로 이루어져야 할 작업은 현상학적, 심리학적 판단 중지 및 환원이다. 이러한 판단 중지 및 환원이 이루어져야만 자연적 인과관계의 틀에 속박되어 있지 않은, 지향성을 본성으로 하는 심리 현상 혹은 체험의 구조를 파악할 수 있는 가능성이 열릴 수 있기 때문이다. 그러나 현상학적 체험 연구를 수행하기 위해서는 또 다른 유형의 현상학적 판단 중지 및 환원을 수행할 필요가 있다. 다양한 유형의 체험이 존재하기 때문에 어떤 한 유형의 체험을 연구하고자 시도할 경우에는 이미 앞서 수행한 다른 체험에 대한 연구를 통해 획득된 지식이 일종의 '선입견'으로 작용하여 그 체험에 대한 올바른 파악을 방해할 수 있다. 따라서 체험과 관련해 앞서 가지고 들어갈 수도 있는 선입견으로부터 해방되어야 한다. 이러한 선입견으로부터 해방되려면 이 선입견에 대한 판단을 유보하고 우리가 탐구하고자 하는 체험의 영역으로 시선을 돌려야 한다. 이러한 방법적 절차 역시 일종의 현상학적 판단 중지 및 환원으로, 경험적 판단 중지 및 환원이라 불린다(이남인,『후설의 현상학과 현대철학』, 서울: 풀빛미디어, 2007, pp. 367-445 참조).

15. R. Kearney, *Modern Movement in European Philosophy*, 임헌규 · 곽영아 · 임찬숙 역, 『현대유럽철학의 흐름』, 서울: 한울, 1995, p. 30.

16. W. Sünkel, 권민철 역, 『수업현상학』, 서울: 학지사, 2005, pp. 5-7.

17. 조상식, 『현상학과 교육학』, 서울: 도서출판 원미사, 2002, p. 4.

18. P. Ricoeur, *Interpretation Theory*, 김윤성, 조현범 역, 『해석이론』, 서울: 서광사, 1994, p. 147.

19. R. Kearney, *Modern Movement in European Philosophy*, 임헌규 · 곽영아 · 임찬숙 역, 『현대유럽철학의 흐름』, 서울: 한울, 1995, p. 125.

20. 양해림에 의하면, 리쾨르의 텍스트 해석은 소격화Verfremdung와 친숙화 및 전유 Appropriation라는 개념에서 살펴볼 수 있다. 소격화는 첫째, 텍스트를 통해서 표현된 것 사이의 괴리감, 둘째, 저자와 텍스트 사이의 분리, 셋째, 저자와 독자 사이의 간격을 메울 수 없다는 것을 말한다. 이러한 소격화에 의해 일차적인 지시연관이 파괴되고, 이차적인 지시연관이 산출된다. 이에 반해 텍스트를 읽으면서 자기존재를 이해하는 것을 친숙화라 부른다(양해림, 『현대 해석학 강의』, 서울: 집문당, 2007, pp. 209-11).

21. P. Ricouer and J. Thomson (ed.), *Hermeneutics and the Human Sciences*, Cambridge: Cambridge University Press, 1998, pp. 197-221 참조.

22. M. Manen, *Researching Lived Experience*, 신경림, 안규남 역, 『체험연구』, 서울: 동녘, 1994, pp. 16-55 참조. 여기서 매넌은 해석학적 현상학에 근거한 연구 방법론을 제시하면서, 생활 세계의 현상들을 해석적으로 이해할 수 있는 해석학적 능력이 교육학에서 요구되는 것으로 본다. 현상학은 체험을 지향하는 법을 기술하고, 해석학은 삶의 '텍스트들'을 해석하는 법을 기술한다. 해석학적 현상학을 바탕으로 일상생활 현상들의 의미와 의의를 글로 쓰는 행위에 필요한 반성 형태는 교육학 연구에 기본적인 것이다. 그는 해석학적 현상학으로 연구하는 핵심적인 방법적 구조를 '체험의 본성으로 돌아간다, 경험을 겪은 대로 탐구한다, 본질적 주제에 관해 반성한다, 글쓰기와 고쳐 쓰기의 기술을 통해 현상을 기술한다, 강력하고 지향적인 관계를 유지한다, 부분과 전체를 고려함으로써 연구 상황의 균형을 유지한다'로 제시한다(pp. 16-55 참조). 매넌이 제안한 해석학적 현상에 근거한 연구 방법론은 선입견을 배제한 현상의 체험과 그 본질에 대한 글쓰기이다.

11. 도덕과 수업 비평

1. 임병덕, 『키에르케고르의 간접전달』, 서울: 교육과학사, 1998, pp. 38-9 참조.

2. 임병덕, 『초등학교 도덕과 교육론』, 서울: 교육과학사, 1998, pp. 273-4 참조.

3. M. Johnson, *Moral Imagination*, Chicago: The University of Chicago Press, 1997, pp. 166-8 참조.

4. S. Gundmundsdottir, "The Narrative Nature of Padagogical Content Knowledge," Hunter McEwan and Kieran Egan (eds.), *Narrative In Teaching, Learning, and Research*, New York: Teachers College Press, 1995, pp. 24-5 참조.

5. 정채찬, 「문학교육과 도덕적 상상력」, 한국문학교육학회, 『문학교육학』제14호, 2004, p. 59.

6. 우한용, 『서사교육론』, 서울: 동아시아, 2001, pp. 7-8.

7. F. Sparshott, 「비평의 문제의 문제성」, P. Hernadi (ed.), *What is Criticism*, 최상규 역, 『비평이란 무엇인가』, 서울: 예림기획, 1988, p. 34.

8. J. Ellis, 「"비평이란 무엇인가?"라는 질문의 논리」, P. Hernadi, *What is Criticism*, 최상규 역, 『비평이란 무엇인가』, 서울: 예림기획, 1988, p. 51.

9. A. Berber, *Cultural Criticism*, 김기애 역, 『문화비평: 주요 개념의 이해』, 서울: 한신문화사, 2000, p. 25.

10. P. Hernadi, *What Is Criticism*, 최상규 역, 『비평이란 무엇인가』, 서울: 예림기획, 1988, p. 15.

11. 서사의 층위에 따라 분류하여, 1차 서사를 '다른 서사물의 능동적이며 적극적인 해석 행위의 결과물이 아닌 모든 서사물'로 규정했을 때, 2차 서사는 어떤 서사물에 대한 해석 행위의 결과물로 볼 수 있다. 이런 점에서 2차 서사의 대표적인 것은 연극, 영화이다. 이들은 대본을 토대로 만들어지기 때문이다. 이런 측면에서 본다면, 도덕과 수업은 가치에 대한 해석 행위, 혹은 가치에 대한 해석을 표현한 교육 과정에 대한 해석 행위를 수반한다는 측면에서 2차 서사로 볼 수 있다. 그리고 서사에 대해 탐색하는 글을 메타 서사라고 한다. 메타 서사는 서사에 대한 일종의 해석이라는 점에서 1차 서사, 2차 서사와 공통점을 보인다. 그러나 그 해석이 서사라는 형식, 양식에 초점을 맞추고 있다는 점에서 다른 면모를 보이기도 한다(류홍렬, 「서사 현상의 구조와 체계」, 『서사교육론』, 서울: 동아시아, 2001, pp. 133-61 참조).

12. 이하의 글에서 인용된 내용은 김 교사와의 대화, 수업 녹화 및 전사 자료, 재비평 글에 근거한다.

13. 토론의 구성 규칙, 안내 규칙, 벌칙 규칙에 관한 상세한 논의는 J. Wilson, *Practical Methods of Moral Education*, London: Heinemann Educational Books, 1972, pp. 49-50 참조.

14. 가다머는 축제는 본질상 한 사회의 구성원 모두를 위한 것이요 개인의 분리를 허용하지 않고 개별적 행동을 자제시키기 때문에 가장 완벽하게 공동체가 무엇인지를 보여 준다고 주장한다. 진정한 축제는 상업적 구조나 정치적 구도를 벗어난 것이어야 한다는 것이다. 예술과 축제는 모이는 목적이 늘 정확하게 분명한 것도 아니더라도 무엇인가를 위해 모이도록 한다(신국원, 「대중예술비평의 기초 — 호이징가와 가다머를 중심으로」, 한국해석학회, 『해석학연구』, Vol. 14, p. 52).

15. L. Jeffries, *Meaning in English*, New York: Palgrave, 1998, p. 239.

16. 최용호에 의하면, 의미론의 패러다임에 관한 설명에서, 지시 의미론은 명제의 진

리 조건을 명시하고자 하며, 여기서는 외연 혹은 내포 논리에 의존한다. 이때 의미의 대상체가 전면에 부각되고, 해석체는 후면으로 물러난다. 반면 인지 의미론에서는 해석체가 전면에 부각된다(최용호, 『텍스트 의미론 강의』, 서울: 인간사랑, 2004, pp. 28-35 참조).

17. '의미意味'에는 '의意'와 '미味'의 속성이 있으며, 여기서 '의意'는 내부의 의도를 드러내는 측면이 강하고 화자에서 청자로 지향하는 반면, '미味'는 외부의 감각을 받아들이는 측면이 강하고 청자에서 화자로 지향한다(임지룡, 『국어의미론』, 서울: 탑출판사, 1997, pp. 27-8 참조).

18. R. Larson and G. Segal, *Knowledge of Meaning*, Massachusetts: The MIT Press, 1998, p. 527.

19. 추상적 개념과 구체적 표현을 연결하는 개념의 구체화에 관해서는 M. Jonhson, *The body in the mind*, Chiago: The University of Chicago Press, 1990, pp. 65-100 참조.

20. 랑가커Langacker에 의하면, 기준 속성 모형의 범주화는 부류 구성원의 자격에 대해 절대적 예측이 가능하지만, 원형 범주론은 유사성에 근거하므로 한 범주의 원형과 더 가까울수록 범주의 구성원으로 쉽게 받아들여진다는 인식에 근거한다(R. Langacker, *Foundation of Cognitive Grammer I*, 김종도 역, 『인지문법의 토대 I』, 서울: 박이정, 1999, p. 50 참조). 반면, 스터바는 원형 범주론을 통해서 기준 속성 모형에 근거한 도덕률 이론을 비판한 인지 과학적 관점에 대해, 실제로 개념을 사용하는 방식과 그 개념을 어떻게 사용해야 하는지를 구분해야 한다는 점을 지적한다(J. Sterba, *Mind and Morals*, Cambridge: The MIT Press, 1998, p. 251). 그러나 이러한 비판은 실제로 도덕적 개념을 사용하는 방식에 근거해서 어떻게 사용해야 하는지를 수용해야 한다는 측면에서 재비판될 수 있다.

21. 도덕 영역과 미적 영역의 관계에 대한 논문으로 윤영돈의 「칸트에 있어서 도덕교육과 미적 도덕성의 문제」(서울대학교 박사학위논문, 2006)에서는, 도덕 교육에 있어서 도덕성의 실현을 위한 미와 선 혹은 미적 가치와 윤리적 가치의 긴밀한 통합을 의미하는 '미적 도덕성'의 개념과 그 위상을 상세히 규명하고 있다.

22. J. Huizinga, *Homo Ludens - A Study of the play Element in Culture*, 김윤수 역, 『호모 루덴스』, 서울: 까치, 2006, pp. 18-27 참조.

23. R. Caillois, *Les jeux et les hommes: Le masque et le vertige*, 이상률 역, 『놀이와 인간』, 서울: 문예출판사, 2003, p. 34.

24. 카이와는 경쟁이라는 항목을 아곤Agôn, 우연을 알레아Alea, 모의를 미미크리Mimicry, 현기증을 일링크스Ilinx라 칭한다. 놀이의 원동력으로 아곤은 그리스어로 시합, 경기를 뜻하며, 이는 기회의 평등이 인위적으로 설정된 규칙에 따른 경쟁이다. 알레아는 라틴어로 요행, 우연을 뜻하며, 놀이자들이 영향력을 행사할 수 없는 우연이다. 미미크리는 영어로 흉내, 모방, 의태를 뜻하며, 놀이자들이 자신의 인격을 일시적으로 버리고 다른 인격을 가장하는 것이다. 일링크스는 그리스어로 소용돌이를 뜻하며, 일시적으로 지각의 안정을 파괴하고 기분 좋은 공포 상태를 일으키는 것이다(R. Caillois, *Les jeux et les hommes: Le masque et le vertige*, 이상률 역, 『놀이와 인간』, 서울 문예출판사, 2003, pp. 37-56 참조).

25. K. Egan, *an imaginative approach to teaching*, San Francisco: Jossey-Bass, 2005, pp. 31-2 참조.

26. 예술이 삶에 몰두하게 한다는 진지한 면 때문에, 예술을 유희play나 오락과 동일시하는 데 주저하게 된다. 그러나 칸트나 실러 같은 천재적인 사람들은 예술과 유희 사이에 깊은 친화성이 있다고 주장하였다(M. Rader and B. Jessup, *Art and Human Values*, 김광명 역,『예술과 인간가치』, 서울: 까치글방, 2004, pp. 493-500 참조).

27. 오병남,『미학강의』, 서울: 서울대학교 출판부, 2004, pp. 492-7 참조.

28. 이하 수업 이야기는 서울 ○○초등학교에 근무하는 나○○ 교사의 수업을 전사한 자료를 수업자의 동의하에 요약하여 제시한 것이다.

29. F. Shaftel and G. Shaftel, *Role-Playing for Social Values*, Englewood Cliffs, N. J.: Prentice-Hall, 1967, p. 109.

30. 지성애, 정현주, 이영선, 박유영,「유치원과 초등학교에서의 역할놀이 현장 활용 비교」, 한국유아교육학회,『유아교육연구』제27권 제1호, 2007, pp. 407, 426 참조.

맺는 말

1. '선善'이란 말의 원래 자형字形을 보면, '양羊'을 한가운데 놓고 말씀 언言 변이 양쪽으로 있는 모양새이다. 양을 사이에 놓고서 두 사람이 말을 해서 좋은 결론을 낳는 모양을 가리킨다고 본다. 이 말은 '미美'와도 통한다(『說文』). 이 말에도 '양'이 들어가 있다. 아래에 클 대大가 있는데, 그렇게 보면 살지고 먹음직스러운 큰 양이 바로 아름다움을 뜻했다고 볼 수 있다. '좋음'이 선善과 미美로 동시에 나타난다(이정우,『개념의 뿌리들』, 서울: 철학아카데미, 2004, p. 227 참조). "아름다운"이라는 말로 번역하는 영어의 "beautiful"에 해당되는 고대 그리스의 "kalón"은 인간의 마음이나 성격에까지 적용되는 말이었다. 고대 그리스인의 미의 개념은 도덕적인 미 등을 포함하는 광의의 것이었다(오병남,『미학강의』, 서울: 서울대학교출판부, 2004. pp. 11-4 참조).

2. 신체의 균형에서 비롯된 경험은 시각적 균형과 무게의 균형으로 확장된다. 이러한 균형의 이해는 양쪽에 균등한 무게가 배치되지 않고, 상이한 모형이 보이더라도 그 조화의 관점에서 균형을 이해하게 된다. 우리가 예술작품에서 균형감을 공감하는 것은 바로 이러한 균형에 대한 경험에 근거한다. 한편, 정의는 일차적으로 물건을 동등하게 나누는 것이다. 물건에 대한 균등한 나눔은 이익의 고려라는 정의로 확장된다. 이러한 이익의 고려는 상대방의 입장을 고려한 차등적 균형의 관점으로 확장된다(M. Johnson, *The Body in the Mind*, Chicago: The University of Chicago Press, 1990, pp. 96-100 참조).

참고 문헌

강재륜, 『윤리와 언어분석』, 서울: 철학과 현실사, 1996.

곽영순, 최승언, 「과학과 수업평가 기준의 역할 및 개발 방안 연구」, 한국지구과학회, 『한국지구과학학회지』, Vol. 26, 2005.

교육과학기술부, 『초등학교 교사용 지도서 도덕 4-1』, 2009.

_____, 『초등학교 교사용 지도서 도덕 3-1』, 2009.

_____, 『생활의 길잡이 4-1』, 2009.

_____, 『초등학교 교육과정 해설(I)』, 2008.

_____, 『초등학교 교육과정 해설(II)』, 2008.

교육부, 『초 · 중등 교육과정』, 1997.

_____, 『도덕과 교육 과정』, 1997.

_____, 『초등학교 교육과정 해설(III)』, 1998.

교육인적자원부, 『초 · 중등 교육과정』, 2007.

_____, 『도덕 6』, 서울: 대한교과서주식회사, 2002.

_____, 『초등학교 교사용 지도서 도덕 6』, 서울: 대한교과서주식회사, 2002.

_____, 『도덕 3-2』, 서울: 대한교과서주식회사, 2001.

김경준, 정병호, 김찬호, 「북한이탈 청소년 종합대책 연구III: 대안학교 재학 북한이탈 청소년들의 진로탐색 프로그램 개발 연구」, 한국청소년정책연구원, 2008.

김광명, 『칸트 미학의 이해』, 서울: 철학과 현실사, 2004.

김기현, 『현대 인식론』, 서울: 민음사, 2003.

김도남, 『상호텍스트성과 텍스트 이해 교육』, 서울: 박이정, 2003.

김두헌, 『서양윤리학사』, 서울: 박영사, 1988.

김문환,『예술과 윤리의식』, 서울: 소학사, 2003.

김봉주,『개념학』, 서울: 한신문화사, 1996.

김상미,「초등교사 〈나〉의 수업 이야기로 보는 수학 수업의 은유」, 한국교원대학교 박사 학위논문, 2005.

김성일,「흥미와 글이해」, 이정모 · 이재호 편,『인지심리학의 제문제(II): 언어와 인지』, 서울: 학지사, 2001.

김세완,『지혜의 샘』, 서울: 새봄, 2000.

김소연 역,『다시 읽는 이솝이야기』, 서울: 월드컴 M&C, 2003.

김영미,「R. G. Connongwood 예술이론의 교육학적 함의」, 한국교원대학교 석사학위 논 문, 2000.

김욱동,『「광장」을 읽는 일곱 가지 방법』, 서울: 문학과 지성사, 2007.

김의식,『세계를 가슴에 품어라』, 서울: 명진출판사, 2008.

김일방,『환경윤리의 쟁점』, 서울: 서광사, 2005.

김정국,「헤르바르트와 듀이의 흥미론 비교: 도덕교육에 주는 시사」, 한국교육학회 도덕 교육연구회,『도덕교육연구』제11집, 1999.

김정빈,『숭어』, 서울: 배동바지, 2004.

김정원,「질적 수업평가의 시도」, 한국초등교육학회,『초등교육연구』Vol. 15, 2002.

김종도,『인지문법적 관점에서 본 환유의 세계』, 서울: 경진문화사, 2005.

김태길,『윤리학』, 서울: 박영사, 1983.

김태훈,『도덕성 발달이론과 교육』, 서울: 인간사랑, 2004.

남궁달화,『콜버그의 도덕교육론』, 서울: 철학과 현실사, 1995.

남궁달화,『가치탐구교육론』, 서울: 철학과 현실사, 1994.

노양진,「규범성의 자연주의적 탐구」,『범한철학』제32집, 봄호, 2004.

_____,「개념체계의 신체적 기반」,『철학』Vol. 68, 2001.

_____,「인지과학의 철학적 탐구」,『범한철학』제20집, 1999.

_____,「체험주의의 철학적 전개」,『범한철학』제10집, 1995.

노희정,「개념분석 수업모형을 활용한 초등학교 인권교육」, 한국초등도덕교육학회,『초 등도덕교육』제28집, 2008.

도성달,「덕이 곧 지식인가」, 진교훈 외,『윤리학과 윤리교육』, 서울: 경문사, 1997.

박병춘,『배려윤리와 도덕교육』, 서울: 울력, 2002.

박승렬,「아리스토텔레스 윤리학의 초등도덕교육적 함의」, 한국교원대학교 박사학위논 문, 1999.

박승배,『교육비평 ― 엘리어트 아이즈너의 질적연구방법론』, 서울: 교육과학사, 2006.

박윤숙, 『탈북청소년의 사회적 지지와 적응』, 경기 : 한국학술정보(주), 2007.

박전규, 『아리스토텔레스의 실천적 지혜』, 서울 : 서광사, 1985.

박주현, 「북한이탈아동의 발달과 문화적응」, 한국다문화교육학회/통일연구원 심포지엄, 2009.

박채형, 「타일러의 교육과정 모형 : 매력과 함정」, 『도덕교육연구』 제20권 1호, 2008.

서강식, 「역할놀이 수업모형에 관한 연구」, 한국도덕윤리과교육학회, 『도덕윤리과교육 연구』 6호, 1995.

_____, 『도덕과평가』, 서울 : 양서원, 2002.

서규선, 문종길 편저, 『환경윤리와 환경윤리 교육』, 서울 : 인간사랑, 2000.

서성숙, 「초등 도덕교육의 실태와 문제점 및 개선방안에 관한 연구」, 한국교원대학교 석사학위 논문, 2002.

손경원, 「2007년 개정 초등도덕과 교육과정에 따른 교과서 개발을 위한 효과적인 이야기 교육법의 조건과 함의」, 『초등도덕교육』 제25집, 2008.

송영민, 「윤리적 탐구 중심의 초등 도덕과 환경수업」, 『한국철학논집』 제28집, 2010.

_____, 「북한이탈학생 지도교사의 역할인식 제고 방안」, 『초등도덕교육』 제32집, 2010.

_____, 「이건(Egan)의 이야기 형식 모형에 근거한 도덕과 수업 방안」, 『초등도덕교육』 제29집, 2009.

_____, 「놀이 속의 미적 체험과 도덕과 수업의 관계」, 『초등도덕교육』 제26집, 2008.

_____, 「초등 도덕과 수업의 의미론적 접근」, 『초등도덕교육』 제27집, 2008.

_____, 「도덕과 수업비평 : 의미론적 접근」, 한국초등도덕교육학회, 『초등도덕교육』 제23집, 2007.

_____, 「은유적 이해에 근거한 도덕과 수업 방안」, 한국철학사연구회, 『한국철학논집』 제19집, 2006.

_____, 「메타서사로 도덕과 수업읽기」, 한국초등도덕교육학회, 『초등도덕교육』 제20집, 2006.

_____, 「도덕과 교육에서 습관이 이성의 관계에 대한 체험주의적 해명」, 『도덕교육학연구』 제5집, 2004.

_____, 「윌슨의 도덕성 요소와 교육방법에 관한 연구」, 한국교원대학교 석사학위 논문, 1998.

신국원, 「대중예술 비평의 기초 ─ 호이징가와 가다머를 중심으로」, 한국해석학회, 『해석학연구』, Vol. 14, 2004.

신형정, 『개념과 범주화』, 서울 : 아카넷, 2000.

아리스토텔레스, 최명관 역, 『니코마코스 윤리학』, 서광사, 1985.

양해림, 『현대 해석학 강의』, 서울: 집문당, 2007.

오병남, 『미학강의』, 서울: 서울대학교 출판부, 2004.

우리교육사, 『초등 우리교육』, 2005. 6, 7, 8, 9, 10, 11, 12월호.

우한용, 『서사교육론』, 서울: 동아시아, 2001.

원진숙, 『논술교육론』, 서울: 박이정, 1995.

유병열, 『도덕과 교육론』, 서울: 양서원, 2003.

_____, 『도덕교육론』, 서울: 양서원, 2004.

유영희, 「이미지 형상화를 통한 시 창작교육 연구」, 서울대 박사학위논문, 1999.

유현종, 「사회과 수업비평: 예술비평적 접근」, 한국교원대 박사학위논문, 2004.

_____, 「학교 현장 사회과 수업 담론에서 수업비평의 기능」, 한국사회과교육학회, 『사회
　　과교육연구』, 제12권 제2호, 2004.

윤영돈, 「칸트에 있어서 도덕교육과 미적 도덕성의 문제」, 서울대학교 박사학위 논문,
　　2006.

이남인, 『후설의 현상학과 현대철학』, 서울: 풀빛미디어, 2007.

이순형, 조수철, 김창대, 진미정, 『탈북 가족의 적응과 심리적 통합』, 서울: 서울대학교출
　　판부, 2007.

이영호(편), 『후설』, 서울: 고려대학교 출판부, 1990.

이원일, 『해석학과 기독교 교육현장』, 서울: 한국장로출판사, 2008.

이재호, 「자아형성의 관점에서 본 리쾨르의 서사해석학」, 한국도덕교육학회, 『도덕교육
　　연구』 제20권 1호, 2008.

이정우, 『개념의 뿌리들』, 서울: 철학아카데미, 2004.

이종민, 이민부, 『환경교육』, 서울: 한국방송대학교 출판부, 1999.

이지호, 「미적 체험과 미술감상교육의 연구분석」, 경희대학교 현대미술연구소, 『현대미
　　술연구 논문집』, Vol. 3, 2001.

이철환, 『연탄길2』, 서울: 랜덤하우스코리아, 2006.

이혁규, 『수업, 비평의 눈으로 읽다』, 서울: 우리교육, 2008.

이홍우, 『증보 교육과정 탐구』, 서울: 박영사, 2000.

_____, 『지식의 구조와 교과』, 교육과학사, 1998.

이환기, 『헤르바르트의 교수이론』, 서울: 교육과학사, 1998.

임상수, 정순미, 서승희, 『새터민 아동을 위한 교육 멘토링』, 서울: 교육과학사, 2008.

임병덕, 「도덕교육에서 예화의 의의」, 『도덕교육학연구』, 제3집, 2002.

_____, 『초등학교 도덕과 교육론』, 서울: 교육과학사, 1998.

_____, 『키에르케고르의 간접전달』, 서울: 교육과학사, 1998.

임지룡,『인지의미론』, 서울: 탑출판사, 1999.

_____,「인지의미론」, 이승명 엮음,『의미론 연구의 새 방향』, 서울: 박이정, 1998.

_____,『국어의미론』, 서울: 탑출판사, 1997.

임혜원,『공간 개념의 은유적 확장』, 서울: 한국문화사, 2004.

정대현,『지식이란 무엇인가』, 서울: 서광사, 1990.

정보주,「바른 생활과의 정체성에 대한 연구」, 한국초등도덕교육학회,『초등도덕교육』 제24집, 2007.

정은영 외,『국가 환경교육 표준 지침 연구』, 한국교육개발원, 2007.

정재찬,「문학교육과 도덕적 상상력」, 한국문학교육학회,『문학교육학』 제14호, 2004.

조관성,『현상학과 윤리학』, 서울: 교육과학사, 2003.

조상식,『현상학과 교육학』, 서울: 도서출판 원미사, 2002.

조영남,「구성주의 교수-학습」, 김종문 외,『구성주의 교육학』, 서울: 교육과학사, 2000.

조영태,「도덕교육의 두 가지 파라독스」, 한국도덕교육학회,『도덕교육연구』 제12집, 2000.

조재인,「칸트의 구상력에 관한 연구」, 전남대학교 박사학위논문, 1993.

지성애, 정현주, 이영선, 박유영,「유치원과 초등학교에서의 역할놀이 현장 활용 비교」, 한국유아교육학회,『유아교육연구』 제27권 제1호, 2007

진중권,『놀이와 예술 그리고 상상력』, 서울: 휴머니스트, 2005.

차봉희,『독자반응비평』, 서울: 고려원, 1993.

최돈형, 손연아, 이미옥, 이성희,『환경교육 교수 · 학습론』, 서울: 교육과학사, 2007.

최용호,『텍스트 의미론 강의』, 서울: 인간사랑, 2004.

최현자,「도덕교육의 미학적 접근 연구」, 서울대학교 석사학위 논문, 1990.

한국교육과정평가원,『제7차 교육과정의 현장 운영 실태 분석(Ⅰ)』, 2003.

한면희,『환경윤리』, 서울: 철학과 현실사, 1997.

한용환,『서사 이론과 그 쟁점들』, 서울: 문예출판사, 2002.

함민복,『눈물은 왜 짠가』, 서울: 이레, 2003.

환경부,「환경교육 발전계획(안)」, 2006.

Aristoteles, 최명관 역,『니코마코스 윤리학』, 서울: 서광사, 1985.

Aspin, D., "A Clarification of Some Key Terms in Values Discussions", M. Leicester, C. Modgil and S. Modgil(eds), *Moral Education and Pluralism*, Vol. IV, London: Falmer Press, 2000.

Atkinson, R., Smith, E., Hilgard, E., *Introduction to Psychology*, 홍대식 역,『심리학 개론』, 서울: 박영사, 1991.

Attfield, R., *The Ethics of Environmental Concern*, 구승회 역, 『환경윤리학의 제문제』, 서울: 따님, 1997.

Bell, G., "Imaging and Moral Education," *Journal of Moral Education*, Vol. 8 No. 2, 1979.

Benson, J., "Perspective on face perception-Directing research by exploiting emergent prototypes," in T. Valentine (ed.), *Cognitive and Computational Aspects of Face Recognition*, London: Routledge, 1995.

Berger, A., *Cultural Criticism: A Primer of Key Concept*, 김기애 역, 『문화비평: 주요개념의 이해』, 서울: 한신문화사, 2000.

Bruner, J., *The Culture of Education*, 강현석, 이자현 역, 『교육의 문화』, 서울: 교육과학사, 2005.

_____, *The Culture of Education*, Cambridge: Harvard University Press, 1996.

Caillois, R., *Les jeux et les hommes: Le masque et le vertige*, 이상률 역, 『놀이와 인간』, 서울: 문예출판사, 2003.

Carr, D, *Educating the virtues*, London: Routlege, 1991.

Chazan, B. *Contemporary Approaches to Moral Education*, 박장호 역, 『도덕교육론』, 서울: 형설출판사, 1994.

Clark, A., "Connectionism, Moral Cognition, and Collaborative Problem Solving," L. May, M. Friedman, and A. Clark (eds.), *Mind and Morals*, Massachusetts: The MIT Press, 1998.

Clement, E., Demonque, C., Kahn, P., and Hansen-Løve, L., 이정우 역, 『철학사전』, 서울: 동녘, 2001.

Coles, R., *The Moral Intelligence of Children*, New York: Random House, 1997.

Collingwood, R., *The Principles of Art*, London: Claranton, 1937.

Coombs, J., "Objectives of Value Analysis," E. Metcalf (ed.), *Value Education: Rationale, Strategies and Procedures*, Washington: National Council for the Social Studies, 1971.

Corpley, A., *Creativity in Education and Learning*, 이경화 외 역, 『창의성 계발과 교육』, 서울: 학지사, 2004.

Damon, W., *The Moral Child: Nurturing childrens natural moral growth*, New York: The Free Press, 1988.

Deleuze, G., *La Philosophie Critique de Kant*, 서동욱 역, 『칸트의 비판철학』, 서울: 민음사, 2000.

DesJardins, J., *Environmental Ethics*, 김명식 역, 『환경윤리』, 서울: 자작나무, 1999.

Dewey, J., *Democracy and education*, 이홍우 역, 『민주주의와 교육』, 1989, 교육과학사.

_____, *Interest and Effort in Education*, 신현태 역, 『교육에 있어서 흥미와 노력』, 대구: 이

문출판사, 1990.

Dick, W., Carey, L., *The Systematic Design of Instruction*, 김형립 외 편역,『체제적 교수 설계
— 이론과 기법』, 서울: 교육과학사, 1996.

Disinger, J.,「환경교육의 긴장 상태: 어제, 오늘 그리고 내일」, 최돈형 편역,『환경교육학
입문』, 서울: 원미사.

Egan, K., "Imagination, past and present," *Teaching and Learning Outside the Box*, New York:
Teachers College Press, 2007.

_____, *an imaginative approach to teaching*, 송영민 역,『상상력을 활용하는 교수법』, 서
울: 울력, 2008.

_____, *getting it wrong from the beginning*, New Haven: Yale University Press, 2002.

_____, *The Educated Mind: How Cognitive Tools Shape Our Understanding*, Chicago: The
University of Chicago Press, 1998.

_____, *Imagination in Teaching and Learning*, Chicago: The University of Chicago Press,
1992.

_____, *Teaching as Story Telling: An Alternative approach to teaching and curriculum in the
elementary school*, Chicago: The University of Chicago Press, 1986.

Eisner, W., *The Enlightened Eye: Qualitative Inquire and the Enhancement of Educational
Practice*, New Jersey: Prentice-Hall, 1998.

Elliot, R., "Environmental ethics," P. Singer (ed.), *A Companion to Ethics*, Oxford: Blackwell,
1993.

Flanagan, O., "Ethics Naturalized: Ethics as Human Ecology," Larry May, Marilyn Friedamn, and
Andy Clark (ed.), *Mind and Morals: Essays on Ethics and Cognitive Science*, Massachusetts:
The MIT Press, 1998.

Gagné, E., *The cognitive psychology of school learning*, 이용남 외 공역,『인지심리와 교수-학
습』, 교육과학사, 1998.

Gudmundsdottir, S., "The Narrative Nature of Pagdgogical Content Knowledge," Hunter
McEwan and Kieran Egan (ed.), *Narrative In Teaching, Learnting, and Reasearch*, New
York: Teachers college press, 1995.

Hall, R. and Davis, J., *Moral Education in theory and practice*, New York: Prometheus Books,
1975.

Harris, C., *Applying Moral Theories*, 김학택, 박우현 역,『도덕이론을 현실 문제에 적용시켜
보면』, 서울: 서광사, 1994.

Hart, P., *Teachers' Thinking in Environmental Education*, 최돈형, 진옥화, 이성의 역,『교사가

생각하는 환경교육』, 서울: 원미사.

Held, V., "Whose Agenda? Ethics versus Cognitive Science," Larry May, Marilyn Friedman, Andy Clark (eds.), *Mind and Morals*, Massachusetts: The MIT Press, 1998.

Henle, P., "Metaphor," *Philosophical Perspectives on Metaphor*, Minneapolis: University of Minnesota Press, 1981.

Hernadi, P., *What Is Criticism*, 최상규 역,『비평이란 무엇인가』, 서울: 예림기획, 1988.

Hessen, J., 이강조 역,『인식론』, 서울: 서광사, 1994.

_____, *Lehbuch der Philosophie*, 진교훈 역,『가치론』, 서울: 서광사, 1992.

Huizinga, J., *Homo Ludens-A Study of the play Element in Culture*, 김윤수 역,『호모 루덴스』, 서울: 까치, 2006.

Jeffries, L., *Meaning in English, An Introduction to Language Study*, New York: PALGRAVE, 1998.

Johnson, M., *Moral Imagination: Implications of Cognitive Science for Ethics*, Chicago: The University of Chicago Press, 1997.

_____, *The body in the mind: the bodily basis of meaning, imagination, and reason*, Chicago: The University of Chicago Press, 1990.

Joseph, C., Gary, H., *The Columbia Dictionary of Modern Literary & Cultural Criticism*, 황종연 역,『현대 문학 · 문화 비평 용어 사전』, 서울: 문학동네, 2003.

Kant, I., 이원봉 역,『도덕 형이상학을 위한 기초 놓기』, 서울: 책사랑, 2002.

Kaulbach, F., *Immanuel Kant*, 백종현 역,『칸트: 비판철학의 형성과정과 체계』, 서울: 서광사, 1992.

Kearney, R., *Modern Movement in European Philosophy*, 임헌규, 곽영아, 임찬숙 역,『현대유럽철학의 흐름』, 서울: 한울, 1995.

Kirschenbaum, H., *100 Ways to Enhance Values and Morality in Schools and Youth Settings*, 정창우 외 역,『도덕 · 가치 교육을 위한 100가지 방법』, 서울, 울력, 2006.

Kirschenbaum, H. and Simon, S., *Readings in Values Clarification*, Minneapolis: Winston Press, 1973.

Kohlberg, L., *The Psychology of Moral Development*, San Francisco: Haper and Row, 1984.

Kolesnik, W., 김상호, 김기적 역,『인간주의 교육과 행동주의 교육』, 서울: 문음사, 1990.

Kövecses, Z., *Metaphor: A Practical Introduction*, 이정화.외 역,『은유』, 서울: 한국문화사, 2003.

Kurtines, W. and Gewirtz, J., *Moral Development*, Needham Heights: Allyn & Bacon, 1995.

Lakoff, G. *Women, Fire, and Dangerous Things*, 이기우 역,『인지의미론』, 서울: 한국문화

사, 1995.

Lakoff, G. and Johnson, M., *Philosophy in the Flesh*, New York: BASIC BOOKS, 1999.

_____, *Metaphors We Live by*, Chicago: The University of Chicago Press, 1981.

_____, "Conceptual metaphor in everyday language," M. Johnson(ed.), *Philosophical perspectives on metaphor*, University of Minnesota Press, 1981.

Lamprecht, S., *Our Philosophical Traditions*, 김태길, 윤노명, 최명관 역,『서양철학사』, 서울 : 을유문화사, 1989.

Langacker, R., *Foundation of Cognitive Grammer I*, 김종도 역,『인지문법의 토대 I』, 서울 : 박이정, 1999.

Larson, R. & Gabriel S., *Knowledge of Meaning*, Massachusetts: The MIT Press, 1998.

MacIntyre, A., *A Short history of ethics*, 김민철 역,『윤리의 역사, 도덕의 이론』, 철학과 현실사, 2004.

_____, *After Virtue*, 이진우 역,『덕의 상실』, 서울 : 문예출판사, 1997.

Makkreel, R., *Imagination and Interpretation in Kant*, Chicago: The University of Chicago Press, 1994.

Manen, M., *Researching Lived Experience*, 신경림, 안규남 역,『체험연구』, 서울 : 동녘, 1994.

Marx, W., 이길우 역,『현상학』, 서울 : 서광사, 2003.

McNeil, J., *Curriculum: A Comprehensive Introduction*, LA: HapperCollins Publishers, 1990.

Metcalf, E.(ed.), *Value Education*, Washington: A National Affiliate of the National Educational Association, 1971.

Millikan, R., "Pushmi-pullyu Representations," L. May, M. Friedman, A. Clark(eds.), *Mind and Morals*, Massachusetts: The MIT Press, 1998.

Note, M, 환경재단 역,『세상을 바꾸려 태어난 나』, 서울 : 명진출판사, 2008.

Parker, W.,「현명한 정치 참여를 위하여」, 사회과 교육 모임 역,『21세기 사회과교육 연구의 핵심 쟁점들』, 서울 : 교육과학사, 2005.

Peters, R., *Ethics and education*, 이홍우 역,『윤리학과 교육』, 교육과학사, 1996.

_____, *Moral Development and Moral Education*, 남궁달화 역,『도덕발달과 도덕교육』, 서울 : 문음사, 1995.

Polanyi, M., *Personal Knowledge*, London: Routledge & Kegan Paul, 1962.

Polanyi, M. and Prosch, H., *Meaning*, Chicago: The University of Chicago Press, 1975.

Power, F.(eds), *Moral Education: A handbook Vol. 1*, London: Praeger, 2008.

Rader, M. & Bertram, J., *Art and Human Values*, 김광명 역,『예술과 인간가치』, 서울 : 까치글방, 2004.

Rath, L., Harmin, M. and Simon, S., *Values and Teaching*, Columbus: Charles Merill Publishing Comany, 1966.

Rath, L., Harmin, M. and Simon, S., *Values and Teaching*, 정선심, 조성민 역,『가치를 어떻게 가르칠 것인가』, 서울: 철학과 현실사, 1994.

Reddiford, G., "Moral Imagination and Children," *Journal of Moral Education*, Vol. 10 No. 2, 1981.

Reed, S., *Theory and Applications*, 박권생 역,『인지심리학: 이론과 적용』, 서울: 시그마프레스, 2000.

Reimer, D., Paolitto, D., Hersh, R., *Promoting moral growth*, 유병열 외 역,『콜버그 도덕교육의 이론과 실제』, 서울: 레인보우 북스, 2009.

Rest, J., 문용린 외 역,『도덕발달 이론과 연구』, 서울: 학지사, 2008.

Ricoeur, P., *Interpretation Theory*, 김윤성, 조현범 역,『해석이론』, 서울: 서광사, 1997.

_____, Thomson, J.(ed.), *Hermeneutics and the Human Sciences*, Cambridge: Cambridge University Press, 1998.

Rosch, E., "Natural Categories," *Cognitive Psychology 4*, 1973.

Rowe, C, "Ethics in ancient Greece," *A Companion to Ethics*, Peter Singer (ed.), Oxford: Blackwell, 1995.

Saha, P., "Metaphorical style as message," in David Helman (ed.), *Analogical Reasoning*, Dordrecht: Kluwer Academic Publishers, 1988.

Sahakian, W., *Ethics*, 송휘칠, 황경식 역,『윤리학의 이론과 역사』, 서울: 박영사, 1990.

Sanders D. and Sanders J., *Teaching Creativity Through Metaphor*, New York: Longman, 1984.

Shaftel, F. and Shaftel, G., *Role-Playing for Social Values*, Englewood Cliffs, N. J.: Prentice-Hall, 1967.

Singer, P., 황경식 역,『실천윤리학』, 서울: 철학과 현실사, 1992.

Skinner, B., *About Behaviorism*, 김영채 역,『행동주의』, 서울: 교육과학사, 1983.

Spiney, N., *The Constructivist Metaphor*, San Diego: Academic Press, 1997.

Sterba, J., "Justifying Morality and the Challenge of Cognitive Science," Lary May, Marilyn Friedman, and Andy Clark (ed.), *mind and moral: Essays on Ethics and Cognitive Science*, Cambridge: The MIT Press, 1998.

Sternberg, R., *Metaphors of mind*, New York: Cambridge University Press, 1990.

Straughan, R., *Can we teach children to be good*, London: Geroge Allen & Unwin, 1982.

Sünkel W., *Phänomenologie des Unterrichts*, 권민철 역,『수업현상학』, 서울: 학지사, 2005.

Sweet, A. and Sonw, C., *Rethinking Reading Comprehension*, 엄해영, 이재승, 김대희, 김지은

역, 『독서교육에 대한 새로운 이해』, 서울: 한국문화사, 2007.

Tambling, J., *Narrative and Ideology*, 이호 역, 『서사학과 이데올로기』, 서울: 예림기획, 2000.

Taylor, J., 조명원, 나익주 역, 『인지언어학이란 무엇인가?』, 서울: 한국문화사, 1999.

Tierney, N., *Imagination and Ethical Ideals*, New York: State University of New York Press, 1994.

Tyler, R., *Basic Principles of Curriculum and Instruction*, 진영은 역, 『Tyler의 교육과정과 수업지도의 기본원리』, 서울: 양서원, 1996.

Varela, J., Thompson, E. and Rosch, E., 석봉래 역, 『인지과학의 철학적 이해』, 서울: 옥토, 1997.

Werkmeister, W., *Historical Spectrum of Value Theories*, 최병환 역, 『가치론의 역사적 조명』, 서울: 서광사, 1999.

Witherell, C., "Narrative Landscapes and The Moral Imagination," H. McEwan & K. Egan (eds.), *Narrative in Teaching, Learning, and Research*, New York: Teachers College press, 1995.

Wilkinson, M., "Moral Imagination and the Case for Others," *Moral Education and Pluralism*, Vol. VI, London: Falmer Press, 2000.

Wilson, J., *Think with concept*, Cambridge: Cambridge University Press, 2005.

_____, *Think with concept*, 윤희원 역, 『논리내공』, 서울: 이제이북스, 2006.

_____, *A Preface to Morality*, New Jersey: BARAN & NOBLE BOOKS, 1988.

_____, *The assessment of morality*, Winsor: NFER-NELSON Publishing, 1973.

_____, *Practical Methods of Moral Education*, London: Heinemann Educational Books, 1972.

Wittgenstein, L., *Philosophische Untersuchungen*, 이영철 역, 『철학적 탐구』, 서울: 서광사, 2001

Wright, G., *Explanation and Understanding*, 배철영 역, 『설명과 이해』, 서울: 서광사, 1994.

〈기타자료〉

경북일보, 2009. 07. 20.

다큐멘터리 〈천국의 국경을 넘다〉, DVD 자료, 조선일보, 2008.

수업전사 및 면담 자료.

영화 〈크로싱〉 DVD 자료, 빅하우스(주), 2009.

초 · 중등교육법.

환경교육진흥법